내 감정에 말 걸기

내 감정에 말걸기

초 판 1쇄 2021년 10월 25일
초 판 3쇄 2023년 05월 10일

지은이 원성원
펴낸이 류종렬

펴낸곳 미다스북스
본부장 임종익
편집장 이다경
책임진행 김가영, 신은서, 박유진, 윤가희, 정보미

등록 2001년 3월 21일 제2001-000040호
주소 서울시 마포구 양화로 133 서교타워 711호
전화 02) 322-7802~3
팩스 02) 6007-1845
블로그 http://blog.naver.com/midasbooks
전자주소 midasbooks@hanmail.net
페이스북 https://www.facebook.com/midasbooks425

© 원성원, 미다스북스 2021, *Printed in Korea*.

ISBN 978-89-6637-974-3 03190

값 15,000원

미다스북스는 다음세대에게 필요한 지혜와 교양을 생각합니다.

마음을 마주하고 내 것으로 만드는 방법

TALKING
TO
EMOTIONS

내 감정에 말 걸기

원성원 지음

미다스북스

삶은 각양각색의
감정을 받아들이는
유쾌한 실험 무대

"감정 주파수 하나는 내면에 다른 하나는 외부에 맞추고 그 공간 사이에서 나만의 신화를 써 내려가자."

이 책을 시작하기 전에 간단하게 몸을 자각해보세요. 지금 나는 어떤 자세를 하고 있는지, 내 몸은 편안한지, 어디 불편한 곳은 없는지 쉽고 편한 만큼 살펴보는 거죠. 몸의 감각으로부터 전달되는 감정은 직관적이고 솔직합니다. 생각과 머리의 신호로 전달된 감정은 때로는 오염되거나 왜곡될 수 있지만, 몸으로부터 오는 신호는 깨끗하고 투명합니다. 이 감정을 명료하게 알아차릴 수만 있다면 우리의 삶은 달라질 것입니다.

20년 동안 내가 걸어온 심리상담 분야는 다양한 감정과 만나는 작업이었습니다. 기쁨, 좌절, 슬픔, 절망, 행복, 우울, 한탄, 즐거움, 억울함, 사랑, 애증 등 온갖 감정의 소리를 듣는 것이 내 일입니다. 그 모든 감정에는 다 이유가 있었습니다. 감정은 항상 우리에게 말해주고 싶은 선명한 메시지가 있습니다. 그것을 우리가 알아듣지 못하거나 듣고 싶지 않아 귀 기울이지 않을 뿐입니다.

몸에서 올라오는 순수한 감정을 명료화하는 작업은 삶을 즐거운 잔치로 만드는 가장 확실한 방법입니다. 이럴 때 우리의 삶이 얼마나 행복해지고 달라질 수 있는지 내 삶과 일터에서 목격했습니다.

감정은 우리 삶에 내비게이션 역할을 해줍니다. 어느 방향으로 가야 하는지 어떻게 해야 할지 신호를 보내줍니다. 이 신호를 귀 기울여 듣지 않으면 타인에게 휘둘리거나 잘못된 방향으로 가서 인생을 고통스럽게 만들고 아까운 시간을 허비하게 됩니다. 그런데 감정은 변덕쟁이 아가씨 같습니다. 순간순간 지나가는 감정의 신호를 명료하게 듣기가 쉽지 않습니다. 이 책에 감정을 명료하게 듣는 것이 왜 중요하고 어떻게 들어야 하는지 실천 방법을 자세하게 썼습니다.

이 책은 이런 분들에게 도움이 됩니다.

1. 감정의 노예가 아닌 감정의 주인으로 살고 싶은 사람

2. 스트레스와 갈등을 효과적으로 관리하고 싶은 사람

3. 서로를 성장시키는 유쾌한 대인관계를 원하는 사람

4. 자존감을 회복하고 나답게 살고 싶은 사람

5. 심리상담사 또는 감정코칭 전문가

이 책은 크게 다섯 장으로 구성되어 있습니다. 1장은 우리 안에 감정이 있는 이유가 무엇인지 탐색합니다. 감정은 이득이 없으면 우리 안에 존재하지 않습니다. 어떤 유익이 있기에 감정이 올라오는지 자세하게 살펴봅니다. 감정 여행의 출발이죠. 2장은 감정의 노예로 살아가는 사람과 감정의 주인으로 살아가는 사람들의 특징을 알아봅니다. 3장은 다른 무엇에도 휘둘리지 않고 나답게 살아가려면 왜 감정을 마주해야 하는지 그 이유에 대해 말합니다. 감정을 마주하기 위해 감정의 특징도 함께 살펴봅니다. 4장과 5장은 실천에 관해 다루었습니다. 자발성 세계의 신호를 감각이 받아들이고 그것을 감정에 전달합니다. 이 전파를 잘 전달받으려면 요령과 훈련이 필요합니다. 그래서 감정 주파수를 나의 내면과 외부 시계에 맞출 수 있는 다양한 방법을 사례와 함께 소개합니다.

각 장이 끝날 때마다 쉽고 편하게 혼자 실천해볼 방법들을 적어놓았으니 참고하시고 꼭 실천해보시기 바랍니다.

스스로 삶에서 입증하기 전까지는 이 책의 어떤 내용도 믿지 마십시오. 이 책은 여러분들이 삶이라는 유쾌한 실험 무대에서 직접 실천해볼 것을 권하는 내용입니다. 내 감정에 말을 걸어 새벽별이 속삭이듯 쏟아지며 소곤거리는 소리를 들어보세요. 소리를 듣고 감정이 명료해지면 그것을 실행합니다. 그 후 결과가 어떤지 살펴보는 겁니다. 효과가 있으면 삶에 계속 적용하고 그렇지 않으면 내 실행 방법에서 삭제합니다. 또 다른 새로운 방법을 실험하며 효과적인 것을 가져와 나만의 충전 프로그램을 만들어보세요.

우리는 고정되어 있지 않습니다. 감정도 끊임없이 흘러가는 물결처럼 변화합니다. 우리의 주변 환경도 내 몸과 마음도 모두 변합니다. 그 변화의 물결에 빠져 허우적거리는 것이 아니라 물결을 타고 놀아야 인생이 즐겁겠죠. 그러려면 감정의 소리를 듣고 나만의 감정 주파수를 맞추는 방법도 그에 맞춰 변화시킬 줄 아는 유연함이 필요합니다. 이 책은 그럴 수 있는 다양한 방법을 소개하고 있습니다.

이 책을 읽는 독자들이 감정과 좋은 인생 친구가 되었으면 합니다. 감정 주파수를 내 안과 밖에 제대로 맞추는 다양한 실험을 하시길 권합니다. 그런 실험들이 나답게 살아가는 유쾌한 삶을 이끌어가는 데 많은 도움을 줄 것입니다. 지금 당장 이 책을 읽고 실행해보세요.

목 차

2장 감정의 노예 vs 감정의 주인

3장 감정 거울 마주하기

4장 감정을 내 것으로 만드는 방법

5장 감정주파수만 맞춰도 인생이 달라진다

1장

> "
> 모든 감정에게는
> 이유가 있다
> "

나는 자존감이 높은 줄 알았다

"당신은 자존감이 높은 편입니까?" 이 질문에 이 책을 읽고 있는 독자는 무엇이라 답할 것인가? 바로 답이 나오는가? 대부분 그렇지 않을 것이다. 바로 '그렇다' 또는 '아니다'로 답하는 사람은 많지 않다. 한 번쯤 대답 전에 망설이게 된다. 살아오면서 이런 생각을 잘 하지 않았기 때문이다. 생각했다고 해도 스쳐 지나가듯 했을 것이다. 우리는 자신과 직면해야 하는 이런 대화를 불편해한다. 자신의 현 상태를 알아야 성장하고 나아갈 수 있는데도 말이다.

영어학원에 가면 가장 먼저 하는 것이 레벨 테스트다. 현재 수준이 어느 정도인지 알아야 그다음 단계로 나아갈 수 있기 때문이다. 기업도 분

기별 또는 매년 현 상태를 평가한다. 그래야 다음 매출을 늘릴 수 있기 때문이다. 현대 자본주의 시장은 모든 것이 측정과 평가로 이루어진다. 우리를 둘러싸고 있는 물질세계는 냉정한 잣대로 현재 상태를 평가한다. 우리는 이런 세상 속에서 살아가고 있다. 그런데 정작 자신의 내면 상태는 제대로 측정하지 않는다. 불편하기 때문이다.

여기서 평가는 비난의 평가가 아니다. 객관적인 평가다. 현재 있는 그대로의 상태를 거울에 비추듯 투명하게 직면하는 것이다. 하지만 대부분은 평가와 측정을 감정적으로 받아들인다. 그러한 이유로 불편한 것이다. 그것은 한편으로 성숙하지 못하다는 사실에 대한 반증이기도 하다.

"자존감이 낮은 편이죠?" 이 책을 쓰기 위해 도움을 받는 자리에서 들은 질문이다. 책의 목차 만드는 것에 도움을 받기 위해 여러 책을 살펴보며 아이디어를 어떻게 확장할 수 있는지 알려주는 시간이었다.

보고 있던 책에 '나는 자존감이 매우 낮은 사람이었다'라는 글귀가 있었다. 이 문장을 보고 내게 한 질문이다. 순간 '내가 자존감이 낮은지 높은지 어떻게 알지? 나, 자존감이 높은 편인데.'라는 마음이 쓱 지나갔다. 이런 생각을 하느라 바로 대답하지 못했다. 잠시 망설이다 한 박자 쉬고 "아니요. 낮은 편 아닌데요."라고 말했다. 그러자 "그러면 이건 빼고!"라며 아무렇지 않게 다음으로 넘어갔다.

그러자 이번에는 다른 생각이 쓱 지나갔다. '내가 너무 건방졌나? 자기 자신도 제대로 볼 줄 모른다고 생각하려나?'라는 단상들이 머릿속을 휘저었다. 나 스스로 자신에 대한 확신이 없었기 때문에 흔들린 것이다. 내가 자존감이 높은 사람이라면 이런 생각 따위를 하지 않을 것이다. 너무 당연한데 왜 이런 생각을 하겠는가? 이것을 자각하자 얼굴이 달아올랐다. 나는 자존감이 높은 사람이 아니라 '자존감이 높은 줄 알았던 사람'인 것이다.

내가 자존감이 높은 줄 착각하게 된 가장 큰 이유는 내 어린 시절 때문이다. 내 인생에서 가장 행복하고 찬란하게 빛났던 시기다. 나를 지탱해주는 커다란 기둥이 내 인생에 세 사람 있다. 내가 무슨 짓을 해도 나를 그대로 받아들여주고 예쁘다고 할 사람들 말이다. 솔직히 남편보다 더 내 편을 들어줄 것 같은 사람들이 나의 할머니, 아버지, 어머니다.

내가 태어난 1972년 당시는 남아선호사상이 심했다. 위로 딸만 있는 집들은 아들을 낳기 위해 애쓰던 시절이다. 우리 집은 반대였다. 내 위로 오빠만 둘이 있다. 오빠들과는 열두 살, 아홉 살 차이로 터울이 많이 진다. 아버지는 딸이 있는 친구 집에 다녀오는 날이면 너무나도 부러워했다고 한다. 그러다 우연히 내가 들어선 것이다. 당시 병원 측은 딸 낳고 좋아서 환호하며 우는 아버지를 신기해했다고 한다.

어린 시절 나는 할머니에게 "나 얼마만큼 사랑해?"라고 자주 물었다. 그러면 할머니는 "우리 손녀딸이 세상에서 제일 예쁘지. 할미는 하늘만큼 땅만큼 우리 손녀딸을 사랑하지."라고 답하시며 내 머리를 쓰다듬어 주셨다. 이 말을 듣고 싶어 묻고 또 물었던 기억이 난다. 아버지와 어머니는 물론, 나이 차가 많이 나는 오빠들도 나를 예뻐해주었다. 한마디로 공주처럼 자란 것이다.

이런 내 믿음을 깨어지게 만든 첫 번째 사건이 일어난 것은 유치원 때다. 지금은 망가졌지만 어린 시절에는 주변 어른들이 미스코리아 대회 나가 보라고 할 정도로 마르고 예쁘장하게 생겼었다. 나는 내가 제일 예쁜 줄 착각했었다. 그런데 유치원에 가 보니 내가 보기에도 나보다 예쁜 아이가 있었다. 『백설 공주』에 나오는 마녀가 백설 공주를 보고 받은 충격을 나도 받았다. 내가 "거울아! 거울아! 세상에서 누가 제일 예쁘니?"라고 물었더니 "너 말고 아주 많아."라는 답을 들은 것이다.

하지만 이것보다 더 큰 충격이 나를 기다리고 있었다. 친구가 많았던 나는 유치원에서 대장 역할을 했다. 그런데 어느 날 한 친구가 새로 왔다. 한 동네에 옹기종기 모여 사는 우리와는 분위기부터 달랐다. 해외 유학을 마친 부모님과 함께 귀국한 친구였다. 똘망똘망 큰 눈이 예쁜 그 친구는 영어도 잘했다. 해외 유학이 지금처럼 보편화 되지 않았던 시기였기 때문에 더 신기했다. 당시에는 해외여행만 해도 선망의 대상이던 시절이었다. 그러니 더 부러울 수밖에.

아직도 선명하게 기억하는 것은 미제 크레파스다. 미술 시간에 모두 크레파스를 꺼냈다. 우리가 가지고 있던 크레파스는 굵고 색깔도 많지 않았다. 반면 그 친구가 꺼낸 크레파스는 우리보다 색이 4배 이상 많았다. 어린 내 눈에 그 크레파스는 고급스럽고 고왔다. 그 친구가 크레파스를 꺼내서 여는 순간, 만화나 드라마에서 '짜잔!' 하고 빛나는 장면이 펼쳐지듯 그 친구 주변에서 광채가 났다. 우리 모두 부러워하며 힐끔힐끔 쳐다보았다. 그 후 나는 나의 대장 자리를 그 친구와 나눠야 했다. 그때의 유치찬란했던 위기의식이 아직도 기억난다.

유치원 때부터 비교라는 것을 시작하게 된 것이다. 어릴 때부터 우리는 자연스럽게 비교를 하며 자란다. 본능적이다. 비교하고 분석해야 정확한 상태를 알 수 있다. 현재 상태를 정확히 알아야 발전하고 성장할 수 있다. 그러니 비교 자체가 문제인 것이 아니다. 건강하게 비교하는 방법을 알지 못하는 것이 문제다. 건강하게 비교하는 법을 세상은 알려 주지 않기 때문이다.

비교에는 감정이 실린다. 비교 후 수치심과 모욕감이 생긴다. 학창시절을 뒤돌아보면 성적표를 부모님께 보여주지 않고 숨기고 싶었던 사람들이 꽤 많을 것이다. 그것은 현재 있는 그대로의 상태를 넘어 그 사람 인격 자체를 비교의 대상으로 받아들이기 때문이다. 이 사회가 그렇게 만든다. 성적, 돈, 학력, 지위, 외모 이 모든 것은 상태일 뿐이다. 그런데 그것을 절대화시켜 버린다. 비교한 현상이 그 사람 자체가 되는 것이다. 그러니 감정이 묻어나게 된다. 감정이 실려 있는 비교는 사람을 초라하고 작게 만든다. 그러면서 자연스럽게 찾아오는 첫 번째 감정이 수치심이다. 그러고 나면 그다음 감정이 거세게 마음의 문을 두드린다. 바로 적개심과 분노다.

비교가 가치판단의 기준으로 작용할 때 이런 부작용이 계속 생기는 것이다. 있는 그대로의 현상으로 보는 것이 아니라 가치로 보면서 감정이 생기는 것이다. 노자 『도덕경』 2장은 이런 비교와 가치판단의 문제를 명쾌하게 풀어놓고 있다.

"천하 사람들이 모두 아름다움의 아름다움 됨을 알고 있다. 그런데 그것은 추함이다(天下皆知美之爲美, 斯惡已)."

– 도올 김용옥, 『노자가 옳았다』

노자 『도덕경』 2장의 시작 문구다. 추함이 없으면 아름다움은 있을 수 없다. 추함이 있기에 아름다움이 있는 것이다. 아름다움이 좋고 추함은 나쁜 것이 아니다. 그냥 둘 다 상태일 뿐이다.

"장단상교(長短相較), 고하상경(高下相傾)." 이 말에서 알 수 있듯이 상대가 없으면 존재할 수 없는 것이 비교다. 긴 것이 있어야 짧은 것이 있다. 높은 것이 있어야 낮은 것이 있다. 이 개념에는 절대적인 것이 끼어들 수 없다. 길다고 해도 더 긴 것이 생기면 짧아지고, 높다고 해도 더 높은 것이 생기면 낮아진다. 그냥 상태일 뿐이다. 서로가 어울리며 상생하는 현상인 것이다.

상태를 명확히 알고 있어야 더 위로 올라갈지 아래로 내려갈지 알 수 있다. 에어컨이나 난방기에도 온도를 알려 주는 정확한 숫자가 뜬다. 그것을 보고 더 올릴지 말지를 결정한다. 우리의 내면세계도 마찬가지다. 현재 내가 어떤 상태인지 알아야 성장할 수 있다. 정확한 측정 없이는 성장할 수 없다.

우리 모두 성공을 원한다. 성공이 지속해서 유지되려면 성장이 있어야 한다. 성장하려면 정확히 자기 상태를 파악해야 한다. 자존감이 낮아도 내 상태를 있는 그대로 평가할 수 있다. 자존감이 '높다' '낮다'보다 더 중요한 것은 내 상태를 있는 그대로 받아들이는 것이다.

밥통이나 컴퓨터가 고장 났을 때 우리는 수치스럽거나 창피해하지 않는다. 그냥 고장 났다고 말하고 고친다. 컴퓨터의 성능을 체크할 때도 감정이 끼어들지 않는다. 내가 필요로 하는 성능인지를 보고 업그레이드 제품이 필요하면 여유가 될 때 구매한다. 이렇듯 나의 상태를 파악하는

데 근거가 되는 우리의 내면세계에도 감정이 동반될 필요가 없다. 개선하고 나아가면 되는 것이다.

우리는 왜 평가를 두려워하는가? 진실이 드러나기 때문에? 진실이 드러나면 어떤가? 그때부터가 성숙의 시작인데 무엇이 두렵다는 말인가?

남의 인생은 모두 쉬워 보인다

언어를 습득하기 전 우리는 과대망상적 조증 상태다. 내가 너이고 네가 나인 세계에서 산다. 온 우주가 나와 구별되지 않는다. 모든 현상을 있는 그대로 수용할 수 있는 시기다. 세포생물학 박사 브루스 립튼(Bruce Ripton)은 생후 7년은 무조건 주변 환경을 다운로드받는 시기라고 말한다. 그만큼 인생에서 어린 시절은 경계 영역이 없는 시기다.

그러다 점점 자라면서 말을 배우고 너와 내가 분리된다. 그렇게 분별이 되면서 세상을 분석하고 판단할 수 있는 능력이 생긴다. 문제는 여기서 시작된다. 언제 어느 곳에서나 있는 그대로 드러내고 표현했던 우리는 자라면서 주눅이 든다. 우리의 정신이 왜소해지는 것이다. 왜냐하면,

자연적으로 흐르는 내면세계의 감정을 그대로 느끼거나 표현하지 않기 때문이다. 대신 옳고 그름의 판단과 잘했다 잘못했다는 평가를 우선시하게 된다.

있는 그대로의 평가가 아닌, 끊임없이 자책하게 만드는 판단과 평가는 우리에게 치명적이다. 그 순간부터 나는 사라지고 남만 보인다. 주변을 보면 나는 이렇게 힘든데 남들은 별 노력 없이 잘나가는 것 같다. 인스타나 유튜브만 봐도 멋지고 잘나가는 사람들투성이다. 나는 흙수저인데 저 사람들은 금수저로 태어나 쉽게 가는 것 같다. 내가 이렇게 살 사람이 아닌데 어느 순간, 이 모양 이 꼴이 되어버린 것 같다. 아니면 나는 태생이 이렇게 지질하게 고생하며 살도록 만들어진 것 같다. '어떻게 다른 사람들은 저렇게 쉽게 잘나갈 수 있을까?' 살다 보면 이렇게 부러워하며 한탄하는 자신의 모습을 마주하게 될 때가 있다.

몇 년 전 한 지인의 자녀 결혼식에 친한 후배와 같이 갔다. '작은 결혼식'을 선택해 성북동에 있는 지인의 집에서 진행했다. 성북동에 살고 있던 후배는 가끔 이 근처를 가족과 함께 산책한다고 했다. 결혼식이 진행되는 집은 넓은 마당이 있는 3층 단독주택이었다. 주변은 고즈넉하고 평화로웠다. 3층은 옥상과 연결된 루프트탑 형태여서 차와 다과를 즐길 수 있었다.

차를 마시며 이야기를 하던 도중 잠깐 침묵이 찾아왔다. 갑자기 후배의 눈에 눈물이 고였다. 나는 당황해서 왜 그러는지 물었다. 후배는 같은 성북동인데 자신이 사는 집과 결혼식을 치른 집이 너무 비교되었다고 말했다. 언제 자신은 이런 곳에 살아보나 싶은 생각에 순간 눈물이 났다고 했다. 눈물을 훔치며 쑥스럽게 미소 짓는 후배의 마음에 공감이 되었다. 나도 비슷한 생각을 했으니까.

살다 보면 지치고 우울한 순간이 찾아온다. 특히 경제적으로 만족스럽지 않을 때 우리는 지친다. 열심히 달린다고 달려왔는데 달라지는 것은 없고 매번 제자리다. 당연히 힘이 빠진다. 경제적인 부분은 생존과 연결되기 때문에 본능적으로 우리의 불안을 건드린다. '이렇게 뺑뺑이 돌며 살다 죽는 것 아닌가?' 하는 좌절이 우리를 찾아오기도 한다.

그럴 때 주위를 둘러보면 다른 사람들은 모두 성공한 것 같다. 돈도 잘 벌고, 좋은 곳의 집을 사서 이사도 간다. 명품 옷과 좋은 차에 승승장구하는 것 같다. 나만 그렇지 못한 것 같아 초조해진다. 그러다 보면 더 위축되면서 수동적으로 행동하게 되고 불평불만만 하게 된다. 삶의 불안이 올라오기 때문이다. 움츠려진 마음은 도전하기보다는 망설이게 된다. 결정적인 순간에 주저하며 삶이라는 거대한 회오리에 휘말리게 된다. 일도 관계도 점점 악화된다. 악순환의 고리에 들어선 것이다. 이럴 때는 빨리 그 고리를 끊고 나와야 한다. 창문을 열어 환기를 시키듯 내 영혼에 환기를 시켜줘야 한다.

링컨은 부의 격차보다 무서운 것은 꿈의 격차라고 했다. 불가능해 보이는 목표라 할지라도 그것을 꿈꾸고 상상하는 순간 이미 거기에 도달해 있다는 것이다. 그러나 우리는 어느 순간, 시도조차 하지 않고 체념해버린다. '나는 이번 생에는 저런 집에서 살 수 없을 거야.', '저런 비싼 자동차를 내 평생 타 볼 수 있을까?', '나는 안 돼.' 이런 부정적인 메시지를 끊임없이 자기 자신한테 주입한다. 그리고 그것이 습관이 되고 삶으로 굳어지게 된다.

자신이 목표를 이룰 수 있다는 것을 믿지 않는다. 될 거라고 긍정적으로 생각해도 불안이 귀신같이 달라붙는다. 그래서 이루지 못하고 실패한다. 긍정적으로 사고하려 해도 교육받은 습관 때문에 순간 신념이 흔들려 목표를 이루기 어렵다. 하물며 안 된다고 부정적으로 생각한다면 가망은 사라지고 마는 것이다.

경제적인 부분이나 직업 면에서 남들이 부러울 때는 좋은 기회다. 부러움이라는 감정이 우리에게 선택할 것을 요구하기 때문이다. 계속 부러워만 하면서 살 것인지 아니면 내가 이루고 싶은 부와 직업을 선택하며 살 것인지 그 순간 결정하라고.

상담하다 보면 흔히 듣는 말들이 있다.

"사랑 많이 받고 자란 사람이 부러워요. 저는 어린 시절 사랑을 못 받고 자랐어요."

"요즘 다른 남편들은 집안일도 하고 아내한테 잘해주던데 우리 남편은 안 그래요."

"다른 집 아이들은 공부도 잘하고 엄마 말도 잘 듣는데, 우리 집 아이는 내 속만 썩여요."

모두 관계에 관한 이야기다. 특히 가족 이야기가 압도적으로 많다. 다른 집은 다들 잘 지내는 것 같은데 자신들 가족만 문제가 있는 것같이 느끼고 있다.

가족이라면 으레 더 아끼고 사랑할 것이라는 당위성이 부여된다. 그래서 그것이 충족되지 않을 때 더 고통스럽고 상실감이 크다. 올해로 상담 20년 차다. 많은 사람을 만나 이야기를 듣다 보면 사랑하려고 만난 가족이 가장 큰 원수인 경우가 다반사다.

드라마 기법을 활용해 상담할 때는 안에 있는 감정을 모두 표출하게 한다. 컵에 더러운 물이 차 있으면 비우고 깨끗이 씻은 후 새로 물을 따라 먹어야 하는 이치와 같다. 감정도 모두 비워야 할 때가 있다. 그때 가장 효과적인 상담 도구 중 하나가 드라마다. 다양한 역할을 입고 평소에 쓰고 있는 가면도 벗는다. 도덕과 윤리도 이 시간에는 잠시 내려놓는다. 오롯이 느껴지는 내 안의 감정과 본능만 만나는 것이다. 내 안에서 어떤 것이 튀어나올지 모르는 진실의 순간이다.

내 경험상 이때 빈번하게 나오는 감정이 분노다. 그 분노가 극에 달해 죽이고 싶은 감정으로까지 치닫는다. 이 감정의 대상으로 가장 많이 언급되는 것이 가족이다.

스트레스와 갈등의 주원인이 가족이 되는 것은 너무 당연한 일이다. 길거리에서 한 번 마주치고 지나가는 사람 때문에 밤잠 못 이루며 괴로워하지는 않는다. 오늘 하루 만나고 헤어질 사람 중 나를 짜증나게 하는 사람도 간혹 있다. 그럴 때면 대부분 그냥 '재수 없다.'라고 생각하고 지나간다. 그 감정을 붙들고 늘어져 내 삶의 갈등 요소로까지 비화시키지는 않는다.

기업 강의를 하면서 알게 된 사실은 감정노동을 하는 직장인들이 진상 고객보다 상사나 후배와의 갈등을 더 괴로워한다는 것이다. 물론 이치에 맞지 않게 행동하는 고객도 스트레스와 노이로제의 원인이 되긴 한다. 하지만 진상 고객보다 직장 상사와 동료로 인한 감정적 갈등이 대부분 더 크다. 진상 고객은 오늘 하루 보고 말 사람이지만 직장 내 사람들은 그렇지 않기 때문이다.

갈등과 스트레스는 내 인생의 소중한 것에서 발생한다. 내가 죽을 때까지 버리지 못하고 가야 할 관계나 어느 시점까지는 함께 가야 하는 것들에서 일어난다. 가장 쉬운 예가 부모 자녀 관계다. 배우자는 이혼하면 되지만 부모 자녀는 죽을 때까지 함께 간다. 직장에서도 어느 시점까지는 버텨야 한다.

이렇게 내 인생의 중요한 영역에서 갈등이 발생한다. 그리고 중요하면 중요할수록 더 아프고 힘들다. 이럴 때 남들은 다 쉽게 가는데 나만 힘든 것 같아 지치게 된다. 하지만 이때가 기회다. 내 인생이 나에게 지금 풀어야 할 숙제가 있다고 노크하는 것이기 때문이다.

나는 힘들어 죽겠는데 남들은 쉽게 살아가고 있는 것처럼 보일 때, 멈춰 서서 한번 힘 있게 숨을 내뱉어보자. 여기저기 기웃거리는 마음에 잠깐 '스톱'을 외쳐라. 이런 부러움은 내 마음에 집중하라는 메시지다. 체념이나 포기했을 때 우리는 습관적으로 주변을 기웃거리게 된다. 이럴 때 자신의 눈을 바라보자. 눈은 많은 말을 우리에게 해준다.

남들은 모두 잘나가는 것 같은데 나는 그런 것 같지 않은 이 감정은 무엇을 말하고 있는가? 계속 주저앉아 기웃거리며 남들만 부러워하라고 하는가? 아니면 지금이 당신의 인생을 바꿀 기회라고 말하고 있는가? 선택은 당신이 하는 것이다. 선택한 대로 삶이 펼쳐질 것이다.

내가 정말 잘 살고 있는 걸까?

'내가 정말 잘살고 있는 것일까?' 이런 질문은 주로 내 딴에는 열심히 산다고 살았을 때 하게 된다. 목표를 향해서 앞만 보고 열심히 달려왔는데 잘 가고 있는 것인지 의문이 들 때가 있다. 내가 가는 길이 맞는 것인지 의구심이 문득 몰려올 때 말이다.

나도 내가 잘살고 있는 줄 알았다. 그런데 어느 순간 길을 잃은 미아처럼 주변을 두리번거리는 나를 발견했다. 젊은 날의 열정과 패기는 어디론가 사라져버렸다. 문득 본 거울에 만지면 바스락 사라져버릴 것 같은 삭막한 감수성만 남은 중년 아줌마가 보였다. 어디서부터 잘못된 것일까? 무엇이 나를 이렇게 만들었는지 나의 감정과 직면하고 회복하는데 5

년이 넘게 걸렸다.

사람마다 건강, 재산, 학위, 직업, 관계 등 각자 삶에서 중요하게 생각하는 기준이 다르다. 이 글을 쓰면서 지금까지의 내 삶을 뒤돌아본다. 내가 가장 중요하게 생각하는 것이 무엇인지? 나는 의식 수준을 높이는 것이 내 삶에서 가장 중요했다. 돈오점수(頓悟漸修)의 점수(漸修)처럼 졸졸 흐르던 의식의 줄기가 한순간 큰 파도로 변해 깨달음을 얻는 그런 순간들을 10대부터 갈망했다. 이런 내 삶에서 의식의 변화는 크게 두 번 있었다.

첫 번째 의식 변화는 기독교에서 다석 류영모 사상으로 전환한 것이다. 다섯 살 때 우리 집 마당에서 옆집 친구와 노래 이어 부르기를 했다. 심판은 우리 엄마가 봤다. 나는 몇 곡 부르고 나니 부를 노래가 없었다. 반면 나의 친구는 끊임없이 노래를 불렀다. 어디서 배웠냐고 물었더니 교회에서 배웠다고 했다. 그다음 주부터 나는 바로 친구를 따라 교회에 갔다. 나는 어린 나이에 기독교 사상에 듬뿍 빠졌다. 10대 시절 나의 꿈은 선교사였다. 슈바이처와 같이 남을 도우며 선교하고 싶었다.

초등학교와 중학교 때 전도도 엄청나게 많이 했다. 기독교만이 옳다고 생각했다. 중3 때 이런 생각에 균열이 왔다. 함석헌의 『뜻으로 본 한국 역사』를 읽고 사고에 변화가 일었다.

"나는 기독교만이 참 종교라고 생각했었다…. 나는 차차 나로서 보고 싶은 내 생각, 내 믿음을 가지고 싶었다…. 독단적인 태도를 내버리고 어디까지나 이성을 존중하는 자리에 서서 과학과 종교가 충돌되는 듯할 때는 과학 편을 들어야만 한다. 그것을 살려주고 신앙은 그 과학 위에 서서도 성립될 수 있는 보다 높은 것을 찾아야 한다…. 이제 믿는 자만이 뽑혀 의롭다 함을 얻어 천국 혹은 극락세계에 간다고 하는 종교에는 흥미가 없다. 또한, 캄캄한 지옥에서 영원히 고통받는, 보다 많은 중생을 굽어보면서 즐거워하는 그런 따위 종교에는 흥미를 가지지 못한다. 나는 적어도 예수나 석가의 종교가 그런 것은 아니라고 생각한다.”

–함석헌, 『뜻으로 본 한국 역사』

이런 메시지들이 어린 나에게는 충격으로 다가왔다. 이 글을 쓰기 위해 그때 읽었던 책을 찾아 살펴보니 중3 때 내가 적어놓은 글귀가 있다.

“새 종교, 새 사상이라는 것은 기성 종교를 배척하는 것이 아니다. 안일하게 새롭게 고쳐 생각하지 못함을 탓하는 것이다. 즉, 종교는 그 시대와 세대의 사고에 맞게 해석하며 발전하고 현시대에 살아 숨 쉬어야 한다. 그런데 지금의 종교는 예전의 것만 고집하면서 그것을 발전시키며 새롭게 나아가지 않는다.”

어린 나이에 내가 이런 생각을 했었다니 새삼 신기하고 기특하다.

기독교의 이분법적 사고에 대한 회의는 대학교 1학년 때 정점에 달했다. 1학년 겨울방학 때 나는 기독교를 버렸다. 그때 지옥에 떨어진 것처럼 괴로웠다. 삶의 모든 가치 기준과 살아가야 하는 방향도 헷갈렸다. 아주 사소한 것에서부터 커다란 가치관까지 흔들리는 혼돈의 시기를 보냈다. 지두 크리슈나무르티의 『자기로부터의 혁명』, 콜린 윌슨의 『아웃사이더』, 장 폴 사르트르의 『구토』 등을 읽으며 그 시기를 견뎠다. 그러나 여전히 나에게 안식은 없었다.

신간이 나오면 사온 책이 똑같을 정도로 통했던 아버지가 어느 날 내 책상에 신문 스크랩을 올려놓았다. 다석 류영모의 제자인 박영호 선생이 〈문화일보〉에 연재하는 칼럼이었다. 다석 류영모가 함석헌의 스승이기도 해서 관심이 갔으나 그 당시에는 그것이 눈에 들어오지 않았다. 2년 정도 뒤 그 연재되었던 칼럼을 묶은 책이 출간되었다. 아버지는 말없이 또 내 책상에 그 책을 놓아두셨다. 그때는 영혼이 빨려들어가는 것처럼 책에 매료되었다. 모든 종교를 배척하지 않고 하나님의 사상 안에서 종교를 아우르는 흐름이 나를 전율시켰다.

예수와 제자의 관계도 그렇다. 무협지를 좋아하던 나는 스승과 제자에 대한 꽤 엄격한 기준을 가지고 있었다. 무협지에서 보면 어떤 스승을 만나느냐에 따라 절대 고수가 될 수도 있고 삼류 고수로 지질하게 살 수도 있다. 기독교를 버린 후 나는 나를 절대 고수로 키워줄 스승을 갈망했다.

건방지지만 그 당시 나는 다석 류영모의 제자인 박영호 선생은 스승으로 삼을 만하다고 생각했다. 출판사에 전화해서 연락처를 받았다. 그 뒤 10년간 박영호 선생님의 강의를 듣고 댁에 찾아가 동양사상과 종교사상을 배웠다. 그때 서로 교환했던 편지들을 아직 간직하고 있다.

두 번째 의식 변화는 박영호 선생님께 배운 다석 류영모 사상에서 사이코드라마 디렉터 최헌진 선생님의 사상으로 전환한 것이다. 다석 류영모의 핵심 사상은 탐진치(貪嗔痴)를 추구하지 말고, 하나님의 소리에 귀 기울여 살아가라는 것이다. 여기서 하나님은 기독교적인 하나님은 아니다. 우주 전체를 흐르는 에너지 또는 전기를 의미한다. 우리는 전구와 같은 존재라는 것이다. 여기서 탐진치를 추구하지 않는다는 것이 내 마음에 걸렸다.

기독교를 버린 후 나는 철저히 내 인생이라는 실험 무대에서 검증된 것만 믿고 싶었다. 인생을 진정성의 실험 무대라고 생각했다. 내 삶에서 탐진치를 실험해봤다. 탐욕과 화내고 경쟁하려 하는 마음은 비울 수 있었으나 치(痴)에 대한 호기심을 억누를 수가 없었다. 다석 류영모 사상에서 치(痴)는 어리석음으로 다루지 않는다. 성적 욕망을 의미한다. 이 부분의 호기심이 사라지지 않았다.

그래서 스물아홉 살 겨울에 처음 연애라는 것을 해보았다. 류영모 선생님도 박영호 선생님도 결혼했다. 연애가 나쁜 것이 아닌데 누군가를 사랑하는 것이 치(痴)를 추구하는 것 같았다. 이것은 자연스러운 삶이 아니라고 느꼈다.

그러다 만난 사람이 정신과 의사이자 사이코드라마 디렉터인 최헌진 선생님이다. 최헌진 선생님은 사이코드라마의 창시자인 모레노와 니체의 철학을 기반으로 지금의 한국적 사이코드라마인 '생명 굿'을 만들었다. 한국의 사이코드라마, 소시오드라마 학회를 만든 것도 그다. 우리나라 사이코드라마 학계에서 의사가 아닌 사람을 디렉터로 양성한 최초의 사람이다. 현재 사이코드라마를 하는 사람들 대부분이 최헌진 선생님의 제자일 것이다.

사이코드라마를 만나면서 나는 시멘트처럼 딱딱했던 나의 또 하나의 고정관념 틀을 깼다. 종교의 틀 안에 가두어두었던 이분법적인 윤리적 틀과 억제된 욕망을 풀어냈다. 내 안의 무의식적 욕망, 원시적 욕망을 어떤 가면 없이 드러내고 분출하며, 충돌하고 놀 수 있었다. 어마어마한 에너지가 흐르는 장이었다. 그곳에도 10년 정도 머물렀던 것 같다.

나의 20대 스승은 물처럼 투명하고 담백한 식물 같다면 30대의 스승은 불같고 사자 같은 육식동물이다. 두 사람을 통해 아폴론과 디오니소스의 세계를 모두 적나라하게 경험했다고 할 수 있다.

어느덧 40대 중반이 된 나는 내 삶을 뒤돌아보게 되었다. 어린 시절에는 기독교, 내 인생이 피어나는 젊은 날에는 다석 류영모 사상, 내 삶에서 가장 뜨겁고 찬란했던 30대와 40대 초반에는 사이코드라마와 함께했다. 열정적이고 몰입했던 삶이지만 이제는 나만의 것을 창조해야 하는 시기인 것이다. 어떤 면에서는 너무 늦게 자각한 것일 수도 있다. 다석 류영모 선생님이 말한 것처럼 홀로서기를 위해 단사(斷辭)의 시간이 필요한 상황이었다.

스승의 등만 바라보며 달려가다 멈춰서니 내가 어디에 서 있는지 감각을 잃어버렸다. 내가 정말 잘 살고 있는 것인지 의문이 들었다. 내 감정과 마주해야 할 시간이었다. 어떤 신념이나 사상도 아닌 나와 직면해야 했다. 이제는 스승 뒤에 숨는 것이 아니라 단단하게 나로 서기 위한 시간이 필요했다.

이럴 때 감정은 우리에게 불안으로 다가온다. 이 불안한 감정이 또 다른 뇌 회로와 상호작용하면 내 삶에 질문을 던지는 것이다. 지금 정말 잘 살고 있냐고? 바로 지금이 자신과 직면하여 감정의 소리를 들을 때라고 말해주는 것이다.

감정이 진짜 원하는 것이 무엇일까?

감정이 존재하는 이유가 무엇일까? 우리를 구성하고 있는 모든 것은 저마다의 기능을 가지고 있다. 사람들은 감정을 다루기 어려워하는 경향이 많다. 왜냐하면, 감정은 합리적이거나 논리적이지 않기 때문이다. 아침, 점심, 저녁으로 또는 더 수시로 오르락내리락하며 변한다. 감정은 일관성이 없다. 그래서 예측하기도 힘들다. 감정에 휩쓸려 충동적으로 행동했을 때 돌아오는 부메랑이나 결과가 좋기 어렵다. 이런 이유 등으로 인해 감정을 피하거나 억압하게 된다.

책 스터디를 함께 하는 기업 중간 간부인 지인이 했던 말이 기억난다.

후배 중 한 사람이 프로젝트를 하며 협의할 때 자신의 감정을 표현하는 것을 힘들어한다는 것이다. '다른 사람들은 어떻게 느끼더라' 이런 식의 말은 해도 자신이 어떻게 느끼는지는 말하지 않는 성향이 있다는 것이다. 우리 주변에 이런 경우를 흔히 볼 수 있다.

남자들이 여자보다 자신의 감정을 표현하지 않는다. 특히 학력이 높은 남자들일수록 더하다. 서울대학교, 카이스트, 포항공대 등 우리나라 명문대 박사들의 모임에서 회의를 한 경험이 있는 지인의 말이다. 처음에는 석학들의 명석한 의견에 귀가 쫑긋했다. 그러나 점차 감정이 없는 논리적인 언어의 향연이 사람을 질리게 한다는 것이다. 주변에서 이런 일을 경험해본 적이 한두 번은 다 있을 것이다.

부부 문제로 오는 여자 내담자들의 주 호소 중 하나가 남편과 감정적인 교류가 안 된다는 부분이다. 연애 시절에는 잘 통했던 것 같은데 어느 순간부터 자신에게 관심이 사라지고 감정적으로 먼 존재가 돼버린다. 감정적 공감의 부재를 호소하는 부부들이 늘어나고 있다.

전화 통화를 하면 항상 남편에 대한 불만을 이야기하는 동창이 있다. 동창은 감정이 생생하게 살아 있는 예술가다. 공대 출신의 남편은 논리적으로 설명하고 이야기하는 것을 좋아하는 사람이다. 서로 성향이 다르기에 잘 맞을 수도 있고 힘들 수도 있다. 이 부부는 후자였다.

함께 가족여행을 갔었다. 그런데 같이 온 것이 신기할 정도로 남편은 내 동창과 감정적 거리를 두었다. 다른 사람들과 있을 때는 이야기를 주도하기도 하고 열정과 에너지가 있는 모습이었다. 사회에서도 인정받고 리더 역할을 많이 하는 남편이었다. 주변에 남편을 따르는 사람도 많다고 했다.

2박 3일의 여행 동안에 술을 좋아하는 동창의 남편은 사람들과 스스럼 없이 친해져 대화를 이끌어나갔다. 그러나 유독 내 동창과는 말이 없었다. 두 사람 사이에 여러 가지 문제가 있겠지만 모임에 섞여 남편과 대화를 하다 보니 하나의 특징을 발견할 수 있었다. 남편은 다방면에 지식이 풍부했다. 대화는 대부분 그 지식에 대한 나열과 설명으로 이루어졌다. 재미있게 말하는 그의 말솜씨에 흥미를 갖고 집중하게 되었다. 하지만 반복되는 지식의 나열은 점차 공허하게 다가왔다.

둘째 날 술자리에서 다른 동창 남편이 요즘 삶에 지치고 힘들다는 감정적인 이야기를 꺼냈다. 사람들은 공감하며 자신도 그런 부분이 있다고 솔직하게 자신의 감정을 나누는 시간을 가졌다. 그동안 서로의 지식을 이야기하던 대화에서 조금 더 내밀한 감정을 이야기하는 방향으로 흐름이 바뀐 것이다. 다른 사람들도 자연스럽게 자신의 일상과 감정을 나눴다. 그때 유독 이야기를 주도하던 그는 침묵하며 어색해했다.

다음 날 아침, 하늘을 보고 싶어 커피 한 잔을 가지고 나왔더니 그가 혼자 있었다. 인사를 건네고 주변 풍경과 날씨를 이야기하던 중 그가 멋쩍

어하며 말을 꺼냈다. 자신은 어제처럼 자신의 감정을 드러내놓고 꺼내는 사람들이 불편하다고. 어떻게 대해야 할지 모르겠다는 것이다.

　나에게 그런 자신의 감정 상태를 표현해주는 것이 반가웠다. 그것도 힘들게 꺼낸 말임을 느낄 수 있었다. 그는 타인의 감정도 자신의 감정도 만나는 것을 힘들어했다.

　왜 이런 일이 생겨나는 걸까? 감정을 표현하는 것은 약점을 보이고 나약하다고 생각하기 때문이다. 현대사회에서 사람들은 자신의 감정을 노출한다는 것은 화투나 카드놀이 할 때 패를 미리 노출하는 것과 같은 것으로 여긴다. 자신이 어떤 패를 들고 있는지 상대가 모르도록 포커페이스를 유지해야 생존 전략이 높다고 경험이 말해주는 것이다. 생존 전략으로 사용했던 포커페이스가 굳어져 어느 순간에는 자신 스스로 자신의 감정을 만나는 것도 불편해하게 된다.

　하지만 감정이 존재하는 이유가 있다. 감정의 분명한 기능이 있기 때문이다. 감정 기능은 우리의 현재 상태를 알려준다. 내가 지금 인생 어디에 어떤 상태로 서 있는지 알려주는 신호등이다. 현재의 욕구가 달성되고 있다면 편안함, 즐거움, 유쾌함, 기쁨 등의 긍정적 감정 신호가 켜진다. 욕구가 충족되지 않았다면 좌절, 씁쓸함, 분노, 막막함 등의 부정적인 감정 색깔이 깜빡인다. 신호등의 초록색 불처럼 긍정의 감정 신호가 켜지면 계속 그 방향으로 달려가면 된다. 반면 빨간색의 부정적 감정 신호가 켜지면 멈춰야 한다. 멈춰서 초록색 불이 들어올 때까지 기다려야 한다. 그러지 않으면 사고가 나는 것이다.

이처럼 감정은 좋고 나쁨이 아니라 그냥 나의 상태를 알려주는 정보창이다. 자동차를 운전할 때 기름이 떨어졌는지 앞에 센서만 보면 알 수 있다. 차의 내부를 들여다보아야 알 수 있는 것이 아니라 계기판만 보면 알수 있듯이 감정도 우리에게 이와 같은 역할을 한다. 연료가 있어야 계속갈 수 있다. 마찬가지로 감정의 연료가 있어야 무엇인가 하고자 하는 동기가 부여된다.

긍정의 감정은 효율 좋은 고가 휘발유다. 더 부드럽게 잘나간다. 부정적인 감정도 고가의 휘발유 이상의 가치를 발휘할 때가 있다. 열등감, 좌절, 분노, 우울 등의 감정이 확신과 행동의 에너지 스위치로 전환될 때다. 그런 경우에는 어마어마한 힘을 발휘한다. 갑자기 일반 중형차가 람보르기니나 포르쉐 수준으로 바뀌는 것이다.

어떤 면에서 무감정 상태가 가장 위험하다. 연료가 바닥난 것을 알 수없기 때문이다. 이것은 자동차의 연료 센서 창이 고장 난 것과 같다. 연료가 떨어졌는데도 알 수 없으면 대형사고가 날 수밖에 없다.

김연아도 스케이트를 타는 것을 '해야만 한다.'라는 스트레스와 압박감을 어느 순간 '하고 싶다'로 바꾸면서 피겨 스케이팅 선수로서의 인생이 달라졌다. 부정적인 감정이 전환될 때의 폭발성을 잘 보여준다.

20대 젊은 내담자들은 진로 문제로 고민하는 경우가 많다. 자신이 원하는 것과 부모나 사회가 원하는 것 사이에서의 갈등이다. 내가 원하는 것을 하면서 살 때는 먹고살기 힘들 것 같은 공포가 있다. 어떤 경우에는 내가 무엇을 원하는지도 잘 모른다. 이것은 20대들뿐만 아니라 삶을 살아가는 대부분 우리들의 자화상이다.

이때 실행해보면 좋은 작업이 있다. 지금 이 책을 읽고 있는 독자들도 한번 실행해보기를 바란다. 노트에 요즘 내가 '해야만 한다.'라고 생각하는 것들을 10개 이상 적어본다. 이때 많은 생각을 하지 말고 떠오르는 대로 즉시 적는 것이 포인트다. 그리고 그 문장들을 '하고 싶다'와 '하고 싶지 않다.'라는 문장으로 각각 바꾸어 적는 것이다. 예를 들면 '나는 다이어트를 해야만 한다.'라는 문장을 적었다고 치자. 그러면 그 아래에 '나는 다이어트를 하고 싶다.', '나는 다이어트를 하고 싶지 않다.' 이렇게 적는 것이다. 행위적인 문장뿐만 아니라 가치관을 담은 문장이어도 상관없다. 예를 들면 '나는 남을 험담하면 안 된다.' 또는 '나는 남을 배려해야 한다.' 등의 당위적인 문장을 적는다. 그리고 그 문장을 바꾸는 것이다. '나는 남을 험담하고 싶다.', '나는 남을 험담하고 싶지 않다.'라는 문장으로. '나는 남을 배려하고 싶다.', '나는 남을 배려하고 싶지 않다.'라는 문장으로 바꾸면 10개의 문장을 썼을 때 30개의 문장이 된다.

이것을 소리 내서 읽어본다. 집단에서 할 때는 빈 의자를 3m에서 5m 정도 거리를 두고 돌려놓은 뒤 거기에 내가 앉아 있다고 생각하고 큰 소리로 말하도록 한다. 혼자 하더라도 소리를 크게 낼 수 있는 장소라면 책 읽듯 작은 소리로 하는 것보다는 일어서서 크게 외치는 것이 더 좋다. 왜냐하면, 목소리와 몸에서 나오는 진동과 에너지가 다르기 때문이다. 장소가 여의치 않으면 적은 후 소리 내어 작게 읽어보는 것만으로도 도움이 된다.

자신에게 문장이 선명하게 느껴질 때까지 반복하다 보면 '해야만 한다.'라는 당위적 문장에서 '하고 싶다' 또는 '하고 싶지 않다.'라는 문장 중 하나를 선택하게 된다. 그때서야 내 것이 된다. '해야만 한다.'라는 것은 내 것이 아니다. 심리용어로 투사라고 한다. 부모나 사회가 나에게 하라고 하는 것이지 주체적으로 내가 결정하고 선택한 것이 아니다. '하고 싶다' 또는 '하고 싶지 않다'로 변환되었을 때 진정한 내 것이 되는 것이다. 여기에 작용하는 파동이 감정이다.

감정은 이렇게 우리가 진짜 원하는 것을 하면서 살기를 바란다. 독특한 나만의 개성을 알려준다. 그 누구로 사는 것이 아니라 나로 살기를 원하는 것이다. 그것을 알려주기 위해 무수히 많은 감정이 우리 안에 존재한다. 고가의 정밀 기계일수록 센서와 작동 방법이 섬세하듯이 감정도 마찬가지다. 변화무쌍한 감정을 두려워하지 말자. 내 안에 작은 감정까지 알아차리고 느낄수록 내 성능이 좋아진다.

 나뭇잎을 살펴보면 바람에 계속 나부끼며 가만히 멈춰 있지 않다. 우리도 살아 있기 때문에 감정이 춤을 추는 것이다. 감정이 춤추는 소리를 듣다 보면 우리가 진짜 원하는 것이 무엇인지 알 수 있다.

05

감정은 지어낼 수 없다

감정은 몸의 언어다. 감정은 오로지 몸의 소리만 듣기 때문이다. 감정은 우리가 무엇인가 결정해야 할 때 원하는 것을 선택하게 해주는 신호창이라고 앞에서 말했다. 인생을 항해하는데 신호를 알려주는 신경화학 체계다. 이 신호를 보고 우리의 몸은 즉각적으로 반응한다. '억장이 무너진다.', '소름이 돋는다.', '진땀이 난다.', '입술이 말라온다.', '애간장이 탄다.', '목이 멘다.', '목이 탄다.', '심장이 오그라든다.', '간이 콩알만 해졌다.' 등 몸과 연관된 감정 표현이 많은 이유다. 감정의 메시지에 따라 몸은 반응하고 대응한다. 여기에는 속임수가 존재하지 않는다. 감정이 몸의 언어이기 때문이다.

직관과 같은 감정에 따라 결정했을 때 예측대로 들어맞았던 경험을 살면서 한두 번은 해보았을 것이다. 예를 들면 친구들과 점심을 먹으러 식당에 갔다. 밑반찬으로 나온 음식 중 '왠지 이 음식은 먹기가 좀 꺼림칙한데.'라는 느낌이 들어 그 반찬을 안 먹었다. 그런데 다음날 그 음식을 먹은 친구들은 식중독에 걸렸다. 이와 같은 유형의 일들 말이다. 여행을 가서 길을 걷다가 왠지 오른쪽보다는 왼쪽으로 가고 싶은 기분이 들어서 발길을 돌렸다. 그 길 끝에 너무 아름다운 집과 호수를 보게 되는 우연한 행운들도 있다.

나는 고등학교 때 텔레파시처럼 몸으로 강력하게 전달되는 감정의 신호를 경험한 적이 있다. 지금 생각해도 살 떨리게 놀랍고 공포스러운 느낌이지만, 한편으로 생각하면 신기한 경험이다. 한여름 토요일 저녁이었다. 토요일 8시 주말 연속극의 시청률이 50%대를 넘기던 시절이다. 가족들과 텔레비전을 보려고 앉았는데 옆집 친한 친구가 놀러 왔다. 공중전화 부스에 같이 가자는 것이다. 1980년대 후반인 그때는 지금처럼 핸드폰이 없었다. 보통 집에 한 대 있는 유선전화기를 공용으로 사용했다. 길거리에서는 보통 공중전화로 통화했다. 당시 친구는 부모님 몰래 연애하던 남자친구가 있었다. 드라마를 기다리고 있었기에 남자친구와 통화하기 위해 함께 공중전화에 가자는 친구의 부탁이 조금은 짜증스러웠다. 하지만 워낙 항상 붙어 다니던 절친이고, 당시 인신매매가 극심하던 시

절이라 걱정되었다. 여름밤 8시경이라 그다지 어둡지 않고 환한 편이어
서 부모님도 허락했다. 우리 둘은 집을 나왔다.

공중전화 부스에 가려면 동네에 오밀조밀 붙어 있는 가게들을 지나 큰
길로 나가야 했다. 지금도 그 거리가 영화 속의 한 장면처럼 머릿속에 저
장되어 있다. 작은 삼거리 슈퍼마켓을 지나 약국과 과일가게를 지나쳐
걸었다. 과일가게 바로 옆에 제과점이 있었다. 제과점에 한 남자가 서 있
는데 양복을 입은 바지와 검정 구두가 내 눈에 띄었다. 그 순간 온몸에
소름이 돋았다. 너무 무서워서 그 위로 쳐다보지도 못했다. 정말 이상한
감각이었다. 제과점을 지나쳐 걷자 남자가 따라오는 느낌이 들었다. 뒤
에서 그 남자의 발걸음 소리만 내 귀에 크게 들렸다. 나도 모르게 손이
덜덜 떨렸다. 조금 앞에 있는 슈퍼마켓만 지나면 가로등이 없는 캄캄한
길을 지나야 공중전화 부스가 있는 큰 거리가 나왔다. 가로등 없는 컴컴
한 길이 아가리를 벌리고 기다리는 것 같았다.

나도 모르게 친구의 손을 잡고 슈퍼마켓 쪽으로 끌어당겼다. 나는 엉
겁결에 "우리 여기서 뭐 사 먹고 가자."라고 말했다. "나 공중전화 걸 돈
밖에 없어."라고 말하며 친구는 내 손을 뿌리치고 앞으로 걸어갔다. 나는
급하게 따라갔다. 하지만 친구가 컴컴한 공간에 들어가는 순간 뒤따라오
던 남자의 발소리가 빨라졌다. 그는 친구의 목을 뒤에서 감아 잡아끌고

골목길로 사라졌다. 나는 내 친구 좀 살려달라고 비명을 질렀다. 내 소리를 듣고 슈퍼마켓 간이 테이블에서 맥주를 마시던 아저씨들이 달려왔다. 골목으로 소리를 지르며 사람들이 우당탕 달려들자 그 인신매매범이 당황했다. 그 순간을 놓치지 않고 내 친구가 빠져나왔다. 아쉽게도 인신매매범은 놓쳤다. 내 친구 뒤에서 목을 팔로 감고 있어 범인의 얼굴은 보지 못했다. 친구는 감고 있는 팔 아래로 빠져나오며 얼굴 여기저기가 긁힌 상태였다. '심장이 떨어진다.'라는 말이 무슨 말인지 알 것 같은 순간이었다. 내 심장에서 들리는 박동이 온몸에서 느껴졌다. 친구는 너무 놀라서 울음을 터트리며 온몸을 떨었다. 일이 수습되고 나서 시간이 흘러도 한동안은 뒤에서 발걸음 소리만 나도 경기하듯 뒤를 돌아보았다.

이렇게 순간의 직관과 같은 감정이 즉각적인 신체 반응과 연결되어 우리를 살릴 때가 있다. 그 외에도 애매한 순간 솔직한 감정과 만나 선택하고 행동했을 때 만족스러운 결과로 이어질 때가 많다. 단, 감정은 인정사정 보지 않고 솔직하다. 동시에 매우 빠르게 이동한다. 그래서 믿을만하지 못하다고 여겨진다. 위의 예와 달리 감정이 우리의 뒤통수를 때리는 것 같을 때도 자주 있다. 이럴 때는 머리가 끼어들었을 때다. 과거의 기억이나 생각이 덧씌워지면서 현재를 오판하게 한다.

비즈니스 코칭을 하다 보면 종종 만나게 되는 사례의 유형이 있다. 예를 들면 함께 협력하며 일해야 할 동료가 첫 대면에서 고개만 까딱하며 거만하게 인사했다. 목 깁스를 한 것과 같은 고압적인 자세에 순간 기분이 상했다. 그래서 자신이 알고 있는 정보를 공유하지 않았다. 그리고 계속 거리를 두며 동료를 삐딱한 시선으로 바라보았다. 볼 때마다 불편했고, 즐겁지 않았다. 당연히 그 프로젝트 결과는 좋게 나오지 않았다. 그런데 나중에 알고 보니 동료는 그와 만나기 전에 안 좋은 일로 집에서 걸려 온 전화 내용을 생각하느라 그런 것이었다.

한 번 낀 왜곡의 안경은 감정의 레이더를 오작동하게 한다. 생각이 순수하게 올라오는 솔직한 감정을 막는 경우는 우리 주변에 널리고 널렸다. 그 유형을 살펴보면 크게 세 가지다. 첫 번째는 위의 사례처럼 현재 진행형인 일을 잘못 판단해서 감정을 막는 경우다. 두 번째는 과거의 기억이 강렬한 감정을 불러와 현재의 소리를 못 듣게 하는 것이다.

상사에게 업무로 한 소리 들었다. 안에서 분노가 들끓어 올라온다. 말투 자체가 너무 짜증스럽다. 상사가 지적하는 내용이 옳다고 하더라도 저런 식으로 이야기하는 것은 자신을 완전히 무시하는 처사다. 조금만 존중한다면 저런 말투로 이야기하지는 않을 것이다. 상사는 자신을 쓰레기 취급하고 있다. 정말 화가 난다. 길에서 만나면 죽여버리고 싶다. 상사의 이야기만 나오면 평소보다 더 격렬하게 분노를 표현하던 한 내담자의 발언이다. 이 내담자는 상담 중 상사에 대한 감정이 권위적이고 폭력적인 아버지에 대한 감정과 섞인 것을 스스로 발견했다. 과거의 기억이 현재 상황을 뒤덮어버릴 만큼 강렬한 감정을 불러온 것이다. 그 순간 현재 순수하게 느끼는 감정은 발붙일 곳을 잃어버리고 사라져버린다.

마지막 세 번째는 당위나 신념 때문에 감정을 막는 경우다. "누가 가장 행복한 사람인가? 남의 장점을 존중해주고 남의 기쁨을 자신의 것인 양 기뻐하는 자다." 이 말은 괴테가 한 말이다. 누군가가 이 글을 읽고 감명을 받아 깊게 동의했다고 치자. 그래서 이것이 그 사람의 신념이 되었고 사람을 대하는 태도가 되었다. 그런데 어떤 때는 신념과 내 감정이 일치하지 않을 때가 있다. 그런데도 감정을 무시하고 신념이라는 이데올로기에 갇혀버리면 그것은 가식이 된다.

친구 중에 유독 샘이 많은 친구가 있었다. 그 친구는 이야기할 때도 본인이 중심이 되어야 했다. 누군가가 더 주목을 받으면 어떻게 해서든 교묘하게 자신한테로 그것을 돌려놓았다. 머리 좋은 친구이기에 굉장히 자연스러워 사람들은 쉽게 알아차리지 못했다. 그녀는 자신보다 더 뛰어난 사람이 있으면 너무 부럽다며 칭찬했다. 하지만 그것은 부러움이 아닌 질투였다. 사람들은 시간이 흐르면서 무엇인지 모르게 불편함을 느꼈다. 그리고 그것이 그녀의 가식 때문임을 알게 되었다.

과잉 친절과 배려는 우리를 행복하게 하지 않는다. 진심이 아님이 전달되기 때문이다. 괴테의 말이 옳지만 질투나 시기가 없는 깨끗한 태도로 남의 장점을 존중하고, 남의 기쁨을 자신의 것처럼 기뻐해야 한다. 그렇지 않으면 차라리 안 하는 것이 낫다. 당위로 인한 행위는 가식만 낳는다. 가식은 자신의 몸과 마음만 힘들게 한다.

부러움은 내가 가지고 있지 않은 것에 대한 순수한 동경이다. 반면 질투는 내가 가지고 있지 않은 것에 대한 욕심이고, 시기는 내가 가지고 있음에도 부리는 탐욕이다.

생각에 휘둘리지 않고 나에게 솔직하려면 내 안에 감정을 섬세하게 자각해야 한다. 어떤 비난이나 자책 없이 있는 그대로 바라볼 때 흘러가는 감정의 물결을 마주할 수 있다. 그런 후 몸과 마음이 일치하고, 영혼이 동의할 때 하는 표현과 행위는 깨끗하고 정직하다. 이런 발걸음들이 자신이 원하는 삶을 살아가게 한다.

06

모든 감정에는 이유가 있다

분노는 나쁜 것인가? 우울은 우리 안에 있어서는 안 되는가? 그렇지 않다. 모든 감정은 우리 안에 있는 이유가 있다. 이 감정들이 우리에게 주는 유익이 있으므로 존재하는 것이다. 인간은 본능적으로 생존을 위해 최상의 컨디션을 유지하려고 한다. 그 방법으로 분노, 우울, 두려움, 외로움, 슬픔 등 우리가 회피하고 싶어 하는 감정이 존재하는 것이다. 인간에게 두려움이 없었다면 우리 인류는 지금까지 생존해 있지 못했다.

용감한 영웅은 멋있게 앞장서서 싸운 장군이 아니라 끝까지 살아남는 사람이다. 먼저 용감하게 앞장섰다면, 아마도 90% 이상은 진작 죽었을 것이다. 전쟁에서 살아남은 것은 두려움이 존재했기 때문이다. 살아남았기에 영웅이 된 것이다.

이와 마찬가지로 우리에게 부정적인 말을 걸어오는 온갖 감정들은 이유가 있다. 그 소리에 귀 기울여야 한다.

내가 만났던 내담자 한 명이 생각난다. 그 내담자는 우울증이 심해서 집안일과 육아를 힘들어했다. 하루하루를 살아가는 것 자체가 너무 큰 고통이었다. 그 내담자와의 첫 만남은 태양이 내리쬐어 더위가 심했던 한여름이었다. 오후 2시쯤 온 그녀의 얼굴은 짜증과 초조를 가득 담고 있었다. 보자마자 왜 이렇게 덥냐며 다짜고짜 화장실이 어딘지 신경질적으로 물었던 모습이 생각난다. 그 뒤 상담하며 쏟아놓았던 그녀의 삶은 녹녹지 않았다. 버티기 힘들었던 삶을 외줄 타기를 하듯 나름대로 열심히 살아왔다.

무엇인가 이루고자 갈망했지만 실현되지 못한 열망에 대한 초조감과 짜증, 자신을 알아주지 않는 주변에 대한 원망이 그녀의 삶을 잠식하고 있었다. 어린 시절부터 부모에게 사랑받지 못했던 그녀는 그 사랑을 남편에게서 찾았다. 하지만 남편은 직장 일에 바쁘고 특히 친구를 좋아해서 그녀의 마음을 충족시켜주지 못했다. 퇴근 후 직장동료나 친구들을 만나 술 마시는 것을 좋아했다. 신혼 초에는 선후배나 직장동료를 집에 데려오거나 그녀와 동반해 모임을 자주 가졌다. 그러나 그녀가 싫어하자 어느 순간부터는 밖에서 모임을 하고 늦게 들어왔다.

어린 시절부터 가족의 사랑과 인정에 목말라 탈출하듯 결혼한 그녀는 더 허기졌다. 친정 식구들에게 가지고 있던 오래된 원망까지 남편에게 향했다. 좋아하던 직장 생활을 임신으로 그만둔 현재의 상태가 한심하게 느껴졌다. 그리고 자신을 이렇게 만든 것이 남편인 것만 같았다. 내 배를 가르고 나온 너무 사랑스러운 아이도 이런 감정이 올라올 때는 쳐다보기도 싫었다. 아이를 창밖으로 던져버리고 자신도 죽고 싶은 순간이 종종 찾아왔다. 그러다 잠깐이라도 이런 생각을 하는 자기 자신이 너무 혐오스럽고 끔찍했다. 점차 모든 것이 하기 싫어지고 의욕을 잃어갔다. 나를 찾아왔을 때 그녀는 이런 상태에 있었다.

나도 그녀의 입장이라면 이런 감정들을 무수하게 느꼈을 것 같다. 우리의 잠재의식은 알고 있는 모든 것을 동원하여 우리가 생존할 수 있는 방향으로 나아간다. 그 순간순간 최고의 선택을 하는 것이다. 살아남기 위해서. 나의 내담자가 느끼는 이 무수한 감정도 겉으로 보면 그녀를 극단으로 몰고 가는 것 같지만 잘 들여다보면 그녀를 살리기 위해 최선을 다하고 있었던 것이다. 다만 더 좋은 다른 방법을 모르기 때문에 알고 있는 방법 중 최상의 것을 선택하고 실행하는 것뿐이다.

눈에 보이는 가장 큰 증상은 모든 것에 의욕이 없고 지친 우울이다. 우울 뒤에는 어마어마한 분노가 자리 잡고 있다. 그 분노 밑에는 소중한 존

재, 사랑받는 존재가 되고 싶은 깊은 욕구가 뒹굴고 있다. 이러한 무의식
적 감정의 상태가 나의 내담자의 현실을 만들어낸 것이다.

내가 내담자에게 지금 호소하고 있는 증상인 '우울'에 감사해야 한다
고 하자 어이없는 표정으로 그게 무슨 말인지 되물었다. '우울'이 당신에
게 가져다주는 유익이 있기에 잠재의식이 우울을 붙잡고 있는 것이라고
나는 말했다. 내담자는 다시 한번 이해할 수 없다는 표정을 보였다. 나는
다시 한번 물었다. 우울로 인해 내담자의 삶에서 얻는 것이 무엇인지. 한
참 침묵하던 내담자는 우울증이라는 진단을 받은 뒤 남편이 예전보다 집
안일에 신경을 쓴다고 답했다. 신혼 이후 자신에게 무관심했던 남편이
자신의 기분에 맞춰주려고 노력한다는 것이다.

상담하면서 그 외에도 '우울'이 내담자에게 주는 선물을 찾아보았다.
청소를 안 해서 집안이 더럽고 아이를 제대로 돌보지 않아도 비난받지
않았다. 오히려 시어머니가 안쓰럽게 여기며 치워주기까지 했다. 자신이
바로 일을 찾지 않아도 되었다. 솔직히 육아로 일을 손에 놓아서 다시 사
회 생활하기가 두려웠다. 내 일을 찾고자 하는 욕구와 두려움 사이에 갈
팡질팡하며 헤매고 있는 내담자에게 우울은 지금은 잠시 아무 일도 안
해도 된다고 판결을 내려준다. 순간 감정 조절을 하지 못해서 분노를 폭
발해도 아무 에너지도 없는 우울한 상태보다는 낫다고 주변도, 자기 자

신도 생각했다.

하나하나 찾아보니 '우울' 뒤에 숨어서 보는 혜택이 한두 개가 아니었다. 이런 '우울'에 어떻게 감사하지 않을 수 있는가? 결국, 나의 내담자는 '우울'에 감사할 수밖에 없었다. 이런 혜택을 포기하지 않는 한 우울은 우리 안에 계속 함께한다. 이런 것들을 기꺼이 포기해야만 '우울'이 떠난다.

먼저 지금까지 이런 혜택을 준 '우울'에 감사해야 한다. 그리고 '우울'에게 당신의 도움 없이도 잘 살 수 있다는 확신을 주어야 기분 좋게 작별할 수 있다. 또는 우울과 완벽하게 작별하는 것이 아니라 내 안에 작게 남겨두기를 선택할 수도 있다. '우울'이 우리의 감성을 자극하여 성장하게 할 필요가 있을 때만 불러올 수 있도록.

이 두 가지 모두 지금까지 '우울' 때문에 받은 혜택을 포기할 때 일어난다. '우울'이 주는 유익함을 계속 유지하고 싶은 마음을 조금이라도 남겨두게 되면 '우울'에서 벗어나기 힘들다. 계속 휘둘리게 되는 것이다. 이 내담자의 '우울'은 분노 너머에 소중한 사람들에게 사랑받고 싶고 인정받고 싶은 내담자의 진정한 마음을 들여다보라고 이야기하고 있다.

내담자가 계속 '우울'을 달고 다니는 생활을 한다면 한동안은 이해받을 수 있다. '우울'이라는 이름 뒤에 숨어 자기합리화를 할 수도 있다. 그러나 행복하고 당당하게 자기 스스로 자신을 사랑하고 사람들에게 인정받는 존재가 되기는 어렵다. 내가 무엇을 원하는지 감정이 말하는 소리를 듣고 용기 있게 선택해야만 한다. 내가 어떤 삶을 살아가야 할지를. 그것이 첫 번째 출발점이다.

다행히 이 내담자는 '우울'이 주는 혜택을 포기하기로 마음먹었다. 그 뒤 여러 회기를 거쳐 분노와 만나고 두려움과 슬픔 등 많은 감정을 마주한 뒤 '우울'을 새끼손톱만큼 작게 만들어 오른쪽 골반쯤에 두었다. 스스로 자신을 사랑하지 않고 타인에게 의존하려 할 때 '우울'이 말을 해서 알아차릴 수 있도록. 어떤 내담자는 완전히 작별하겠다고 하기도 한다. 지금까지 느꼈던 우울을 모두 내보내고 싶어 한다. 이것은 모두 스스로 할 선택이다.

아쉽게도 감정이 주는 이런 유익을 포기하지 못하는 사람들도 종종 있다. 알코올 병동에서 만난 한 내담자는 불안과 분노의 감정이 매우 높았다. 불안 때문에 술을 마신다고 했다. 술을 마시면 불안하고 답답한 마음이 사라지고 과거의 괴로웠던 기억에서 해방된다는 것이다. 술을 마시면 기분이 좋아져 사람들에게 전화하거나 만난다. 평소에 소심해서 하지 못했던 이야기를 술을 마시면 거침없이 할 수 있어서 속이 시원하다. 분노도 거침없이 표현하고 거칠어진다. 사람이 좋아서 갔는데 사람들과 마찰이 생긴다. 술이 깨면 괴로움을 느끼고 불안과 분노가 더 많아진다. 사람들과 다시는 만나지 않겠다고 생각하지만 술을 마시면 같은 행동이 되풀이된다. 점점 고립되면서 외로워지고 우울해 술을 더 마신다. 가족에 의해 입원한 내담자의 분노는 매우 큰 상태였다. 폐쇄 병동에 있는 공중전화로 수시로 가족들에게 전화해 내보내줄 것을 요구하고 있었다.

가장 호소하는 문제가 불안이었기 때문에 그것부터 다루었다. 불안이 주는 유익이 무엇인지 서로 함께 찾아보았다. 이분에게 불안은 허무하지 않도록 도와주고 있었다. 불안이 사라지면 너무 고요해서 허무할 것 같다는 것이다. 허무하지 않으려고 불안해하고, 불안하면 분란을 계속 만들 수 있으니까 주변이 시끄러워 고요하거나 적어도 허무하지는 않다는 것이다. 고요함이 편안함이 아니라 왜 허무로 다가오는지 함께 찾아보자고 했다. 그러나 내담자는 지금 불안과 작별하면 허무의 고요로 빠져 자살할 것 같다고 했다.

굉장히 깊게 무의식과 연결된 감정들을 마주할 힘이 없는 것이다. 그럴 때는 조금 에너지가 생길 때까지 기다림이 필요하다. 단, 내 상태를 인지하는 자각의 눈을 띄우는 훈련을 하면서 기다려야 한다.

모든 것은 스스로 선택하는 것이다. 아무리 대단한 상담자나 전문가가 있다고 하더라도 자기 자신만큼 위대한 상담가나 전문가는 없다. 스스로 의지가 없으면 그 누구도 도울 수 없다. 자신에 대한 전문가는 바로 본인 스스로다. 그러려면 자기 자신에 대해 잘 알아야 한다. 자신을 이해하고 아는 가장 좋은 방법이 감정을 만나는 것이다. 우리가 느끼는 감정은 그냥이라는 말이 없다. 아무 이유 없이 존재하지 않는다. 반드시 모든 감정에는 이유가 있다.

07

감정이 행복의 열쇠다

영국 최고의 설교가이자 의회 개혁의 옹호자였던 시드니 스미스는 이렇게 말했다. "내일에 대해서는 아무것도 모른다. 우리가 할 일은 오늘이 좋은 날이며 오늘이 행복한 날이 되게 하는 것이다." 이렇게 할 수 있는 열쇠가 바로 감정이다. 변덕쟁이 아가씨인 감정을 제대로 만난다면 우리는 인생과 사랑에 빠진다. 고정되지 않고 매 순간 변화하는 세상이 펼쳐진다. 지루할 틈이 없다.

매너리즘에 빠질 때 우리는 모든 것에 흥미를 잃는다. 삶은 지루하고 뻔하다. 이럴 때의 특징이 감수성이 메말라가는 것이다. 요즘 일어날 때 설레는 마음으로 일어나는가? 아니면 피곤하고 지친 몸과 마음으로 일어나는가? 내 삶에도 분명 내일이 기다려지고 설레던 순간들이 있었을 텐데, 어느 순간부터 그것이 안 느껴진다면 감정을 느끼는 나의 감수성을 체크해볼 필요가 있다.

무엇인가에 대한 궁금증이 생길 때 삶에 재미가 생긴다. 이런 호기심은 단정과 평가가 아니라 질문을 유도한다. 고정되고 획일화되지 않고 유연해지며 말랑하도록 도와준다. 누군가와 사랑에 빠질 때도 최초의 감정은 호기심이다. 아무 호기심도 일어나지 않는 상대와 우리는 연애에 빠지기 힘들다. 호기심이 날아가지 않고 쌓이면 관심으로 바뀌고, 관심이 더 지속이 되면 애정이나 열정이 된다. 대상이 사람일 경우는 관심에서 애정으로 변할 것이고, 업무일 경우에는 열정이 될 것이다.

이러한 호기심은 관계에서도 단정과 판단이 아닌 궁금증을 갖게 하기에 도움이 된다. 예를 들어 아이는 학원에 갔다가 오늘 늦게 온다고 전화했다. 그런데 학원 선생님으로부터 아이가 학원에 오지 않았다는 연락을 받았다. 우리 안에 호기심이 없다면 바로 그 상황을 단정해버릴 것이다. 그래서 아이가 현관문을 열자마자 말한다. "너 오늘 학원 안 갔지? 왜 엄마한테 거짓말해. 어디서 그런 나쁜 버릇 들었어. 학원비가 얼마인 줄이나 알아? 너희 아버지랑 내가 그것 벌려고 얼마나 고생⋯." 하며 혼내기 시작할 것이다. 하지만 호기심이 있다면 아이한테 무슨 일이 있는지 궁금증이 먼저 일어난다. 감정의 스펙트럼이 넓어지고 유연해진다.

꼭 긍정적이고 좋은 감정만이 우리 삶에 도움이 되는 것은 아니다. 앞장에서 말했듯이 부정적인 감정들도 우리에게 유익을 줄 때가 있다. 우스갯소리지만 남편과 대판 싸우고 화해한 어느 날 남편이 내게 한 말이다. "너는 그래도 나를 만나서 경제적으로 풍요롭게 살지는 못했지만 스펙터클하게 살고 있잖아. 이것 그 누구도 쉽게 경험하지 못하는 거야." 그때는 기가 막혀서 웃었다. 그러나 가만히 생각해보니 그림쟁이인 화가 남편과 살면서 지루했던 적은 없었다. 너무 다이내믹할 정도로 스펙터클해서 문제였지.

나는 지금의 남편을 만나지 않았다면 심리상담 관련 공부를 이렇게나 열심히 하지 않았을 것 같다. 힘들고 괴로워 더 열심히 했다. 작가 공지영 씨가 이혼하고 생활비를 벌어야 하기에 더 글을 열심히 썼다는 말에 완전히 공감한다. 내 친구 중 간혹 나의 이력을 부러워하는 경우가 있었다. 나는 오히려 그네들이 부러웠다. 무난하고 평범한 남편이 벌어오는 돈으로 생활하는 안정적인 삶이. 하지만 나에게 주어진 삶은 계속 이 분야에 대해 배우게 했고, 배운 것으로 돈을 벌어야 했다. 그러다 보니 어느 순간 나에게 전문가라는 타이틀이 붙었다. 힘들고 고통스러운 감정들이 오히려 나를 성장시킨 것이다. 배우는 것을 좋아하지만 내 삶이 안락했다면 이처럼 치열하게 배우며 달려오지는 않았을 것이다. 생존해야 했기에 포기하지 않고 배우고 일했다. 쉽게 시들해지고 포기하는 나는 지금의 남편을 만나지 않았다면 삶에 안주했을 것이다.

NLP코칭 스터디 모임에서 불안과 두려움에 대해 다룬 적이 있다. 불안을 다루었던 자기 자신의 이야기나 코칭 사례들을 서로 나누었다. 불안하지 않았던 순간들을 떠올리게 하거나 작은 것이라도 불안해했던 것을 극복한 성공 사례를 늘리면 도움이 된다는 말들이 한참 오갔다. 그때 이야기를 잠자코 듣고만 있던 한 코치가 이런 말을 했다. "불안이 나의 원동력이에요." 이 말을 듣고 함께 스터디 하던 코치들은 모두 공감했다. 불안이 우리를 움직이게 하는 원동력이 될 수 있다는 말에.

타로 메이저 카드 4번은 황제 카드다. 황제는 권력이 가장 강하다. 그런데도 카드 속의 황제는 딱딱한 석고 의자에 한쪽으로 쏠린 눈동자를 하고 있다. 카드를 보여주며 황제가 어떤 기분인 것 같은지 물으면 거의 모든 사람이 불안하거나 초조해보인다고 말한다. 4번 카드 황제는 마음 끝자락에 불안을 달고 사는 사람이다. 황제가 얼마나 피비린내 나는 자리인가? 권력을 잡아도 언제 누가 자신을 죽이고 그 자리를 차지할지 모르는 자리다. 부모 자식도 서로 죽이는 자리가 황제 아닌가. 지키기 위해서는 불안할 수밖에.

타로 수비학 관점으로 살펴볼 때도 4번 황제 카드는 불안으로 성장하는 사람이다. "당신처럼 커다란 권력을 가지려면 어떻게 해야 하나요?"라고 물었을 때 황제는 이렇게 답한다. "매일 매일 쉬지 말고 일하라." 황제는 불안하기 때문에 매일 쉬지 않고 일한다. 양력 생년월일의 계산을 통해 자신이 잘하는 역할을 알려주는 솔 넘버(Sol Number) 4번에 해당하는 사람들은 내면에 불안함이 있다. 예를 들어 PPT 발표를 해야 한다고 하면 불안하기 때문에 미리미리 준비해서 여러 번 연습까지 해야 마음이 편안한 유형의 사람들이다. 어떤 사람들은 별로 준비 안 하고 발표할 때 즉흥적으로 하는 사람도 있다. 이렇게 해도 잘하기 때문이다. 하지만 시간이 지나면 미리미리 준비하고 노력한 사람을 이길 수 없다. 그래서 솔 넘버 4번 황제는 이러한 불안을 원동력으로 오히려 성장하는 것이다.

불안은 더 커다란 안 좋은 일을 발생하는 것을 방지하기도 하고, 무엇인가 움직이게 하는 동기로 작용할 때도 있다. 이런 것은 불안을 수용하고 만날 때 가능하다. 우리 안에 있는 모든 감정은 우리를 향해 다양한 색깔과 향기를 내뿜으며 끊임없이 속삭인다. 우리가 선택적으로 들을 뿐이다. 달콤한 긍정적인 감정은 잘 듣는 편이다. 반면 어둡고 시끄러운 부정적인 감정에는 귀를 닫는다. 귀 막고 이 소리를 안 들으면 일이 눈덩이처럼 커져서 문제가 생긴다.

몸의 통증도 빨리 고치라는 신호다. 이것을 무시하고 병을 키우면 어떤 명의가 와도 고치기 힘들다. 이와 마찬가지다. 10대 때 찾아온 부정적 감정의 소리를 듣지 않으면 사라진 것 같지만 그렇지 않다. 그것이 20대, 30대 혹은 노년이 되어 수습할 수 없을 지경으로 우리 삶에 나타난다.

아이들을 키우면서 어려움을 호소하는 내담자가 많다. 부모 자녀 관계는 쉽지 않다. 많은 역동이 작동하기 때문이다. 그중 하나가 내가 부모와의 관계를 제대로 해결하지 못하고 결혼하여 아이를 낳아 키울 때 생긴다. 부모와 안 좋았던 관계가 대물림되는 것이다. 부모가 너무 권위적이고 통제해서 그것이 너무 싫었지만, 어느새 자신도 모르게 아이한테 똑같이 하고 있다. 또는 반대로 부모의 그 모습이 너무 싫어서 자신은 절대 안 그럴 것이라 다짐한다. 그리고 자녀를 전폭적으로 허용한다. 본인이 자녀한테 끌려다닐 정도로. 이것도 또 다른 형태의 대물림이다. 이런 경우 10대 시절 부모와의 관계에서 부정적인 감정이 분명 찾아왔었다. 그런데 이것을 제대로 해결하지 못했기 때문에 나이가 들어 더 큰 고통의 감정을 가지고 찾아온 것이다. 이런 면에서 현재 나와 관계가 안 좋은 자녀는 인생이 내게 준 선물이자 스승이다. 인생이 내게 할 말 있다고 노크하는 것이다. 더 늦기 전에 이 문제를 풀라고.

시기를 놓친 문제들은 사라지지 않는다. 시간이 흘러 더 눈덩이처럼 불어나 우리를 덮친다. 실패도 미리 경험하는 것이 좋다. 실패 없이 승승

장구만 하는 인생이 좋은 것 같지만 그렇지 않다. 상담하다 보면 나이 들어서 처음 맛보는 실패의 좌절감을 견디지 못하는 경우를 심심치 않게 본다.

태어나서 마흔 중반이 될 때까지 실패를 경험하지 못했던 내담자가 있었다. 부유한 집에 맏딸로 태어나 장녀라고 귀한 대접을 받으면서 자랐다. 외모도 예쁘고 공부도 잘해서 상위권을 벗어난 적이 없다. 우리나라 명문대를 나와 유학도 다녀왔다. 외국인 회사에 취업하여 승진도 빨랐다. 유학 시절에 만난 신학대 남편과 결혼하여 남매를 낳았다. 한국으로 와서 남편은 바로 신학대 교수가 되었고 아이들도 부모를 닮아 공부를 잘했다. 영화로 치자면 시작부터 끝까지 달달한 해피엔딩 영화인 셈이다.

그러나 어느 날 그 모든 것이 깨졌다. 남편이 표절 문제로 교수 자리에서 내려오게 되었다. 주변에서 자신을 보는 시선이 낯설었다. 강렬한 수치심이 그녀를 스멀스멀 감고 올라왔다. 그러던 중 회사에서 그녀가 맡아 하던 프로젝트가 잘못되어 상사에게 한 소리를 들었다. 업무 성과가 항상 좋았던 그녀가 처음 겪는 일이었다. 실패를 몰랐던 그녀에게 벌어지는 일 년의 사건들은 너무 벅찼다. 그녀는 예배 시간 중 자신도 모르게 비명을 지르며 쓰러졌다. 그 후 그녀는 일정 부분 기억을 못 하는 심각한 우울과 해리증상을 보였다.

부정적인 감정이 찾아올 때 꼭 나쁘게 볼 필요가 없다. 그것은 문제를 해결해야 한다는 신호를 보내는 것뿐이다. 불행이 없으면 행복도 커지지 않는다. 실패와 불행이 있기에 성공과 행복이 있는 것이다. 그것을 어떻게 내 것으로 만들어갈 것인지가 중요하다. 그러려면 감정을 만나야 한다. 이 모든 것이 자기 자신이 되어 가는 과정이다. 칼 융은 이렇게 말했다. "살면서 누릴 수 있는 최고의 특권은 진정한 자기 자신이 되는 것이다." 창밖의 빗소리처럼 내 안에 들려오는 감정의 소리를 들어보자. 그 순간 진정한 나를 만난다. 내 안에 감정을 만나 나답게 될 수 있는지, 그렇게 되었을 때 진정 행복한지 이 책을 읽으며 함께 실험해보자.

<감정 주파수 맞추기 실천 로드맵 I>

1. 감정 단어 적어보기

1) 생각나는 감정 단어를 모두 적어보기

2) 요즘 내가 많이 느끼고 있는 감정은 어떤 것이 있는지 체크해보기

3) 그 감정이 나에게 주는 유익이 무엇인지 적어보기

2. 'MUST'를 나의 선택으로 바꾸기

1) 내가 요즘 '~해야만 한다'고 생각하거나 느끼는 것 10문장 이상 적어보기

2) '해야만 한다'고 적은 문장을 각각 '하고 싶다'와 '하기 싫다'로 바꿔 적어보기

3) 30문장 모두를 천천히 소리 내어 읽기

4) '해야만 한다'에서 '하고 싶다' 또는 '하기 싫다'로 바뀐 문장 동그라미 치기

5) 계속 '해야만 한다'에 머무는 문장은 아직 내가 선택한 것이 아니므로 '하고 싶다'와 '하기 싫다' 둘 중의 하나로 감정이 명료하게 결정될 때까지 소리 내어 읽기

6) 내가 하고 싶은 일과 하기 싫은 일을 정리하기

성공이 행복의 열쇠가 아니라 행복이 성공의 열쇠다.
자신의 일을 진심으로 사랑하는 사람이라면 그는 이미 성공한 사람이다.

– 알베르트 슈바이처 –

2장

감정의 노예 VS 감정의 주인

01

왜 나만 이런 일을 겪을까?

직장 상사에게 한 소리 듣고 책상에 앉았다. 부하직원이 올려놓은 서류를 보니 여기저기 수정할 것이 눈에 띈다. 급한 서류인데 평상시 잘하던 후배가 안 하던 실수를 했다. 짜증이 더 올라간다. 이때 전화벨이 울렸다. 고객사의 전화다. 갑자기 추가 서류 제출을 요구한다. 초기 합의했던 내용과 다르다고 말하자 화를 내며 무례하게 행동한다. 전화를 끊고 한숨을 한 번 쉬었다. 머리를 식힐 겸 탕비실에 커피를 마시러 간다. 커피머신이 작동하지 않고 평소에 마시지 않는 커피믹스만 구비되어 있다. 짜증스럽게 고인 물 한 잔을 벌컥 마시고 책상에 다시 앉았다. 아이 유치원에서 전화가 온다. 유치원에서 아이가 친구랑 싸우다 다쳤다고 한다.

병원에 가서 처치는 했다고 유치원 교사가 말한다. 아이에 대한 걱정으로 빨리 가고 싶은 마음과 달리 퇴근길은 평상시보다 배는 막힌다. 헐레벌떡 현관문을 열고 들어갔더니 아이는 자고 있다. 안쓰러운 마음이 울컥 올라온다. 자신의 마음을 위로해주고 알아주었으면 하는 배우자는 오히려 한소리 한다. 요즘 너무 가정에 소홀한 것 아니냐 하는 말에 분노가 안에서부터 벌컥 올라온다. 서로 마음 할퀴는 소리를 하며 싸웠다. 속상함과 서러움이 더 쌓인다.

상담할 때 흔히 듣는 하소연의 유형이다. 요즘 마가 끼었는지 왜 이렇게 안 좋은 일이 연달아 생기는지 모르겠다고 말한다. 왜 나에게만 이런 일이 계속 생기는지 속상해하며 그 안에 갇혀버린다. 출구를 찾지 못해 그 안에서 맴맴 돌게 된다. 하려는 일이 항상 원하지 않는 방향으로만 진행되는 현상을 '머피의 법칙(Murphy's law)'이라고 한다. 위의 상황처럼 어떤 일이 계속 꼬이면서 잘못되어 가는 상황을 말한다.

흔히 나쁜 일도 몰려서 오고, 좋은 일도 겹쳐서 오는 경향이 많다. 그래서 겹경사라는 말도 있지 않은가. 인생이 겹경사만으로 채워지면 좋을 텐데 아쉽게도 불행이 몰려올 때가 더 많은 것처럼 느낀다. 그 이유는 우리 뇌가 긍정적인 것보다 부정적인 것에 더 강하게 반응하기 때문이다.

위의 상황을 찬찬히 다시 살펴보면 안 보이던 것들이 보인다. 상사에게 한 소리 듣고 들어왔을 때 친한 동료가 괜찮은지 걱정하면서 힘내라는 메시지를 보낸 톡이 있었다. 본인이 찾아야 했던 자료를 부하직원이 말하지 않았는데도 찾아서 책상 위에 올려놓은 상태였다. 다른 고객사에서 일을 매끄럽게 처리해주어 고맙다는 메일이 들어와 있었다. 오후에 한참 집중하고 있을 때 실수했던 부하직원이 미안한 마음을 담아 아메리카노를 사 왔다. 아이가 다쳤지만, 다행히 크게 다치지 않았다. 배우자는 일찍 퇴근하여 저녁 준비를 해놓은 상태였다.

이런 것들이 눈에 제대로 보이지 않았던 것이었다. 속상하고 안 좋은 것만 더 크게 보인 것이다. 왜냐하면, 인간은 자신이 보고자 하는 방향만 보려는 경향이 있기 때문이다. 한 번 부정의 방향으로 물꼬를 트면 계속 그 방향으로 질주하는 경향이 있다. 유턴하여 길을 다시 찾을 때까지 감정의 노예가 되어 끌려다니게 된다.

친정엄마는 활기차고 밝은 사람이다. 10대 시절에는 동네에서 나물을 뜯기를 하면 이른 시간 안에 가장 많이 뜯었다고 자랑스럽게 말하던 모습이 기억난다. 아버지와 결혼하고 이대 앞에서 잡화상을 하다가 나를 임신한 뒤 그만두었다. 당시 공무원이었던 아버지의 월급만으로는 여섯 식구가 생활하기 어려웠다. 어머니는 하숙을 쳤다. 우리 식구까지 30명 가까이 되는 사람들을 돌봤다. 내가 어릴 때는 세탁기도 없어서 마당 가득히 쌓여 있던 빨래들이 기억난다. 할머니와 어머니가 손빨래했다. 지금과 같이 보일러가 있어서 따뜻한 물이 나오던 시절이 아니었다. 아궁이의 연탄불을 갈아야 하던 시기다. 새벽마다 아버지와 어머니가 연탄불이 꺼지지 않게 갈았다. 삼시 세끼 밥과 반찬, 손빨래 등으로 어머니의 손은 항상 빨갛게 얼고 손끝이 갈라져 있었다. 그래도 항상 에너지 넘치며 활기찼던 어머니였다. 사람 도와주기를 좋아해 길거리에 거지 아저씨나 아주머니도 그냥 지나치지 못하고 항상 음식을 대접했다.

내가 초등학교 1학년 때 교회를 다니기 시작한 어머니는 새벽기도를 40년 넘게 거의 빠지지 않고 다녔다. 새벽기도에 목사님한테 줄 결명자차를 정성껏 끓여서 가져다 놓았다. 초등학교 밖에 나오지 못한 당신이 할 수 있는 것이라고는 허드렛일이라며 매일 교회 화장실 청소도 했다. 30년 넘게 매일 지속해서 하시던 화장실 청소는 어머니의 기쁨이자 낙이었다. 그렇게 열정이 많고 해야겠다고 생각하는 것은 실행하는 사람이었다. 어머니가 교육을 더 많이 받았다면 사회에서 큰일을 하고 있었을 것이라고, 아버지는 늘 입버릇처럼 말씀하셨다.

그러던 어머니에게 우울함이 찾아왔다. 어머니가 60세 때 아버지가 66세의 나이로 돌아가셨다. 폐암으로 3개월 고생하다 하늘나라로 가셨다. 그때만 해도 슬픔에 잠겼지만 잘 회복하셨다. 우리 모두 그렇게 생각했다. 어머니는 항상 모든 것에 긍정하고 감사하는 편이라 오빠들과 나도 크게 걱정하지 않았다. 손주들을 키우고 바쁘실 때는 괜찮았는데 어느 순간부터 어머니한테서 감사의 말보다 한탄과 불평불만이 쏟아져 나오기 시작했다.

'다른 사람들은 모두 남편이 멀쩡하게 살아 있는데 나만 이렇게 빨리 남편이 죽었는지 모르겠다. 남편 복 없는 사람은 자식 복도 없다더니 자식들이 교회를 잘 안 나간다. 내가 전도한 사람들은 예배 시간에 모든 가족이 나란히 앉아서 예배 보는데 나만 혼자 덩그러니 앉아 있다. 그럴 때 부끄럽고 창피하다' 이런 말을 끊임없이 되풀이했다. 화를 내다가도 불쑥 이유 없이 서럽다며 울었다. 작은 일에도 섭섭해하며 원망하는 일이 잦아졌다.

그러니 몸도 아프기 시작했다. 평생 많이 사용했던 오른쪽 팔이 오십견으로 안 올라갔다. 그것이 조금 낫는가 싶었더니 오른쪽 다리가 아파서 걷기가 어려워졌다. 진단을 받았더니 척추협착증 증세로 허리로 인한 통증이었다. 활동적이었던 사람이 몸져누우니 더 서러워지는 듯했다. 평생 나쁜 일 안 하고 착하게 산다고 산 것 같은데 왜 당신한테만 이런 일이 오는지 모르겠다며 한탄이 이어졌다. 어머니는 부정의 방향으로 들어서서 멈추거나 유턴하지 못하고 달리는 중이었다.

자신이 원하는 방향으로 가지 않는 현실은 괴롭다. 어머니도 마찬가지다. 어머니의 가장 큰 소원은 자식들이 교회 잘 다니는 것이었다. 그렇지 않은 것이 자신 탓 같아 죄책감을 느끼고 있었다. 모태신앙을 갖도록 해주지 않은 자신이 벌을 받는 것이라는 생각까지 했다. 자신이 원하는 바는 놓지 않고 안 되는 것만 보자 모든 것이 불만투성이가 된 것이다.

하지만 찬찬히 살펴보면 그 안에 무수한 긍정의 불빛을 발견할 수 있다. 우리 집은 화목한 편이다. 자녀들끼리 다툼이나 싸움 없이 서로 의지하며 돈독하게 지낸다. 내가 어렸을 적에 동네 친구들이 우리 집은 시트콤에 나오는 집처럼 항상 웃음이 넘쳐난다고 부러워했었다. 지금도 한 달에 한 번 이상은 모여서 식사하고 만난다. 신촌 옥탑에서 고기도 구워 먹고, 술 한잔하며 이야기꽃을 피운다.

어머니가 우울해할 때 큰오빠는 웃으면서 한마디 했었다. "엄마가 복에 겨워서 그래. 요즘 자녀들 가정이 깨지거나 서로 싸우고 화목하지 않은 집안이 얼마나 많은데" 그때는 수긍하지 않던 어머니가 요즘은 그 말에 백 퍼센트 동의한다. 전화 통화를 하면 이제는 "내가 복이 너무 많아." 이 말을 빼놓지 않고 한다. 아들, 며느리, 딸, 사위, 손주를 잘 둔 당신이 너무 복이 많다며 축복의 말을 한다. 혼자 이 복을 다 받아서 하늘나라에 있는 아버지에게 미안하다고 말한다. 요즘은 어깨도 허리도 모두 건강해 활동에도 문제가 없다.

어머니가 부정의 도로를 달리다가 긍정의 도로로 차선이 변경된 이유를 가만히 생각해보았다. 아이러니하게도 어머니에게 우울을 가져다준 것도, 긍정의 행복을 가져다준 것도 종교였다. 차이점이 있다면 자신이 원하는 방향으로 가야 한다는 고집과 중요도를 내려놓았다.

'왜 나만 이런 일을 겪을까?'라는 말에는 첫 번째로 상대적 비교가 들어가 있다. '왜 나만'이라는 말은 비난과 분노를 더 일으켜서 우리를 감정의 노예로 전락시켜버린다. 두 번째로는 꼭 내가 겪고 싶었던 일들이 있었는데 도달하지 못하고 좌절한 것이다. 가고자 하는 방향에 너무 힘을 주고 중요하게 생각하다 보니 오히려 그 힘이 반대 방향으로 튕겨나간 것이다. 시험을 잘 치르고 싶은 마음이 강해서 오히려 제 실력을 발휘하지 못하고 시험을 망친 적이 한두 번은 있을 것이다. 이렇게 중요도를 높이면 불안이 찾아오고 부정적인 것이 훨씬 더 눈에 잘 띄어 초조해진다. 부정의 도로에 진입하는 것이다.

중요도를 낮출 때 마음의 여유가 생기고 긍정의 마음이 들어온다. 너무 중요도가 높으면 불안이 생기고 걱정을 동반한다. 그러면 내가 원하는 방향에 눈이 맞춰지기보다 불안과 걱정으로 원하지 않는 방향에 계속 신호를 보내게 되는 것이다. 감정의 노예로 끌려다니지 않으려면 비교하지 말고 중요도를 낮추는 지혜가 필요다.

02

나쁜 기억이 나쁜 감정을 부른다

어느 날 나쁜 기억이 떠오르면 꼬리에 꼬리를 물고 계속 안 좋았던 기억이 떠오른 경험이 있는가? 누구나 한 번쯤은 있을 것이다. 희한하게 나쁜 기억은 연달아 떠오른다. 뇌가 그렇게 작동하기 때문이다. 뇌의 각 영역과 회로들은 상호작용을 한다. 서로 소통하는 과정에서 나쁜 기억이 떠오르면 그 방향의 회로가 계속 열리면서 확장되는 것이다. 친구들과 수다 떨 때를 생각해보면 이해하기 쉽다. 어떤 이유인지 모르지만, 갑자기 누구를 험담하기 시작하면 멈춰지지 않고 그 방향으로 이야기가 확산한다. 이와 마찬가지다.

과거를 끄집어내는 것은 장기기억을 담당하는 해마의 역할이다. 해마는 뇌의 감정 영역인 변연계에 있다. 변연계는 시상하부, 편도체, 해마, 대상 피질로 이루어져 있다. 변연계는 뇌의 감정 영역으로 흥분과 공포, 불안, 기억, 욕망 등을 다룬다. 그중 해마는 기억에 관여한다. 알렉스 코브는 『우울할 땐 뇌과학』에서 해마는 맥락 의존적 기억 중심의 역할을 한다고 말했다. 현재 자신의 상황과 연관된 일을 더 쉽게 기억하는 것이다. 나쁜 기억과 나쁜 감정이 상호 작용하면서 행복했던 기억들은 사라져 버린다. 나쁜 기억에 사로잡혀버리는 것이다.

불안한 심리가 강한 20대 후반의 여성이 상담을 받으러 왔다. 어린 시절부터 남동생과 계속 비교를 당한 내담자였다. 부모의 인정과 사랑을 받지 못한 갈증이 매우 심했다. 그녀는 부모와 독립해서 혼자 산 지 1년이 조금 넘었다. 주거의 독립을 했을지언정, 심리적으로나 경제적으로 의존상태였다. 그녀는 책을 많이 읽어 다방면에 아는 것도 많았다. 새로운 것을 배우는 것도 좋아했다. 여러 가지를 시도하고 사람들도 많이 만난다. 특히 연배가 있는 사람들 만나는 것을 좋아했다. 그들과 만나면 자신을 포용해주고 이해해주는 것 같기 때문이다. 부모의 대용품을 찾는 심리 마냥.

하지만 불쑥 올라오는 과거의 기억은 그녀를 붙잡고 놓아주지 않았다. 상사한테 혼나고 나면 남동생과 비교하던 어머니의 목소리가 겹쳐졌다. 그러면 어린 시절의 안 좋았던 기억들이 연속적으로 떠오른다. 초등학교 시절 동생만 새 운동화를 사주었던 것. 그래서 몰래 동생의 운동화를 밟았던 기억과 함께 서러움도 울컥 딸려온다. 중학교 때 자신의 성적이 더 좋은데 동생 성적만 칭찬하면서 피자를 사준 생각에 짜증이 밀려온다. 시대가 바뀐 지가 언제인데 남동생에게는 '우리 아들'이라고 하며 받들어준다. 반면 자신한테는 '여자가~'로 시작하는 말들로 이어진다. 그냥 칭찬해도 될 것을 꼭 잘못된 점을 지적하는 아버지도 어머니와 마찬가지로 분노의 대상이다. 글짓기를 해서 상을 받아와도 잘했다고 말해주지 않았다. 이 부분을 이렇게 했으면 더 좋겠다는 말만 듣게 될 뿐이었다.

어린 시절부터 하나씩 쌓인 기억이 떠오를 때마다 마음 한쪽이 무너지는 느낌이었다. 친구 관계에서도 자신보다 다른 사람에게 더 잘 해주는 느낌이 들면 마음의 거리가 확 생겼다. 나와 더 친한데 왜 저 사람에게 더 잘 웃어주고 배려해주는지 화가 났다. 이런 것 때문에 연애도 길게 가지 못했다. 주변에 사람들은 많지만 빨리 바뀌거나 깊은 관계를 맺기 힘들었다.

나쁜 기억에 사로잡혀 현재를 살아가지 못하는 것이다. 그녀는 과거의 나쁜 기억을 붙잡고 놓지 않았다. 나쁜 기억을 놓지 못하는 이유가 분명히 존재한다. 나쁜 기억이 떠오르면 삶이 짜증스럽고 무기력하거나 불안하다. 그러면 아무것도 안 해도 될 것만 같은 자기합리화가 주어진다. 옹

크리고 있는 자기 자신이 정당화된다. 내가 이렇게 뿐이 못하는 것은 내 탓이 아니라고 핑계 댈 거리가 생기는 것이다. 이것을 포기할 마음이 생겼을 때 나쁜 기억이 아닌 좋은 기억이 떠오를 길이 열릴 것이다.

상담하면서 나쁜 기억을 붙잡고 있는 사람에게 좋았던 순간이나 행복했던 순간을 떠올려보라고 한다. 열 명 중 세 명 정도는 기쁘거나 행복했던 순간을 떠올리지만 일곱 명은 행복했던 순간이 쉽게 떠오르지 않는다고 답한다. 나쁜 기억에 완전히 매몰된 사람은 내 인생에 행복했던 시간은 단 한 순간도 없었다고 극단적인 선언을 하기까지 한다. 한쪽으로 보기 시작하면 다른 쪽은 보이지 않는 것이다.

우리의 기억은 편집된다. 어떤 면에서 우리의 기억 안에 사실은 없다. 각자의 편집된 기억만 있을 뿐이다. 10분 동안 같은 상황 속에서 같은 말을 듣고 보았더라도 그것을 기억하는 부분이 다르다. 영상을 촬영하더라도 감독에 따라 편집이 달라지는 것과 마찬가지다. 우리의 감각을 통해 저장된 기억정보는 모두 각자 다르다. 예를 들어 강의를 끝내고 기억나는 것을 떠올려보라고 했을 때 똑같은 경우는 단 한 번도 없었다. 각자 중요하게 생각하는 지점과 느끼는 바가 다르기 때문이다.

부부 상담을 하다 보면 두 사람의 말이 서로 엇갈릴 때가 많다. 양쪽 말을 다 들어봐야 한다. 부부 상담은 한쪽만 하는 경우도 있고 때에 따라 부부를 함께 만나는 예도 있다. 이 경우는 부부를 함께 만난 사례이다.

아내는 남편의 잔소리 때문에 살 수가 없다고 했다. 다른 집은 여자가 잔소리한다는데 우리 부부는 반대라는 아내의 하소연으로 상담이 시작되었다. 냉장고가 정리가 안 되었다느니, 김치 통에 머리카락이 있다느니, 싱크대에 곰팡이가 낀 것 같다는 등 잔소리가 끝이 없다는 것이다. 화장실 불이 켜져 있으면 본인이 끄면 되는데 누가 안 껐냐고 잔소리를 하니 속이 끓어오른다고 했다. 머리카락이나 더러운 것을 보면 본인이 치우거나 정리하면 될 것을 그 일이 마치 아내의 잘못인 양 몰아붙이는 남편에게 정이 떨어진다는 것이다.

남편은 아내가 이러는 것이 한두 번이 아니라는 말부터 시작한다. 처음에는 자신도 말없이 스스로 하거나 말을 하고 본인이 치웠다는 것이다. 그런데 전혀 고쳐지지 않는다고 이야기했다. 항상 덤벙거리는 아내가 못 미덥다고 했다. 어디를 가면 잃어버리는 것이 많아서 자신이 챙겨주지 않으면 물건을 질질 흘리고 다닌다는 것이다. 더군다나 남의 말을 잘 믿어 제대로 보지도 않고 계약을 해서 사기를 당한 적도 몇 번 있다고 푸념했다. 자신이 그나마 잔소리를 해서 이 정도라고 남편은 말했다.

두 사람의 팽팽한 주장 중 누구의 말이 옳을까? 두 사람 모두의 말이 옳고 또 두 사람 모두의 말이 옳지 않다. 우리 뇌가 한쪽으로 편집하기로 마음먹으면 그와 상응하는 회로끼리만 친해진다. 나쁜 기억을 떠올려 상대를 비난하기로 한순간 나쁜 감정이 따라온다. 그때 진실은 중요하지 않다. 나쁜 감정만 둥둥 떠다닐 뿐이다.

나쁜 기억은 놓아주어야 한다. 흘려보내야 한다. 누구나 다 아는 말이다. 그것이 안 될 뿐이지. 나쁜 기억이 나를 움켜잡을 때는 그것으로 얻는 유익이 무엇이 있는지 곰곰이 생각해보아야 한다. 반드시 얻는 것이 있으므로 그것이 존재하는 것이다. 그 이유는 사람마다 다 다르다. 그렇기에 자신이 얻는 것이 무엇인지 찾아야 한다. 그리고 그것을 기꺼이 포기할 마음이 있는지도 진실하게 직면해야 한다. 나쁜 기억이 주는 유익을 포기할 마음이 없는 한 나쁜 감정은 사라지지 않는다. 이 작업을 한 뒤 나쁜 기억 대신 행복하고 좋은 기억을 채워야 한다.

마음은 현실을 만드는 공장이다. 내가 나쁜 기억과 감정을 만들기로 하면 내 인생은 그렇게 펼쳐진다. 만약 한 시간 무료 이벤트를 진행하는 안경원이 있다고 상상해보자. 그 안경원 안에 있는 어떤 안경도 한 시간은 무료로 가져갈 수 있다. 이런 이벤트에 참여해서 만 원짜리 싸구려 안경을 고르는 사람은 없을 것이다. 이왕이면 고가의 유명 브랜드의 안경을 모두 고를 것이다.

우주는 곳곳에 이런 무료 안경원을 평생 이용할 수 있도록 우리에게 제공하고 있다. 그런데 어떤 사람은 항상 슬픔, 불행, 허무, 외로움, 의

심, 찌질함 이런 안경만 골라서 쓴다. 그 옆에는 기쁨, 행복, 즐거움, 유쾌함, 편안함, 사랑 등의 좋은 안경도 많은데 말이다. 우리의 감각 기관을 통해 받아들이는 정보는 입력되는 순간 왜곡되고 편집된다. 어떤 면에서 객관적 진실은 없다. 인간은 어차피 왜곡의 안경을 쓰고 살아간다. 그렇다면 이왕이면 행복한 안경을 쓰는 것이 어떤가? 굳이 불행한 안경을 찾아다니며 쓸 필요는 없지 않을까?

러셀은 불행한 사람은 언제나 자신이 불행하다는 것을 자랑하는 사람이라고 했다. 이런 사람들은 주변에 짜증과 불행의 바이러스를 퍼트린다. 자신 혼자 불행해지지 않는다. 물귀신처럼 붙잡고 다른 사람을 붙잡고 늘어진다. 그러기에 누군가와 연대할 수도 없다. 연대는 행복한 사람만이 할 수 있는 일이다. 본인이 행복하지 않은데 누구와 연대를 하며 함께 할 수 있겠는가. 이들은 에너지 뱀파이어처럼 주변의 에너지를 빨아먹는다. 사람들이 주변에 있다 지쳐 나가떨어진다. 그러니 항상 외롭다. 아무도 자신을 알아주지 않아 더 서러워지고 작아진다. 부정적인 사이클에 빠져버리게 된다.

나쁜 기억이 나쁜 감정을 불러온다. 반대로 말하면 좋은 기억이 좋은 감정을 불러온다. 나쁜 기억이 불러오는 나쁜 감정과 직면하여 그것들이 주는 혜택을 포기할 용기가 필요하다. 그다음은 컴퓨터 포맷시키듯 나쁜 기억을 좋은 기억으로 대체시켜야 한다. 불행하고 힘들었던 기억이 있으므로 행복이 커지는 것이다. 나쁜 기억이 없는 사람은 행복의 찬란함을 느끼기 힘들다. 삶의 기쁨은 밖에 있지 않다. 우리와 함께 있지도 않다. 우리 안에 이미 있다.

03
—

우리는 모두 '정상증'에 걸렸다

과연 오늘의 우리는 누구인가? 우리가 현실이라고 부르는 이 삶의 현장은 우리에게 있어 어떤 의미가 있는가? 우리는 현실을 잘 알고 있을까? 똑같은 현실은 존재하지 않는다. 현실은 시시각각 변한다. 하지만 우리는 대부분 현실을 주어진 것, 고정된 것으로 받아들인다. 혹은 그렇게 믿고 싶어 한다.

현실은 하나의 얼굴만 가지고 있지 않다. 천의 얼굴을 가졌다. 평화롭고 아름다운 한여름 밤을 선물해주다가도 무서운 폭풍처럼 우리를 무섭게 덮쳐온다. 생생하게 살아 있다가도 시들시들하며 죽어간다. 우리를 기쁘고 당당하게 만들었다가도 초라하고 숨죽이게 한다. 현실은 여러 가지 삶의 단면이 뒤섞여 있고, 그 모든 것이 함께 공존하는 삶이다.

현실 인식은 그만큼 다양하고 쉽지 않다. '나'의 존재와 삶이 포함된 것이 현실이기 때문이다. 내가 사라져도 현실은 존재한다. 사는 동안 현실을 분명하게 인식할 필요가 있다. 그럴 때 우리는 제대로 나답게 살아갈 수 있기 때문이다. 현실을 인식하는 데 감정은 유용한 도구다. 감정은 현실에 대응하기 때문이다. 감정은 무엇보다 진실하고 내밀한 현실을 마주하게 한다.

감정을 마주하지 못할 때 일반화에 묻혀버린다. '남들도 다 그러는데.' 라는 명제에 갇혀서 그 범주 밖으로 나올 생각을 못 하게 된다. 학벌, 외모, 성격, 인간관계, 경제성 등의 둘러싸여 타인과 사회가 정해준 색채에 물들어간다. 나는 없다. 나는 숫자 놀이판에서 열심히 수를 세고 있는 일꾼 노예로 전락한다. 근면과 노동이 현실의 또 하나의 중요한 당위성이기 때문이다.

당위성에 압도된 우리의 존재 가치는 희석되고 퇴색한다. '남자는 이래야 한다.', '여자는 이래야 한다.', '장남이니까.', '딸이니까.', '교사니까.' 등 수많은 당위가 진정한 자기 자신 대신 그 자리를 차지하고 있다. 영화 타짜에서 김혜수가 했던 유명한 말이 있다. "나 이대 나온 여자야." 이 말로 자신의 모든 것을 압축해서 설명한 것이다. 이 영화를 볼 때 여기서 웃음이 터진다. 공감하는 부분이 있기 때문이다. 우리 모두 영화 속 '이대 나온 여자'처럼 우리를 틀 안에 가두고 산다.

강남 8학군에 속한 아파트에 사는 내담자가 있었다. 그녀는 우울증으로 찾아왔다. 그녀를 우울하게 하는 주된 요인은 자녀였다. 특히 장녀였다. 딸과 아들을 둔 그녀는 자녀에 대한 학구열이 높았다. 친정이 넉넉하지 못했던 그녀는 결혼하면서 남편이 벌어오는 돈을 모아 집을 사고팔았다. 대출받아 산 집이 껑충 오르면 전세를 더 받아서 다른 집을 또 샀다. 부동산에 재주가 있었던 그녀는 꿈에 그리던 강남에 입주하였다. 그날은 세상이 날아갈 것처럼 흥분되고 신났었다고 회상했다.

그러나 막상 입주하고 주민들과 사귀다 보니 너무 다 잘나가는 사람들만 있어 기가 죽었다. 그녀는 자신이 제일 잘나가는 줄 알았더니 명함도 못 내밀겠더라고 그 당시의 기분을 말했다. 그래도 열심히 꿋꿋하게 교제하며 친교를 이어나갔다. 그 동네는 재산은 기본이고 그다음이 남편이나 본인의 사회적 지위, 그리고 자녀의 성적이었다. 그녀는 목숨 걸고 자녀의 성적을 올리고자 노력했다. 그곳에서 당당하게 어깨를 펴고 머리를 들며 살 방법이었기 때문이다.

그러나 큰아이는 전혀 공부에 관심이 없었다. 고등학교 2학년인 큰아이가 대학이나 갈 수 있을지 걱정인 상태다. 초등학생인 아들은 그래도 공부 욕심이 있었다. 욕심만큼 성적이 오르지 않아 아이는 조바심을 냈다. 그녀는 공부 잘하는 아이들이 다니는 학원이나 문제집을 알아내기 위해 고군분투했다. 그 아파트 엄마들은 자기 자녀가 공부를 잘할수록 어떤 과외 선생님에게 수업을 받는지, 어느 학원에 다니는지 이야기해주지 않는다고 한다. 엄마들이 집에 놀러 가면 아이들 방문을 잠가 놓는다. 아이들이 읽는 책이나 문제집을 공유하고 싶지 않아서다. 그러나 그녀는 포기하지 않았다. 아이들을 위해 간 쓸개 다 빼놓고 엄마들 비위를 맞춰가며 알아냈다. 하지만 기대와 달리 아이들의 성적은 그다지 많이 오르지 않았다. 작은 아이는 관심이라도 있지만, 큰아이는 엄마에 대한 반감만 커졌다. 어느 순간부터 아이는 엄마를 피하거나 엄마 말에 반응을 보이지 않았다. 투명인간 취급했다.

그녀는 큰아이가 자기를 무시하는 것 같아 너무 서럽고 힘들어했다. 무엇 때문에 여기까지 열심히 달려온 것인지 모든 것이 허무해졌다. 모두 자녀들을 위한 것으로 생각했다. 거기다가 대기업 다니던 남편이 직장을 나와 시작한 사업이 어려워졌다. 모아놓았던 재산도 많이 까먹은 상태라 심리적으로 더 힘든 상태였다. 어디서부터 무엇이 잘못 되었는지도 모르겠고 하소연했다. 시간이 지날수록 우울증의 무게가 견디기 힘들어 상담을 요청한 것이다.

그 동네는 모든 엄마가 자녀 공부에 관한 관심이 그녀보다 더 심하면 심했지 덜하지 않는다고 했다. 그런데 딸은 자신을 속물 취급하고, 남편도 이제 좀 그만하라고 한다는 것이다. 주변 사람들도 자신을 비웃는 것 같아 집 밖을 나가기도 주저되었다. 경제적으로도 예전보다 압박이 심해졌다. 이런 상황에서 아이들이 공부를 못해서 무시당할까 봐 걱정만 커졌다.

경제적 압박도 덜 겸, 아이들 공부도 상대적으로 자유롭게 할 수 있는 지역으로 이사를 하는 것이 어떤지 물었다. 그녀는 그것은 있을 수 없는 일이라고 했다. 큰딸이 전문대를 다니더라도 여기서 살아야 한다고 말했다. 그래야 이곳에 있는 누군가와 연애하고 결혼할 수 있다는 것이다. 여기를 떠나 다른 곳으로 이사를 하면 다시는 이곳에 진입하기 어렵고 영영 밀려나는 것이라고 그녀는 굳게 믿었다. 그것은 곧 그녀에게 삶의 낙오이자 실패였다. 그곳의 삶이 정상이고 다른 것은 정상에 미달하는 것이다. 그러니 그곳은 절대 건드릴 수 없는 그녀의 성역이었다.

그녀는 자신이 만들어놓은 감옥에 스스로 갇혀서 살고 있었다. 그녀가 만들어놓은 '정상'이라는 감옥 안에. 일상 현실은 인간을 끊임없이 '정상'이라고 하는 보편적 모델을 강요한다. 그리고 그것을 먹으면서 스스로 커나가는 생명체다. 정상이 아닌 것은 도태된다. 끈질기고 집요하게 정상을 강요한다. 그리고 그것이 옳음을 증명한다. 인간의 개성과 정신이 사라진 채 정상이라는 현실만 살아남는다. 인간 정신의 죽음 위에 상처 뿐인 삭막한 '정상'만이 있을 뿐이다.

우리는 소위 내 자녀는 서울 내 대학에 들어가야 한다고 생각한다. 그리고 내 집 한 채는 있어야 안정적이라고 할 수 있다고 믿는다. 강남에 아파트가 있으면 더 좋다. 회사는 대기업에 다녀야 한다. 적어도 남들이 말하는 평균이라는 것에는 도달해야 한다. 평균을 넘어서서 뛰어나면 정말 좋겠지만 그것이 안 되면 평균이라는 줄에 발이라도 걸쳐야 한다. 그렇지 못하면 낙오자다. 인생 실패자이자 패배자가 되는 것이다.

정신과 의사이자 한국사이코드라마 · 소시오드라마 학회를 만든 최헌진 교수는 정신증, 신경증보다 더 무서운 것이 정상증(normosis)이라고 했다. 그는 신경증, 정신증이 있는 것이 아니라 정상증으로 가득한 곳이 우리의 일상현실이라고 말했다. 온통 정상을 강조한다.

그래서 약간의 약점, 실수, 실패는 수치스러움과 무능력한 것으로 여겨진다. 평범한 정상에서 떨어지는 것은 존재의 무가치함으로 이어진다.

요즘 인생은 한 번뿐이므로 현재 자신의 행복을 가장 중요시하는 사람들이 생겨나고 있다. 이들을 욜로족이라 칭한다. 욜로족은 'You Only Live Once'의 앞글자를 딴 용어다. 욜로족들은 내 집 마련이나 노후 준비보다 지금 당장 삶의 질을 높여줄 수 있는 취미생활, 자기계발 등에 더 많이 투자하는 이들이다. 반가운 일이다. 그런데 현실은 이것도 교묘하게 표준화시켜 정상화 틀 안에 가둔다. 단순히 소비하는 것이 아닌 자신의 이상을 실현하는 욜로족의 삶을 그럴듯한 상품으로 만든다. 그래서 다양한 자신만의 길을 찾아가는 것을 방해한다. 마치 욜로족은 이래야 한다는 매뉴얼을 제시해주는 것이다. 그렇게 안 하면 욜로족이 아닌 것처럼. 이것은 일상현실이 갖는 그림자의 일면이다. 아주 교묘하게 우리를 그물망 안에 끊임없이 가둔다.

정상증의 발생 이유는 나 아닌 현실이 삶의 중심으로 자리 잡기 때문이다. 우리가 가지고 있는 편견, 선입관 그리고 고정관념으로 굳어버린 것들이 우리 몸 안에 달라붙어 있다. 그것들을 떨쳐버리는 것은 결코 쉬운 일이 아니다. 숙명처럼 우리의 정신은 이 시대에 흐르는 가치 관념이라는 틀 속에 갇혔다. 빠져나오기가 쉽지 않다. 태어나는 순간부터 주입되는 온갖 개념과 기준들. 선택의 여지 없이 받아들일 수밖에 없었던 관념과 논리가 우리를 칭칭 감고 있다.

정상증은 진정한 자기 자신을 만나지 못하도록 방해한다. 자기 자신을 만나면 정상증의 손아귀에서 벗어나기 때문이다. 어떤 속삭임이나 위협을 해서라도 붙들어두어야 한다. 그렇기에 맹목적으로 가치 기준이나 규범을 받아들이는 것이 아니라 분별의 힘을 키워야 한다. 스스로 자신도 모르는 사이에 현실은 끊임없이 자신을 기준으로 삼아야 한다고 요구한다. 분별력이 없으면 정상증이라는 거대한 괴물에게 잡아먹히게 될 것이다.

04
—

남들과 다르다고 해서 나쁜 게 아니다

우리 사회는 묘한 이중성을 가지고 있다. 독특한 개성을 강조하면서 너무 튀거나 남들과 다르면 은근히 배척한다. 남들과 다르려면 월등히 뛰어나야 한다. 저 높은 곳으로 날아올라 감히 쳐다볼 엄두도 내지 못할 정도가 되어야만 하는 것이다. 그렇지 않으면 어떻게 해서든 끌어내리려 한다. 우리를 온순하게 길들이려고 한다. 은밀한 조정을 하려는 심보가 인류 문명에는 존재한다. 약간의 개성을 가진 로봇을 원하지 창조성과 자발성을 가진 살아 있는 인간은 부담스러운 것이다. 그래서 남들과 다르면 안 된다.

찰리 채플린의 영화 〈모던타임즈〉에서 주인공 찰리는 공장에서 온종일 나사못을 조이는 일을 한다. 눈에 보이는 모든 것을 조이는 강박관념에 빠진 그는 정신병원에 가게 되고, 그 이후에도 거리를 배회하다 군중에 휩쓸려 감옥까지 간다. 감옥에서 나와 한 소녀를 만난다. 그녀와 가족처럼 지낸다. 백화점에 경비원으로 일하다 말썽을 일으켜 경찰서를 밥 먹듯 드나든다. 그 뒤 카페 일이나 다른 막일들도 해보지만 결국 거리로 내몰리게 된다. 산업화 시대와 기계화 시대의 인간 소외 현상을 코믹한 풍자로 그리고 있다. 하지만 그 안에는 냉철한 비판적 시각과 사람에 대한 따뜻한 시선까지 담고 있어 시대가 지나도 명작으로 꼽히는 것 같다.

〈모던타임즈〉는 1936년 작품이지만 지금의 사회에도 그대로 적용된다. 산업화 시대의 공장이라는 무대가 정보화 시대로 바뀌었을 뿐이다. 우리는 인류 역사상 그 어떤 시대보다 정보가 쏟아져 나오는 시대에 살고 있다. 이성은 끊임없이 알고자 정보를 좇아다닌다. 모든 것을 자신의 손아귀에 사로잡으려고 애쓴다. 과학과 문명 안에서 정보는 한없이 비대해져 간다. 거기에 자기 자신은 없다. 쉴 새 없이 지식과 정보를 양산해내고 다양화시켜나간다. 우리는 그것들을 손에 넣지 못하면 낙오자가 된 듯 불안해진다. 정보의 휩쓸려 혈안이 되어 그 뒤를 좇으면서 우리는 서서히 개성이 사라지고 남들과 엇비슷해진 나를 발견하게 된다.

니체는 『짜라투스트라는 이렇게 말했다』에서 사람의 단계를 낙타 단계, 사자 단계, 어린이 단계로 나눈다. 낙타 단계는 이 사회에 순응하며 남들과 엇비슷하게 살아가는 사람들을 일컫는다. 낙타는 가득 짐을 싣고 사막을 건넌다. 해야만 하는 노예적 삶이다. 'Must', 해야만 하는 삶은 행복하지 않다. 〈모던타임즈〉의 찰리는 Must의 삶을 살 수 없어 좌충우돌한 것이다. 낙타 단계의 사람들은 찰리를 낙오자나 실패자라고 비웃지만, 니체의 시각으로 보며 정반대다. 찰리는 낙타 단계에서 벗어나려고 몸부림친 것이다. '지루한 천국보다는 재미난 지옥이 낫다.'라는 말처럼 찰리는 좌충우돌하며 자신의 삶을 창조하려 한 것이다. 실패인지 성공인지가 중요한 것이 아니라 시도하는 것 자체에 박수를 보내게 된다.

사자 단계는 'Want', 원하는 것을 쟁취하는 삶이다. 동물의 왕국을 보면 사자는 언제나 느긋하고 여유롭다. 큰 나무 아래에서 낮잠을 자다가 배가 고프면 일어나 어슬렁거리며 주변을 살핀다. 그러나 먹잇감이 발견되면 잽싸게 달려가 낚아챈다. 배가 부르면 더는 욕심 부리지 않고 다시 느긋하게 돌아다니거나 휴식을 취한다.

사자처럼 Want의 삶을 살고 싶은가? 아니면 낙타처럼 Must의 삶을 살고 싶은가? 강의 시간에 물어보면 거의 사람들 대부분 사자처럼 살고 싶다고 답한다. 하지만 우리의 현실은 대부분이 낙타의 삶을 사는 모습을 보여준다. 왜 그럴까? 사자의 삶은 절대 평탄하지만은 않기 때문이다. 정상증과 로봇증에서 탈출해야 한다. 탈출하고 나면 안락한 천국이 기다릴 것 같지만 흥미진진한 지옥이 기다리고 있다. 사자 단계는 서로

가 원하는 것이 충돌하기 때문에 파괴가 존재하는 세상이다. 낙타 단계에서 사자 단계로 들어서려면 충돌과 파괴를 두려워해서는 안 된다. 때론 갈등도 필요하다. 좋은 게 좋은 단계는 낙타 단계다. 자신의 자발성을 죽이고 타인에게 맞추는 삶은 사자 단계가 아니라 낙타 단계인 것이다. 단계를 올라가려면 용기가 필요하다. 그렇기에 사람들이 대부분 낙타 단계에 안주하며 사는 것이다. 낙타 단계에 머물면 어린이 단계는 꿈도 꿀 수 없다.

어린이 단계는 창조하는 삶이다. 필요충분조건처럼 Want와 Need를 배합하여 자신 삶의 층을 새롭게 창조한다. 생각만 해도 멋진 삶이다. 꼬르망은 인간의 성숙이 이루어지는 때는 어린아이 시절에 유희에서 보여준 진지함을 되찾을 때라고 말했다. 니체에게 어린아이는 새로운 출발이자 유희로 저절로 굴러가는 바퀴와 같은 존재다. 최초의 운동이자 신성한 긍정으로 어린아이를 인식하는 것이다.

이렇게 말했던 니체도 어린아이 단계보다는 사자 단계에 더 많은 시간을 머물지 않았는지 감히 짐작해본다. 주변의 위대한 예술가나 위인들의 삶을 자세히 살펴보면 사자 단계까지는 추진력을 가지고 간다. 그러나 어린이 단계까지 돌파하는 일은 쉽지 않은 듯하다. 낙타 단계에서 사자 단계로 넘어가기도 쉽지 않지만 사자 단계에서 어린이 단계로 가는 것은 더 어려운 것 같다.

대학 교양필수로 연극과 철학을 콜라보로 융합하여 약 5년간 강의했다. 이 과목은 일반 강의와 다르게 일반인들을 위한 배우훈련을 통해 자기 자신을 들여다보고 확장하는 작업을 목적으로 했다. 나와 나의 관계, 나와 타자, 나와 사회와의 관계를 여러 각도로 들여다보고 함께 협업하며 찾아가는 실험적인 수업이었다.

3년쯤 진행했던 때다. 개강 첫 수업이 끝나고 한 학생이 찾아왔다. 본인은 성 소수자라고 밝혔다. 우울증이 심각하고 때때로 자살 충동이 올라온다고 했다. 도움이 필요할 때 개인 상담을 신청해도 되는지 물어왔다. 이 대학 성 소수자들의 모임에서 선배들이 이 수업을 적극적으로 추천한다고 했다. 본인의 심리상태를 들은 선배가 이 수업을 재차 추천해서 들어오게 되었다는 것이다. 아마도 편견이나 선입견 없이 열어놓고 토론하고 자기 정체성을 탐구하는 몸 작업을 하는 수업이라 도움이 되었던 것 같다.

힘들면 언제든지 상담을 환영한다고 말한 뒤 티 안 나게 수업시간이면 그 친구를 살펴보았다. 처음에는 얼굴이 어둡고 잘 어울리지 않던 친구가 서서히 변했다. 적극적으로 자신의 의견을 내며 조별 작업을 하고 즉흥극을 이어나갔다. 한 학기를 마칠 때쯤에는 어두운 얼굴을 찾아볼 수 없었다. 연극발표를 하고 기말시험만 남겨둔 종강 날 그 친구가 찾아왔다. 수업하면서 자신을 만나게 되었다며 감사를 표했다. 자신 안에 있는 다양한 모습을 인정하고 사랑하기로 했다는 것이다. 남들과 다르지만,

그 모습조차 인정하고 받아들이겠다는 말에 너무 반갑고 기뻤다.

윤리적인 선·악이나 옳고 그름의 가치판단을 떠나 고유한 자기 자신을 온전히 받아들이는 일은 아름다운 일이다. 개인의 인생에서는 이 순간이 역사적인 사건의 현장이다. 인생은 어떤 면에서는 살면서 잊힌 나를 찾는 작업이다. 근원적인 자신의 본성을 찾아 나서는 여행길인 것이다. 내 안의 자발성을 발견하기 위한 탐구이며 실험이다. 하지만 대부분 여행 중간에 안주하여 이것을 잊는다. 어떤 경우는 시작도 하지 않는다.

일반적으로 많이 사용하는 유니버셜 타로 카드 중 16번 메이저 카드 이름이 'The Tower'다. 바벨탑에 불이 붙어 무너지고 있다. 사람들이 허둥지둥 뛰어내리거나 떨어지는 모습이 그려져 있다. 전쟁 중에 잠시 피난을 온 것을 까먹고 거기에 안주하고 있다가 탑이 무너지게 되자 혼비백산한 것이다. 삶이 이렇게 허무의 탑으로 무너지기 전에 낙타 단계에서 벗어나야 한다. 어느 날 문득 의구심을 갖고 자신의 삶을 되돌아볼 때는 이미 늦었을 수 있다. 평생 벗기기 힘든 고정관념이 우리를 칭칭 묶고 있는 현실을 직면하게 될 것이다. 그때 그것을 풀 에너지와 힘이 고갈된 상태이면 어떻게 하겠는가?

　우리는 분열적인 자기보다는 총체적이고 완전한 '나'를 추구해왔다. 그 과정에서 끊임없이 정답과 해결을 찾아 나선다. 진정한 나의 삶을 살아가기 위해서는 타인을 위한 반성과 화해보다는 진실을 직면할 용기가 필요하다. 상대를 향한 무한정한 귀 기울임이 아니다. 분열과 모순을 해소하고 정당화하여 하나의 답을 찾는 것도 아니다. 진실을 봉합하는 해결과 화해를 추구하지 않는다. 오히려 그러한 총체적인 자기를 부순다. 극한적인 방법으로 그러한 빈틈을 있는 그대로 드러낸다. 그럴 때 낙타 단계에서 사자 단계로 나아가고 궁극적으로는 어린이 단계에 도달할 것이다.

　나는 우주에 유일하게 나로 존재할 수 있는 독특한 존재다. 완벽해지려 할 필요 없다. 분열되고 모순적인 나를 있는 그대로 껴안을 때 한 발 더 성숙해진다. 남과 같아지면 안 된다. 남들과 다르다고 해서 나쁜 것이 아니라 남들과 같으면 나쁘다.

05
—

나 때문이야 VS 너 때문이야

정혜신 박사는 『당신이 옳다』라는 책에서 충조평판(충고, 조언, 평가, 판단)만 안 할 수 있어도 공감의 절반은 시작된다고 말하고 있다. 이 말에 전적으로 동의한다. 공감의 절반이 시작될 뿐만 아니라 관계 갈등의 90%가 줄어든다. 이 책을 읽기 전부터 이것을 조충평판이라고 약자화해서 강의해 나는 조충평판이라고 부르는 것이 편하다. 충조평판이나 조충평판이나 같은 말이다. 그런데도 인간은 습관화된 것을 선호한다. 익숙한 것을 하려는 경향이 강한 것이다.

조충평판도 습관이다. 문제는 우리가 하는 거의 모든 일상 대화가 조충평판으로 시작해서 조충평판으로 끝나기 때문에 이것을 빼고는 무슨 말을 해야 할지 잘 모른다는 것이다. 자세히 살펴보면 우리는 서로 다른 사람 말을 듣고 있지 않다. 그저 자신이 하고 싶은 말을 하고 있을 뿐이다.

카페에 혼자 앉아 있으면 가끔 옆 테이블의 소리가 들릴 때가 있다. 조금만 집중해서 들어보면 모두 한국말을 사용하고 있는데 각기 다른 채널의 대화를 하고 있다. 살이 쪄서 속상하다고 말하는 친구의 말에 공감을 해주기보다는 나도 요즘 식욕이 늘었다며 자신의 이야기를 하기 바쁘다. 그리고 어떤 병원이 좋다느니, 어떤 약품이 좋다는 등의 이야기로 넘어간다. 다이어트에 대한 각자의 경험담을 한참 이야기하다가 다른 한 명이 남편 때문에 속상하다는 감정을 털어놓는다. 그러면 "네가 남편의 그런 면 때문에 참 힘들겠다." 이렇게 공감해주는 사람은 별로 없다. 남편의 잘못된 점을 평가하거나 네가 잘못 길을 들여서 남편이 그렇게 된 것이라며 친구를 탓한다. 우리의 대화는 이런 식이다.

연극 대본을 쓰기 위해 사람들의 대화를 적어본 적이 있다. 그것을 분석했을 때 상대방이 요청하지 않은 조충평판이 80%가 넘었다. 그만큼 우리들의 대화는 공감하고 소통하는 것이 아니라 일방적인 조충평판으로 이루어져 있다. 조충평판은 상대가 요청했을 때 해야 한다. 내가 생각하기에는 초등학교 4학년 이상부터는 그래야 한다고 생각한다. 옵션을 제공해줄 수는 있지만 원하지 않는 조충평판은 또 다른 언어폭력이 될 수 있다.

　내가 강의할 때 주로 쓰는 예를 하나 들어보자. 내가 먹어보니 너무 맛있는 음식이 있다. 진짜 맛있어서 알고 있는 사람들한테 먹어보라고 권하고 싶은 그런 음식이다. 오늘 만난 영철이 엄마한테 이 음식을 권해야겠다고 생각했다. 음식을 가지고 그 집으로 가서 초인종을 누른다. 대답이 없다. 분명히 아까 들어가는 것을 보았고, 오늘 집에 있을 것이라 했는데 초인종에 반응이 없다. 다시 한번 눌렀다. 이 음식은 식으면 맛이 반감되기 때문에 따끈따끈할 때 먹이고 싶다. 아무래도 안 되겠다고 생각하고 대문을 발로 찬다. 마침 옆에 도끼가 있어서 문을 부순다. 대문을 부수고 들어갔는데 현관문이 잠겼다. 돌을 던져 현관문 옆에 있는 유리창을 깬다. 깨진 유리창 사이에 손을 넣어 현관문을 연다. 자다가 소음에 놀라 나온 영철 엄마와 눈이 마주친다. 웃으면서 영철 엄마에게 이 맛있는 음식을 주려고 왔다고 말한다. 어서 맛보라며 음식을 건넨다. 이런 상황에서 영철 엄마가 고맙다고 하면서 음식을 먹겠는가? 황당하고 화가 날 것이다.

　요청하지 않은 조충평판은 위에서 든 사례와 똑같다. 허락 없이 경계 영역을 넘었기 때문에 분노가 올라오게 된다. 사람마다 자신만의 고유의 경계 영역이 있다. 사람에 따라 경계 영역이 넓을 수도 있고 좁을 수도 있다. 오래전에 〈우리 결혼했어요〉라는 예능 프로그램에서 서인영이라는 가수는 경계 영역에 신상 신발이 포함되어 있었다. 자신의 신발을 허락 없이 만지는 것은 자신의 경계 영역 안으로 들어오는 행위이기 때문에 엄청나게 불쾌해했던 것이 기억난다. 예능이라 그것을 재미있게 포장하고 하나의 캐릭터로 만들었지만, 우리 모두 각자의 경계 영역이 있다. 경계 영역이 없는 것도 큰 문제다. 그것은 뒤에서 다루도록 하겠다.

문제는 일상생활에 함부로 경계 영역을 넘는 대화가 많다는 것이다. 사람들이 직장 생활을 왜 힘들어하는가? 상사부터 주변 사람들은 수시로 요청하지 않은 조충평판을 한다. 그러니 안에서 분노와 공격성이 나올 수밖에 없다. 하지만 사회생활을 하려면 이것을 드러내거나 표현할 수 없다. 이러한 감정과 잘 만나서 직면하여 풀면 좋은데 호주머니에 쑤셔 넣듯 마음 한쪽에 구겨 넣어버린다. 그리고 억압하거나 봉인한다. 안에서 곪으면서 악취가 풍기게 된다.

제대로 들여다보지 않은 억압된 감정은 어느 순간 공격성을 갖게 된다. 분노 감정에 뒤따라 오는 것이 공격성이다. 사람들은 능동공격을 하거나 수동공격을 한다. 능동공격은 부적절하게 반항하며 들이받는 것이다. 수동공격은 겉으로는 순종하는 것 같지만 속은 그렇지 않은 상태다.

자녀한테 방이 더러우니까 방을 치우라고 할 때 "내가 알아서 할 테니까 신경 꺼! 여기는 내 방이잖아."라고 화를 내며 말한다면 능동공격이다. 반면 "네."라고 대답은 하지만 치우지 않는다. 또다시 말하면 "네."라고 말하고 행동으로 옮겨지지 않는다. 이것은 수동공격에 해당한다. 이러한 공격성은 부메랑이 되어 다시 날라 온다. 조충평판을 시작으로 눈에 보이지 않는 이러한 공격성이 서로를 향해 날아다닌다.

강의나 집단 상담을 할 때 주로 이 질문을 한다. 조충평판 점수를 10점 만점으로 하면 스스로 몇 점을 줄 수 있는지 묻는 것이다. 여러분도 한번 체크해보자. 첫 번째는 내가 주변 사람들에게 얼마큼 조충평판을 하는지 10점 척도로 점수를 줘보자. 두 번째는 내가 스스로나 자신에게 하는 조충평판 점수다. 어떻게 나왔는가?

첫 번째는 남에게도 조충평판이 높고 자기 자신에게도 조충평판 점수가 높은 유형이다. 이런 경우 안과 밖 모두에서 힘들다. 내가 만난 내담자 중 알코올 중독자들이 이런 성향이 가장 강했다. 주변이 다 못마땅한 것투성이다. 이 사람은 저래서 마음에 안 들고 저 사람은 저래서 마음에 안 든다. 과거의 누구는 나한테 너무 나쁜 놈이었고, 현재의 누구는 이래서 나쁘다. 그러니 술을 안 마실 수가 있나. 술을 마시면 답답한 마음이 사라지지만 마음속에 불평불만으로 쌓아두었던 이야기를 주변에 폭탄

투하한다. 술이 깨면 미친 짓을 한 자신이 죽이고 싶도록 밉다. 너무 괴로우니 술을 마실 수밖에. 이렇게 네 탓과 내 탓이 맴맴 돈다. 정말 괴로운 사이클이다.

두 번째는 남에게는 조충평판 점수가 높은데 자기 자신한테는 낮은 사람이다. 이런 사람은 자신의 속은 편하다. 주변 사람들이 너무 힘들어서 문제지. 본인은 요청하지 않은 경계 영역을 마구 넘으면서 자신의 속을 다 푼다. 그래서 본인이 병에 걸리지는 않는다. 주변에 자신과 소중한 관계의 누군가가 병에 걸릴 뿐이다. 상담받던 내담자의 시어머니가 딱 이 유형이었다. 당신이 탐탁하게 생각하지 않은 며느릿감이라 신혼 초부터 마음에 안 들었다. 결혼한 지 15년이 넘어 아이를 키우고 사는데도 매사에 트집이다. 며느리를 향해 유독 더 하지만 본래 성격도 그렇다. 자녀들에게 인색하고 본인 마음에 안 드는 것이 있으면 거침이 없다. 며느리가 생활비를 아껴 힘들게 용돈을 매달 드리고 주말마다 가서 식사를 함께하지만 못마땅하다. 용돈이 너무 적다고 타박이다. 결혼한 지가 언제인데 음식도 입맛에 못 맞춘다고 성화다. 이때 며느리의 속만 썩는다. 이것을 다 맞춰주고 살던 며느리가 속병이 났다. 도저히 더는 참을 수가 없어서 상담을 받게 된 것이다. 며느리는 세 번째 유형에 해당이 된다.

세 번째는 남에게는 조충평판 점수가 낮은데 자기 자신한테만 높은 사람이다. 이런 경우 거의 백발백중 몸으로든 마음으로든 병이 온다. 우리 몸의 메커니즘이 그렇다. 자기 자신한테만 조충평판이 높은 사람들은 모든 것이 다 내 잘못 같고 내 탓 같다. 죄책감과 후회가 땅을 판다. 계속 남들 눈치를 살피게 되고 하루에도 몇 번씩 가슴이 콩알만 해지곤 한다.

이렇게 자기 자신을 탓하는 '내 탓'도 있지만, 가끔 교묘하게 상대방을 이용하기 위한 내 탓 전술도 있다. 흔히 어머니들이 많이 쓰시는데 "네가 이렇게 된 것은 다 내 탓이다." 하면서 하소연하신다. 이때 진짜 자기 자책으로 들어가 속앓이하는 때도 있지만 이것을 핑계로 상대방을 조정하려는 예도 꽤 있다. 이것은 '네 탓이야'를 돌려서 '내 탓이야'로 표현할 뿐이다. 유형으로 따지면 두 번째 유형인 것이다.

이 세 가지 유형 모두 건강하지 못하다. 건강해지려면 나한테도 남한테도 조충평판 점수가 낮아야 한다. 어떻게 하면 그럴 수 있을까? 자각의 눈을 띄워야 한다. 자각의 눈이라는 것은 '내가 이렇구나.' 하고 제3의 관찰자 시선으로 나를 보는 눈이다. 이것이 쉬울 것 같은데 쉽지 않다. 우리가 평상시 숨을 들여 마시고 내쉬는 것을 자각하지 못 하는 것처럼. 그래서 자각의 눈을 키우는 훈련을 호흡으로 많이 시작한다.

마음 챙김, 알아차림, 명상, 요가, 그 외의 소메틱 접근 방법에서 거의 초기에 시작하는 것이 의도적으로 호흡을 관찰하는 것이다. 초기에는 하루 중 2분 정도 할애하면서 시작해보자. 24시간 중 2분이다. 솔직히 매일 하라고 하면 이것도 쉽지 않다. 그렇다면 하루에 한 번 크게 숨을 들이마시고 내쉬는 것을 자각하자. 이것부터 자각의 눈 키우기가 시작된다. 자각의 눈이 떠지면 그다음으로 나아가기는 훨씬 쉽고 무궁무진하다. 이에 대한 구체적인 방법은 4장에서 다룰 것이다.

06

감정에게 끌려다니지 않을 이유

제대로 된 만남은 서로를 성장시킨다. 누군가를 끌고 가거나 끌려가는 형태는 서로에게 도움이 안 된다. 감정에 끌려간다는 것은 감정과 제대로 만나지 못했다는 소리다. 감정을 이해하는 일은 쉽지 않다. 변덕스럽기 짝이 없기 때문이다. 감정이 이렇구나 하면 감정은 또 다른 곳으로 이미 자리를 옮겨가 있다. 어디로 갈지 예측불허다. 더군다나 감정은 매우 섬세하다. 같은 색깔처럼 보이지만 자세히 살펴보면 색상과 채도가 모두 다르다. 그러니 그 순간의 감정을 만난다는 것이 만만치 않다. 넋 놓고 멍하니 있거나 일상적인 습관대로 행동하다가는 자칫하면 모든 것이 엉켜버릴 수 있다. 또는 신념이나 이데올로기 틀에 갇히게 될 때도 마찬가지다. 이럴 때 뇌의 감정 회로와 생각 회로가 상호 소통을 잘못하여 문제가 생기게 된다.

　내 진실한 감정과 만났다는 착각이 우리의 감각을 무디게 한다. 끌려가고 있으면서도 스스로 자신의 의지로 걷고 있다고 믿는다. 질질 끌려가는 상황을 보지 못한다. 이런 상황은 아주 어릴 때부터 관성적으로 감정에 끌려다닐 때 생길 수 있다. 아니면 순식간에 매혹되어 흠모하다가 열정의 화학작용으로 인해 다른 것으로 변할 때 발생한다. 그것은 열광이나 추종으로 변질이 된다. 만성적으로 끌려다니는 것만큼 열광과 추종도 위험하다. 그곳에서는 내가 사라지기 때문이다. 영혼 없이 좀비처럼 따라다니게 된다.

　자신은 착한 딸이어야 한다는 생각을 강박적일 정도로 가지고 있던 내 담자가 있었다. 그녀는 가족 모두가 첫아들을 바랄 때 장녀로 태어났다. 아들보다 더 믿음직스러워야 한다는 다짐이 마음 한구석에 늘 오롯이 틀어 앉아 있었다. 첫 손자를 바라던 그녀의 친할머니는 그녀가 태어났을 때 얼굴 보기 싫다고 엎어놓았었단다. 이 말은 당시를 회상하며 시집살이 푸념을 하던 어머니에게 들었다. 그때 그녀의 나이는 겨우 여덟 살이었다. 그 말이 그녀의 심장에 박혔다. 자신은 아무도 원하지 않았던 아이라는 말이. 그녀는 사람들이 원하는 아이가 되기 위해 노력했다. 자신의 바로 밑의 남동생과 막내 여동생보다 더 가치 있는 사람이라는 것을 자기 스스로 증명해야 할 것 같은 의무감에 사로잡혀 살았다.

그녀가 열 살 때 아버지가 뇌졸중으로 쓰러졌다. 아픈 아버지 대신 어머니가 생활비를 벌어야 했다. 그전에도 그랬지만 그 뒤로는 어머니가 힘들까 봐 집안일부터 동생 챙기는 것까지 모두 그녀의 몫이었다. 주위에서 큰딸 없으면 어쩔 뻔했냐는 소리도 많이 들었다. 그녀는 그런 말을 들을수록 더 열심히 했다. 그렇게 해도 자신에게 칭찬 한마디 해주지 않았다. 항상 지친 얼굴의 어머니는 동생들 잘 챙기라는 말과 자신이 해야 할 의무만을 건조하게 말할 뿐이었다. 이런 역할은 그녀가 나이 들어 결혼하고 아이를 낳아 두 딸의 어미가 된 후에도 계속되었다. 무슨 일만 있으면 어머니는 동생들이 아닌 그녀를 찾았다. 그녀도 그것을 당연히 여기며 살았다.

두 딸을 키울 때, 시댁은 서울에서 4시간 거리의 지방에 있어 도움을 받을 수 없었다. 친정어머니는 몸이 안 좋아 아이들을 돌봐주기에는 역부족이라고 딱 잘라 말했다. 남편의 월급으로만은 살기가 빡빡해서 이것저것 아르바이트 일을 하면서 두 딸을 키웠다. 친정어머니는 전담은 아니더라도 간혹 동생들의 아이들은 봐주었다. 그녀는 마트나 옷 가게 등에서 아르바이트로 일했다. 그러던 중 친구의 소개로 꽤 좋은 조건으로 괜찮은 직장에 파트 타임으로 일할 기회를 얻게 되었다. 면접을 보러 가는 날 어머니에게 작은딸을 봐줄 수 있겠냐고 부탁을 했다. 어머니는 그날 남동생 아이들을 봐줘야 해서 힘들다고 했다. 그녀는 서운했지만, 마음에 묻었다.

살면서 이런 일이 너무 많았다. 필요할 때는 그녀를 찾지만 정작 그녀가 필요할 때는 냉정한 거절이 되돌아오는 일들이 되풀이되었다. 친정과 이런 관계는 큰딸이 대학생이 될 때까지도 계속되었다. 동생들이 어렵다고 돈이 필요하다고 하면 남편 눈치를 보면서도 꾸역꾸역 빌려주었다. 동생들은 고마워하면서도 어느 순간부터 그녀가 해주는 것들을 당연하게 생각하는 듯했다.

그러던 어느 날 자궁암 선고를 받았다. 불행 중 다행으로 전이가 되지 않아 자궁을 적출하는 것으로 끝났다. 병원에서 퇴원하여 집에서 몸을 추스르고 있는데 친정어머니한테 전화가 왔다. 그녀는 당연히 자신의 건강상태를 물을 줄 알았다. 그런데 친정어머니는 그녀의 건강상태를 묻지 않았다. 그리고 한다는 이야기가 지금 남동생이 이사 가야 하는데 돈이 모자란다며 돈을 조금 보태주라는 것이었다. 그녀가 그동안 참아왔던 모든 설움이 터졌다. 태어나서 처음으로 어머니에게 어떻게 이럴 수 있느냐고 소리쳤다. 친정어머니는 수술이 잘 끝나고 퇴원해서 모두 다 괜찮아졌는지 알았다고 말한 후 당황해하며 전화를 끊었다.

그 뒤 상담을 하면서 그녀는 자기 스스로 자신을 싫어한다는 것을 자각했다. 그 누구보다 자신을 무가치하게 여기고 싫어한 것은 그녀 자신이었다. 이 세상에 필요 없었던 아이. '나는 쓸모없어' 이런 자아상이 그녀의 무의식을 붙잡고 놓아주지 않았다. 이런 생각은 그녀의 감정과 만나기보다는 타인의 감정을 맞추기에 급급했다. 스스로 자기 자신을 쓸모없다고 여기지 않으면 어떻게 되었을 것 같은지 그녀에게 물었다. 그녀는 사람들이 자신을 더 싫어하고 실제로 쓸모없는 사람이 되었을 것 같다고 대답했다. 이런 생각을 하며 아들보다 더 쓸모 있는 존재가 되어야 한다고 노력하며 살아왔는데, 이 생각이 없으면 집안 생각 안 하고 아무렇게나 살았을 것 같다고 덧붙였다.

자신을 쓸모없이 여기고 싫어하는 감정이 오히려 주변 사람들로부터 인정받으며 살 수 있도록 해주었던 것이었다. 나는 그녀에게 '나는 쓸모없어.'라는 자아상에 오히려 고마워하라고 말했다. 그러자 그녀도 "그렇긴 하네요."라고 답하며 쑥스러운 듯 웃었다. 이렇게 계속 살고 싶은지 묻자 그녀는 그렇지 않다고 답했다. 그러면 착한 딸로 받는 인정과 칭찬을 포기할 수 있는지 물었다. 그녀는 한참 침묵하더니 고개를 끄덕였다.

끌려다닐 수밖에 없는 자아상까지 만들어진 오래된 관성적인 관계는 끊어내기가 그 세월만큼 힘들다. 현재의 자아상을 인식하고 그것이 주는 유익을 포기하는 것이 시작이다. 그리고 그 안에 겹겹이 쌓여 있는 감정에 말을 걸어야 한다. 그 감정들의 소리를 있는 그대로 들어주어야 한다. 그리고 내 몸 밖으로 보내야 할 감정들과는 깨끗하고 홀가분하게 작별해야 한다.

　부정적 자아상이 만들어지는 관성의 관계만큼 화학작용이 불러일으키는 열광과 추종의 관계도 감정에 끌려다니기 쉽다. 사이코드라마를 처음 접할 때 그 가치체계에 매혹되었다. 사이코드라마를 처음 만든 모레노는 완전한 사상가로 살기보다는 불완전하더라도 행위자로 살고 싶다고 했다. 그래서 프로이드를 변비 걸린 학자라고 하면 모레노는 설사 걸린 학자라고 한다. 프로이드가 우울증이라면 모레노는 조증이다. 이런 모레노의 드라마는 인간의 이성을 멈추게 한다. 원시적이고 자연적인 내면의 소리를 분출하고 드러나도록 한다. 자발성과 창조성을 강조하는 사이코드라마에 매혹된 나는 열정까지 더해져 열광하게 된 것이다. 나를 잃어버리고 동일시하는 추종의 단계까지 갔다.

　32살에 사이코드라마를 만나 45살에 거리 두기를 했다. 밀착된 만남의 시간이 길고도 길었다. 사이코드라마를 초기에 만났을 때 내가 살던 세계와 전혀 다른 시공간이 펼쳐지면서 나를 매혹했다. 초기 5년 정도는 내 안의 자발성과 창조성의 에너지가 뿜어져 나왔다. 하루하루가 즐거웠고 내 안의 세포가 깨어나는 듯한 느낌이었다. 그것이 너무 좋아 그 사상에 먹혀버렸다. 사이코드라마의 철학이 그 무엇에도 휩쓸리지 말고 자신의 자발성과 창조성을 가지고 살아가라는 것인데, 아이러니하게 반대로 간 것이다.

나의 감정과 솔직하게 대화하지 않았다. 무수하게 오가는 감정을 사이코드라마 철학이라는 가치관 안에 구겨 넣었다. 그리고 스승을 따라가야 한다는 강박에 시달렸다. 다른 이보다 잘하고 싶은 경쟁심도 불타올랐다. 사방을 막아놓고 눈도 귀도 모두 가린 채 앞만 보고 달려간 형국이다. 대상과 안전한 거리 확보를 하지 않는 추종과 열광은 무섭다. 어느 순간 내가 가고자 하는 본래의 목적은 잃어버린 채 환상에 취한 상태로 질주를 하게 된다.

그럴 때 나타나는 증상이 삭막함이다. 40대 초반이 내 인생에서 가장 삭막한 감성을 가지고 있었던 시절이라고 회상하게 된다. 그 뜨거운 열광 속에 나의 영혼과 감성은 바스락거리며 여위어갔다. 내가 질주하며 끌고 가는 것처럼 보이지만 실은 내가 마구 끌려가고 있었던 것이었다. 이런 비슷한 증상을 종교, 운동권, 페미니즘 등의 사상과 동일시하는 사람들에게서 보게 된다.

관계나 가치체계로 자신을 잃어버리면 대책 없이 끌려다니게 된다. 관계에서 부정적 자아상을 만들어 그 뒤로 숨어버리면 우리는 끌려다닐 수밖에 없다. 메커니즘이 그렇다. 우리 몸은 생존에 최적화되도록 프로그래밍 되어 있다. 부정적 자아상을 유지하는 것이 최고의 선택이라고 믿기 때문에 가지고 있는 것이다. 나를 보호했던 부정적 자아상에 충분한 고마움을 표하고, 부정적인 자아상이 주는 혜택을 포기할 때 진정한 내

내면의 소리를 들을 수 있다. 신념이나 가치체계를 흠모하다 동일시되어 좀비가 되지 않게 하려면 마찬가지로 내면의 소리를 들어야만 한다. 나의 안에 이미 모든 것이 다 있다. 밖을 기웃거리기 전에 내 안의 소리를 들어야 한다.

07

관계중독을 끊고 자유로워지기

　변화심리학자 이재진 소장은 『너에게 끌려 다니지 않을 자유』에서 이렇게 말했다. "타인 중심의 관계를 끊는 출발선에서 말한다. 자존감을 올리려 애쓰지 말고, 상처받지 않으려 애쓰지 말고, 사랑의 기술을 익히려 애쓰지 말고, 치유하려 애쓰지 말라. '관계중독'을 끊으면 된다. 그럼 모든 것은 자연스레 해결되고, 자유롭기에 충분하다."

　관계중독은 타인에게 인정이나 사랑을 받고자 하는 욕구다. 인간의 기본 욕구 단계에서 빠지지 않고 등장하는 항목이 사랑과 소속감이다. 그만큼 인간은 관계 속에서 승인과 사랑을 받고 싶어 한다. 타인과의 관계 속에서 안정을 찾으려는 욕구를 본능적으로 가지고 있다. 그 욕구가 지나쳐 의존형태가 될 때 중독으로 가게 된다.

관계중독에 걸린 사람들의 특징 중 하나가 코스프레다. 피해자 코스프레를 하거나 가해자 코스프레를 한다. 그렇게 해서라도 관심받고 싶은 것이다. 내가 기억하는 그는 40대 중반의 중년 남성이었다. 그는 첫 상담 때 매우 억울함을 호소했다. 그는 이혼하고 혼자 살면서 레스토랑을 운영하고 있었다. 레스토랑에서 근무하는 스무 살 종업원과의 루머로 너무 속상하다고 하소연하기 시작했다. 본인은 순수한 마음에서 도운 것인데 사람들은 오해한다는 것이다.

여자 종업원의 부모님도 이혼한 상태였다. 여자 종업원은 삼 남매의 장녀로 동생들은 학교에 다니고 있었다. 양육비를 받지 못해서 그녀와 어머니가 집안 생계를 책임져야 했다. 그녀의 어머니는 주방 참모였는데 일하던 식당이 문을 닫아 실직 상태였다. 그는 그녀의 어머니가 다른 식당 참모를 구할 때까지 주방 설거지를 하는 아르바이트로 고용을 하는 등 다양한 방면으로 도움을 주었다. 그는 여자 종업원의 어머니까지 서로 알고 지내는 사이에서 자신이 어떻게 그 종업원과 연애를 하겠냐고 말했다. 오히려 여자 종업원이 자신을 좋아하면서 이상한 소리를 해 난처하다고 했다.

종업원들과 다 같이 회식을 한 날이었다. 1차 회식이 끝나고 몇몇 직원들이 그의 아파트로 와서 2차를 했다. 거기에 그 여자 종업원도 있었다. 다른 사람들은 모두 거실과 빈방에서 잠들었다. 그런데 그 취한 여종업원이 그의 방으로 들어왔다. 취한 그녀는 스킨십을 해왔다. 그는 그녀를 달래서 재웠다고 한다. 그날 이후 여자 종업원은 자신의 연인처럼 행동한다는 것이다. 자신이 다른 사람을 만나면 질투하고, 다른 직원들에게 자신을 나쁜 사람 만든다며 어처구니없다고 말했다. 화병이 생겨 수면제가 없이는 잠도 자지 못한다고 했다. 자신의 순수한 마음이 왜곡 당하는 이 상황이 너무 힘들다며 한숨을 쉬었다. 가끔 깊은 외로움이 찾아오면 무기력해지는데 요즘 더 심해지는 것 같아 상담하게 되었다는 것이다.

처음 이야기를 들을 때는 여자 종업원이 자신의 결핍으로 문제 상황을 만들어내나 싶었다. 그러나 상담을 이어가면서 이상한 점이 발견되었다. 내담자가 20대 초중반의 여자와만 이런 유사한 상황을 반복적으로 경험한다는 것이다. 이번에는 남녀관계로 발전하지 않았지만 계속 그런 여지를 주면서 어린 여자들을 만나왔다. 깊은 관계도 있었고 이번처럼 남녀사이 직전에서 서로 간 보는 사이도 여럿 있었다. 문제는 남자가 계속 그런 여지를 준다는 것이다. 끊임없이 챙겨주고 무엇인가 사주면서 친절하고 자상하게 대하다가 일정 이상까지 친밀해지면 밀어내는 것이다. 그리고 연령층이 모두 그와 스무 살 이상 차이 나는 어린 여자들이었다.

그가 어린 여자들만 만나는 것은 나이든 여자들보다 상대적으로 자신을 믿고 자신의 말을 잘 따르기 때문이었다. 그는 자신을 통제하려고 하는 강한 여성들에게 질렸다고 말했다. 살면서 주변에 누가 그렇게 강한 여성이었는지 물었다. 그는 이혼하기 전 아내도 강했다고 했다. 그리고 어머니와 여동생도 강하다고 했다. 그러면서 생각해보니 지금까지 자신과 밀접했던 모든 여성이 다 센 여자들이었다며 어이없는 웃음을 지었다. 기가 센 어머니 앞에서 아버지는 항상 주눅이 든 모습이었다고 그는 회상했다. 자신은 그것이 너무 싫었는데 결혼해서 자신이 아버지처럼 그대로 행동하고 있는 모습에 소름이 끼쳤다고 했다. 그 후 어린 여자와 연애하다가 아내한테 들켜 이혼하게 되었다는 것이다. 아내한테 들켰을 때 오히려 후련하고 홀가분했었다고 했다.

그 후부터 그는 무의식적으로 자신이 통제할 수 있는 관계가 아니면 만들지 않으려 했다. 자신이 보호해주고 자신의 지시를 따를 사람만 골라서 만난 것이다. 그러다 보니 자연스럽게 계속 경제적으로 힘들고 어린 여자들만 만나왔다. 자신을 추앙하고 자신의 지시에 따라 움직일 수 있는 사람과만 관계를 맺은 것이다. 하지만 동등한 관계가 아닌 에너지를 주기만 하는 관계는 지친다. 그리고 고분고분 내 말을 잘 들을 것 같은 상대도 변한다. 필연적으로 외로움이 따라올 수밖에 없다.

그의 인생 속에 화두인 통제에 대한 기억과 감정을 제대로 만나 소통하지 않고는 해결되지 않는 문제였다. 단순히 그 여자 종업원과의 문제가 아니라 더 깊은 곳에 원인이 있었다.

앞의 내담자와 달리 가해자 코스프레를 하는 예도 있다. 자신이 아이를 너무 통제하고 키워서 아이가 무기력하게 되었다며 한탄한 내담자가 있었다. 그녀는 50대 후반이었다. 20대 성인인 아들에 대한 걱정으로 상담을 요청했다. 맞벌이 교사였던 부부는 아이를 엄격하게 통제하며 키웠다. 워낙 내성적이었던 아이가 자기들 때문에 더 그렇게 된 것 같다고 자책했다. 상담을 받자고 해도 거부하고 아무것도 하기 싫어하는 아들을 보면 절망스럽다고 했다. 자신들 딴에는 잘 키운다고 했는데 어디서부터 무엇이 잘못되었는지 모르겠다며 울음을 터트렸다.

십 대 시절 아들은 학교에서 학교 폭력을 당했다. 그녀와 남편은 그것을 뒤늦게 알았다. 워낙 말이 없던 아들이라 큰 변화를 못 느꼈었다고 했다. 아들이 학교에 안 가려고 할 때 오히려 야단치고 혼냈다. 아들이 얼마나 큰 상처를 입고 있는지 몰랐다는 부모로서의 죄책감이 크게 자리 잡고 있었다. 더군다나 자신이 교사였는데 제대로 대처하지 못했다는 수치심도 컸다. 그때부터 아들 눈치만 보았다가 속이 터지면 화를 내는 것을 반복하다 이제는 지쳤다고 고백했다.

그녀의 입장이 되면 누구나 속상할 것이다. 그러나 과도하게 타인의 몫까지 짊어지려고 하는 것 또한 관계중독의 전형적인 유형 중 하나다. 내가 보기에 당시의 그녀는 자신도 어쩌지 못해 쓰러지기 일보 직전이었다.

관계중독은 사람을 피폐하게 만든다. 관계중독에 빠지면 통제가 싫어서 도망가거나 무력하게 통제당하거나 통제에 저항한다. 첫 번째 내담자는 통제에 저항한 경우다. 통제에 저항한 사람들은 상황이 바뀌면 오히려 자신이 통제하려 하는 경향이 있다. 두 번째 내담자는 본인이 아들을 통제했다고 하지만 이제는 아들의 행동에 통제당하고 있었다. 아들은 우울과 무기력이라는 방법으로 그동안 자신을 통제해왔던 어머니를 보기 좋게 통제하고 있었다. 그에 속수무책으로 내담자는 끌려가는 모양새다.

통제에서 벗어나기 위해 발버둥 치는 것은 서로를 더 관계중독 속으로 몰아넣는 것이다. 일단 관계중독에서 벗어나려면 그것이 주는 이득을 찾아야 한다. 이득을 찾을 때 자신의 행동이나 마음 상태를 '~하고 싶다'로 바꾸면 좀 더 수월하게 찾을 수 있다. 예를 들어 첫 번째 내담자가 반복적으로 호소한 것이 '외롭다.'라는 것이었다. 이것을 '~ 하고 싶다'로 바꾸면 '외로워지고 싶다'가 된다. 구체적으로 무엇 때문에 외로워지고 싶은지 물어본다. 그러면 이 경우에는 통제당하기 싫고 자신이 지시하고 통제하고 싶으므로 사람과 가까워지는 것을 경계하고 외로움을 선택한 것이다. 그러면 이 증상에 감사해야 한다. 이 증상이 있었기 때문에 통제당하지 않았기 때문이다. 진심으로 증상에 감사하고 자신에게 물어야 한다. 외로움이 주는 혜택을 포기할 것인지 아닌지를.

두 번째 내담자의 사례도 살펴보면 그녀가 주로 호소했던 것은 '절망스럽다'였다. 그러면 이것도 '절망스러워지고 싶다'로 바꾼다. 무엇 때문에 절망스러워지고 싶은가? 절망스러울 때 아들에 대한 죄책감에서 조금이나마 자유로워진다. 무력해지므로 책임으로부터 도망갈 수 있는 것이다. 그렇기에 그녀도 절망스러움에 진정으로 감사해야 한다. 절망이 있는 한 자기 자신에 대한 책임의 무게를 덜 느끼기 때문이다. 그리고 물어야 한다. 자신의 몫을 책임질 것인지 계속 절망 속에 살 것인지.

관계중독은 싸워서 극복되는 것이 아니다. 자신의 상태를 인정하고 진심으로 감사하며 이득을 포기할 때 비로소 벗어날 수 있다. 이 책을 읽는 독자 중 관계 때문에 힘든 사람이 있다면 삶에서 그 효과를 실험해보자. 자신의 감정이나 행동을 '~하고 싶다'로 바꾼 뒤 스스로 자신에게 물어보는 것이다. 무엇 때문에 저 상태를 유지하고 싶은 것인지. 처음에는 잘 모를 수도 있다. 그러나 계속 묻다 보면 내 안에 진실이 드러난다. 나도 알지 못했던 이득을 찾았다면 그 증상에 감사해야 한다. 그것을 없애려고 하거나 싸우면 오히려 더 커질 뿐이다. 진심으로 감사해라. 그리고 그 이득을 포기할 수 있는지 자신에게 진지하게 물어보아야 한다. 그때 느껴지는 감정들도 충분히 수용하고 만난다. 그 후 자신이 선택하는 것이다. 포기할지 이득을 계속 유지하며 그 감정을 지닌 상태로 살아갈 것인지….

08

나는 감정의 주인

　감정의 주인으로 살아가기는 쉽지 않다. 주인은 다른 사람들의 말을 경청하고 듣되 휘둘리지 않아야 한다. 현재 상태를 있는 그대로 정확하게 파악하고 업무 분담도 혼선 없이 깔끔하게 해야 한다. 그리고 어디로 갈 것인지 명확한 목표와 이상도 가지고 있어야 그 주인을 따르게 된다. 그렇지 않으면 주인이 교체되고 소유권을 잃게 된다.

　나는 남편과 만나면서 한동안 소유권을 잃고 감정의 노예로 살았다. 광폭한 감정의 폭풍우 속에서 번개와 비를 맞으며 버텼던 시간이다. 내가 사이코드라마를 공부하지 않았다면 아마도 남편과 사귀거나 결혼하지 않았을 것이다. 사이코드라마에서 니체가 말한 낙타 단계에서 벗어나 사자 단계의 삶이 어떤 것인지 맛을 보았다. 그 당시 주변의 남자들은 대부분 일상의 삶을 열심히 살아가는 사람들이었다.

그때 내 눈에는 그들이 지루했고 재미없었다. 소개팅을 나가면 대부분 주식이나 집 이야기를 했다. 일상의 삶에 갇혀 사는 그들이 낙타 단계에 사는 사람들처럼 여겨졌다. 그러던 와중 그림에 목말라하는 영혼의 소유자인 남편을 만났다. 그의 눈동자에서 고흐의 별이 빛나는 밤을 보는 듯했다. 적어도 낙타 단계는 아닌 사자 단계로 느껴졌다. 그에게서 고흐, 보들레르, 바스키아, 모딜리아니, 이중섭을 느꼈다. 지금 생각하면 단단히 콩깍지가 낀 것이다. 그 안정적이고 편안한 사람들을 모두 제쳐두고 남편을 만나다니. 그 당시 미쳤었던 것이 분명하다.

함께 살면서 느낀 것은 너무 다르다는 것이다. 어떻게 이다지도 다를 수가 있단 말인가. 충격이었다. 남편은 조세희 작가가 쓴 『난쟁이가 쏘아올린 공』의 주인공보다 더 힘든 어린 시절을 보냈다. 남편은 칠 남매의 장남이다. 위로 누나가 넷 있고 그가 다섯 번째다. 밑으로는 여동생과 남동생이 있다.

가족 앨범을 보면 그가 태어나기 전에 자동차도 있고 바나나도 있던 부잣집이었다. 1960년대에는 바나나는 정말 귀해서 아무나 먹지 못했다. 내가 초등학교 다닐 때인 1980년대 초반에도 바나나는 귀했으니 그 시절은 더 말할 것도 없다. 지금과 달리 도로가 한산할 정도로 자동차가 없던 시절 자동차까지 있었으면 진짜로 부자다.

남편이 태어나 돌잔치 할 때쯤 목공을 하며 가구사업을 하던 아버님이 친척 보증을 선 것이 잘못되었다. 연달아 아버님이 병으로 몸져눕는 바람에 어머니가 생계를 감당해야 했다. 어린 누나들도 초등학교 졸업하면서 생계에 뛰어들었다. 남편과 나는 네 살 차이뿐이 안 나는데 남편의 어린 시절 이야기를 듣다 보면 나보다 몇십 년 앞 세대를 산 사람 같다.

월사금을 내지 못해 선생님에게 혼난 이야기부터 초등학교 6년 내내 도시락을 싸가지 못해 운동장의 수돗물을 먹으며 배고픔을 달랬다던 이야기까지 내가 경험하지 못한 세계였다. 그 당시 나는 사립초등학교에서 급식을 먹고 있었는데 달라도 너무 달랐다.

6학년 소풍 때 처음으로 어머니가 도시락을 싸주셨다고 한다. 가족들이 굶는 일이 많았던 당시 어머니로서는 큰마음 먹고 싸준 장남의 도시락이다. 다른 친구들은 사각 도시락통에 김밥을 싸왔는데 남편은 맨밥 위에 달걀 프라이가 올라간 밥이었다. 그것도 동그란 쇠 밥그릇에. 어머니는 정말 큰마음 먹고 싸준 도시락이지만 남편은 창피해서 혼자 먹으려고 능 뒤쪽으로 갔다. 서삼릉으로 소풍 갔기에 큰 능 뒤쪽에서 먹으면 아이들이 못 볼 것 같았기 때문이다. 그런데 비탈이라 들고 있던 밥그릇을 놓쳤다. 떼구루루 굴러간 쇠 밥그릇은 뚜껑이 열리고 밥은 흙바닥으로 쏟아졌다. 결국, 초등학교 6년 동안 처음이자 마지막으로 싸온 도시락을 먹지 못했다. 들으면 너무 우스우면서도 슬픈 이야기다.

이런 이야기가 끝도 없이 나오는 남편의 어린 시절과 나의 어린 시절은 너무 달랐다. 부자는 아니었지만 평범하고 유복한 어린 시절을 보냈다. 나는 긍정적이고 낙천적인 성격인데 남편은 최악의 상황을 생각하고 대비했다. 덜렁대는 나에 비해 남편은 매우 꼼꼼하다. 나는 오히려 남성적이고 남편은 여성적이다. 연애할 때는 굉장히 자유로운 영혼의 소유자라고 생각했는데, 의외로 보수적이고 깐깐했다.

우리 집은 아버지가 허례허식이나 형식을 좋아하지 않았다. 아버지와 오빠 모두 흡연자다. 아버지는 인생의 시간도 빨리 흐르는데 내외하면서 담배 피지 말고 남들 없을 때는 맞담배 피우자던 분이었다. 오빠들이 고등학교 때 독서실에 찾아가 술은 어른한테 배워야 한다며 포장마차에 데리고 가 한 잔씩 사주던 양반이다. 나한테는 결혼하기 싫으면 혼자 살라고 했다.

아버지는 폐암이 뇌로 전이되어 움직이지 못하고 누워계셨다. 그때 나는 27세이었다. 친척들은 아버지 살아계실 때 결혼하라고 했다. 누워 있는 아버지에게 "친척들이 빨리 결혼하라고 하는데 나 결혼할까?"라고 물었다. 고개를 저으며 "너 하고 싶은 것 마음껏 하며 살아."라고 했던 아버지다. 아버지는 폐암 선고 3개월 만에 하늘나라로 가셨다. 아버지가 돌아가신 후 삼우제 때다. 어머니는 너희 아버지 성격에는 검정 한복에 격식 차리고 오는 것보다 자유롭게 가장 입고 싶은 옷 입는 것을 좋아할 것 같다고 했다. 그래서 우리 식구는 아버지한테 보여주고 싶은 옷을 입고 삼우제를 치렀다.

예의나 형식에서 자유로운 우리 집과 형식이나 격식이 중요한 남편의 문화 충돌은 예상했던 것보다 타격이 컸다. 사소한 것에서부터 커다란 것까지 부딪히는 것이 많았다. 두 사람과의 만남에서 가족의 만남으로 이어지면서 갈등의 요소는 더 커졌다. 양쪽 가족과 만나면 어김없이 남편이 한소리를 해서 싸움으로 연결되었다.

한 번은 시댁 둘째 시누이가 우리 집에 놀러 왔다. 나는 무엇엔가 집중하면 다른 소리를 잘 듣지 못한다. 노트북에 제안서를 쓰고 있던 나에게 언니가 무엇인가를 물었나 보다. 그 소리를 나는 듣지 못했다. 그런데 남편은 내가 언니를 무시했다고 오해한 것이다. 남편은 식당에서 밥을 먹으면서도 옆 테이블에서 무슨 이야기가 오가는지까지 들리는 사람이다. 그러니 당연히 나를 이해하지 못했다. 이런 사소한 것도 투닥거리는 원인이 되었다.

제사를 지내지 않았던 나는 제사 예절에 서툴렀다. 제사 중간에 영혼들이 와서 밥 먹을 시간을 줄 때 가족들이 편안하게 앉아서 담소를 나누었다. 그 시간에 나도 모르게 기지개를 켜고 허리를 돌렸나 보다. 나는 그것이 잘못된 것인 줄 몰랐다. 그러나 남편에게는 버릇없는 행동이었다. 산소에 가서도 우리 집은 매우 자유롭다. 시부모님 산소에서 절하고 술 따라놓고 기다릴 때 산소를 등지고 풍경을 구경한 것도 한 소리 들었다. 이런 사소한 것들 하나하나가 어쩌면 이렇게 다를 수 있나 싶었다. 시댁 식구들을 만나기가 겁날 정도였다. 만나면 내가 잘하지 못한 것을 열거하는 남편의 잔소리에 기가 질려버렸다. 더군다나 그때 나는 사이코드라마의 정신이 절정에 차올라 일반화의 틀을 깨고자 하는 자유의 정신이 과도하게 충만했었다. 그리고 진정한 만남은 솔직해야 한다 생각하던 시절이다. 솔직함은 부딪힘과 충돌로 이어졌다.

시댁은 시부모님이 모두 돌아가셨고, 예전부터 가족의 생일을 서로 챙기지 않았다. 반면 친정은 조카들 생일까지 모여서 챙겼다. 그리고 한 달에 한 번 이상 가족들이 만나서 식사하고 수다를 떤다. 큰오빠와 바로 위 오빠는 세 살 차이다. 결혼도 둘째 오빠가 1년 먼저 했다. 비슷한 시기에 결혼하고 아이들을 낳아서 사촌끼리도 친형제처럼 친하다. 그렇게 이십 년 넘은 상태에서 우리 남편이 새로운 가족으로 합류한 것이다.

친정 식구들은 외향적이고 솔직한 편이다. 반면 남편은 내향적이고 자신의 심중을 돌려서 말하는 편이다. 예를 들면 시댁에 갔을 때 밥 먹었냐고 물어보면 나는 솔직하게 이야기한다. 남편은 그렇지 않다. 시댁이나 친정이나 분명 식사를 하지 않고 배가 고프다고 오면서 말했으면서, 밥

먹었다고 답하거나 배가 고프지 않다고 한다. 주변이 힘들까 봐 배려하기 때문이다. 그런데 그 배려가 너무 지나쳐 오히려 주변이 힘들어하는 스타일이다. 담배를 피워도 되냐고 한 번만 물으면 될 것을 필 때마다 물어본다. 오죽하면 병 주고 약 주면서 피곤하게 하는 스타일이라고 가족들이 말을 할까?

이십 대 때 『조화로운 삶』을 읽으면서 스콧 니어링과 헬런 니어링과 같은 소울메이트를 꿈꾸었다. 한 방향을 보며 살아가는 도반 같은 결혼 생활을 원했다. 그것이 안 된다면 사르트르와 시몬드 드 보봐르 정도의 파격적이지만 영혼이 통하는 동반자를 결혼의 청사진으로 그렸다. 그러나 나의 결혼 생활은 서로를 치사하고 쪼잔하게 만들었다.

'감정의 노예가 되어 살아가려면 이렇게 살면 된다.'라는 교본을 열두 권 써도 넘칠 정도의 분량이 나올만한 결혼 생활이었다. 서로의 다름을 인정하지 못하고 그르다고 조충평판 할 때 삶이 얼마나 끔찍해질 수 있는지 인생의 실험장에서 진득한 실험을 한 것이다. 우리 부부가 했던 것의 반대로만 하면 감정의 주인으로 살 수 있다.

서로의 다름을 인정해야 한다. 동그라미와 동그라미가 만나면 동그라미밖에 나오지 않는다. 동그라미와 세모가 만나서 네모가 되고, 네모와 오각형이 만나 별이 되기도 한다. 또는 다시 동그라미가 된다. 서로의 다름을 인정하고 소통할 때 창조가 일어난다. 다름을 틀린 것이라고 서로 비난하면서 책임을 전가할 때 전쟁은 시작된다. 그때부터는 감정의 노예가 되어 끌려다니는 것이다.

　남편과의 결혼 생활을 통해서 내가 가장 크게 배운 것은 이것이다. 나의 태도가 가장 중요하다는 것. 상대로 향하는 비난을 멈추고 나의 태도를 살펴야 한다. 내가 누군가를 비난하고 있다면 이미 자기 정당화를 하는 것이다. 자기 정당화는 우리를 감정의 노예로 만든다. 이 상태에서 빨리 빠져나와야 한다. 그리고 내가 책임질 몫을 책임지고 상대가 책임져야 할 몫은 남겨둘 때 우리는 비로소 감정의 주인이 될 수 있다.

<감정 주파수 맞추기 실천 로드맵 II>

1. 중요도 낮추기 : 간절히 원하는 것 에너지 균형 맞추기

1) 간절히 바라는 것이나 원하는 것이 '중요도 제로야.' 또는 '나에게 아무 의미 없어.'라고 소리 내어 말하기

예1 : 성적이 잘 나오는 것은 (나에게 중요도 제로야) / (나에게 아무 의미 없어)

예2 : 승진 고과는 (중요도 제로야) / (나에게 아무 의미 없어)

예3 : 돈은 나에게 (중요도 제로야) / (나에게 아무 의미 없어)

2) 내 안에 간절함이나 불안함이 없어질 때까지 중얼거리기

3) 마음속으로 되뇌기

4) 중요도 낮추기를 하면서 내가 원하는 것은 당연하게 이루어지리라 생각하기. 편의점에서 과자 사는 마음으로. 그리고 그것을 위한 작은 실행을 바로 실천하기.

2. '조충평판' 체크 해보기 : 조언, 충고, 평가, 판단

1) 타인을 향한 조충평판 10점 만점의 몇 점?

2) 나를 향한 조충평판 10점 만점의 몇 점?

3) 나는 어떤 유형에 해당하는지 체크 (나와 너 모두 낮은 점수 지향)

– 나와 너 모두 높은 점수

– 너한테만 높은 점수

– 나한테만 높은 점수

– 나와 너 모두 낮은 점수

4) 조충평판의 점수를 낮추기 위한 나만의 전략 세 가지 적어보기

3. 17초 안에 비우기

1) 부정적인 감정이나 생각이 드는 순간 바로 크게 숨을 내쉬기

2) 17초가 지나기 전에 하기. 내 몸에 17초 이상 부정적인 감정이나 생각 간직하지 않기

> 폭이 협소한 스커트처럼
> 편견은 발전의 계단을 잘 오르지 못하게 만드는 것이다.
>
> – 칼 킴비 –

3장

"
감정 거울
마주하기
"

01

자신에게 관심을 갖는 것부터 시작하자

나는 자신에게 얼마큼의 관심이 있는가? 자기 자신에게 가장 많은 관심이 있는 것 같으면서도 어느 순간 보면 가장 소홀하게 취급하고 있다. 나에게 관심 두는 것은 나를 사랑하겠다는 행위적 선언이다. 이때 나르시시즘과는 구별해야 한다. 나르시시즘은 자신만 사랑하는 것이다. 거기에 주변은 없다. 반면 자기 사랑은 나도 사랑하지만 남도 존중하는 태도다.

나르시시즘은 자기합리화를 가속한다. 자신이 가장 잘나고 완벽하다는 생각에 빠져 자기 객관화가 안 된다. 자기 자신을 객관적으로 직면할 힘이 없는 것이다. 오만한 삶의 태도는 '자신은 옳고 다른 사람은 틀렸다'

가 되어버린다. 상대방을 인격체로 보기보다는 대상화시켜버린다. 자신이 아닌 타인의 잘못으로 모든 것을 돌리기 위해서 자기합리화가 시작된다.

　나르시시즘은 얼핏 보면 자신한테 관심이 많은 것 같지만 진실한 자신의 모습은 마주하지 않는다. 거짓된 자기 사랑이다. 다른 사람과 소통하지 않을 뿐만 아니라 자기 스스로와도 소통하지 못한다. 자신과 유리된 채 독백만 중얼거릴 뿐이다. 나르시시즘인지 아닌지 간단하게 알 방법이 있다. 자신에 대한 객관적인 평가와 측정을 받아들일 수 있는지 그 여부를 판단해보는 것이다. 나르시시즘에 빠져 있으면 객관적인 평가가 용납이 안 된다. 평가를 자신이 잘못되었다는 비난처럼 느낀다. 그럴수록 오히려 고개를 뻣뻣하게 들고 상대가 틀렸다고 손가락질하곤 한다.

　나르시시즘과 반대로 열등감에 빠져 있어도 진정한 나에게 관심을 가질 수 없다. 열등감은 비교에서 시작한다. 다른 사람에 비해서 뒤떨어진다는 생각에 움츠리게 된다. 자신을 무가치하고 무능력한 존재로 여기며 무의식 속에서 자기를 부정한다. 진실한 자신의 감정과 대면할 용기와 에너지가 없다.

　나르시시즘과 열등감 모두 건강하게 자신과 관계 맺기가 안 된다. 이것은 삶을 대하는 태도의 문제와 직결되어 있다. 현장에서 상담하고 훈련하면서 느낀 것은 삶에 대한 올바른 태도가 전부라는 것이다. 삶에 대한 태도가 올바를 때 비로소 진정한 나를 마주하는 출발 선상에 섰다고 할 수 있다. 중간에 어떤 시련이나 고통이 와도 올바른 삶의 태도는 나를 단단하게 버티도록 해준다. 그래서 끝까지 바르게 걸어갈 힘이자 원동력이 되는 것이다. 이것만큼 중요한 것이 없다.

올바른 삶의 태도는 남을 비난하거나 공격하지도 않고, 자기를 비하하지도 않는다. 그저 어떤 상황에서도 자기 자신에게 진정성이 있는가를 살핀다. 자기 정당화를 용납하지 않는 태도다. 인간은 누구나 자기 결정권을 가지고 있다. 유전적·환경적 영향을 받아 형성된 고유한 자기 결정권 말이다. 자기 자신 안에서 '이것이 옳다.'라고 반짝이는 센서를 누구나 가지고 있다. 인간이면 통용되는 보편타당한 것도 있겠지만 유전적·문화적 영향으로 고유하게 길러진 것도 있다. 그런데 누구나 자기 결정권이 있다는 것을 인정하면서도 이것이 같을 것으로 생각한다. 그 순간 서로 갈등과 혼선이 발생하게 된다.

읽던 책을 잠시 내려놓고 손을 깍지 껴보자. 어떤 사람은 왼손 엄지손가락이 위로 올라가고 어떤 사람은 오른손 엄지손가락이 올라갔을 것이다. 확률은 반반이다. 습관적으로 끼던 것과 반대로 깍지를 껴보자. 예를 들면 왼손 엄지손가락이 위로 올라온 사람은 오른손 엄지손가락이 위로 올라오도록 하고 오른손 엄지손가락이 위로 올라온 사람은 왼손 엄지손가락이 위로 올라오게 한다. 전체적으로 깍지를 바꾸어 껴보는 것이다.

그리고 편안한지 불편한지 살펴본다. 이 활동을 한 후 느낌을 물으면 사람들 대부분이 불편하다고 답한다.

다른 활동을 하나만 더 하도록 하겠다. 이번에는 팔짱을 끼는 것이다. 손깍지와 마찬가지로 우리는 습관적으로 위로 올라오는 팔이 있다. 나는 손깍지도 팔짱도 모두 오른쪽이 위로 올라온다. 하지만 사람마다 다 다르다. 팔짱도 평소에 끼던 것과는 반대로 껴보자. 아마도 손깍지보다 더 불편할 것이다. 실제 현장에서 활동을 해보면 팔짱을 바꿔 껴보라고 했을 때 "내 몸인데도 어떻게 해야 하는지 모르겠어요. 말을 안 들어요."라는 반응을 보인다. 우리 몸인데도 어색한 것이다.

강의나 집단 상담 때 모두 팔짱을 끼도록 요청한다. 그리고 내가 왼쪽 팔이 위로 올라온 사람에게 다가가서 "저처럼 오른쪽이 위로 올라오게 껴야죠. 틀렸잖아요. 빨리 오른쪽 팔을 위로 올리세요."라고 말하면 어색하게 미소 지으며 오른쪽으로 올린다. 일부의 사람들은 "싫어요. 이것이 왜 틀려요?" 하며 거부 의사를 표현한다. 이 활동 후 나는 사람들에게 질문한다. "제가 지금 한 행동이 옳은가요? 옳지 않은가요?" 이렇게 물으면 사람들은 백발백중 옳지 않다고 답한다.

그런데 우리의 소통은 대부분 이런 방식으로 한다. 상대방이 살아온 습관과 특성은 무시한 채 오로지 내가 맞으니까 틀렸다고 말하는 것이다. 타인의 자기 결정권에 대한 태도도 마찬가지다. 각자 고유의 자기 결정권이 있음을 인정해주어야 한다. 틀린 것이 아니라, 다른 것이다. 이 말은 너무 많이 들어 익숙하다. 하지만 일상생활에는 거의 스며들지 못한 문장이다. 그 사람의 신발을 신고 오래 걸어보지 않고서 함부로 그 사람에 대해 말하지 말라는 인디언 속담이 있다. 우리는 그 사람의 신발 근처에도 가지 않고 함부로 말하곤 한다.

자신이 어느 손가락이나 팔을 위로 올리는지조차 자각하지 못하고 살 때가 많다. 그만큼 나에 관한 관심이 없다. 스펙을 쌓고, 집을 사고, 돈을 버는 것에는 관심은 많지만 정작 그것의 주체인 나에 관한 관심은 적은 것이다.

내가 행복하고 풍요로워지려면 무엇이 필요할까? 2003년에 노인들 천 명을 직접 인터뷰해서 『아범아 어멈아 니들이 내 맘을 아니?』라는 책을 냈었다. 그때 노인들에게 노년이 돼서도 행복할 수 있는 행복의 열쇠를 물었다. 대학생들에게 이와 똑같은 질문을 하면 1위는 거의 동일하게 '돈'이라고 답한다. 대학생뿐만 아니라 젊은 사람들은 대부분 행복의 열쇠 1위가 돈이다. 그런데 노인들은 달랐다. 노인들의 행복 열쇠 1위는 건강이다. 2위가 돈이다. 그다음으로 가족, 친구, 취미, 종교 순으로 나왔다.

여러분이 스스로 생각하는 행복의 열쇠는 무엇인지 찾아보자. 무엇인가? 이것을 찾는 것부터 나 자신에게 관심을 두는 것이 시작된다. 연애할 때를 생각해보자. 우리는 상대방이 무엇을 좋아하는지, 무엇을 싫어하는지, 어떨 때 웃고 찡그리는지 모든 초점이 상대방에게 가 있다. 나와 연애한다고 생각하고 내가 무엇을 좋아하고, 싫어하며, 잘하고, 못하는지 찾아보자. 이 책을 읽는 것을 잠시 멈추고 노트를 펼쳐 적어보라. 항목별로 몇 개나 적을 수 있는가? 그동안 내가 얼마나 나한테 관심이 있었는지 아니면 소홀했는지 단적으로 드러날 것이다.

이것과 함께 버킷리스트도 적을 수 있을 만큼 적어보자. 나는 자신에게 관심이 많다고 생각했는데도 이 두 작업이 쉽지 않았다. 특히 버킷리스트는 12개 정도 적으니 생각나는 것이 없었다. 하루씩 조금 더 채워나가니까 40개 정도 채워졌다. 누군가가 나에게 선물을 공짜로 주겠으니 받고 싶은 선물 목록 리스트를 적어달라고 하는데도 주지 못하는 꼴이다. 그만큼 나하고 친하지 않았던 모양이다. 우주는 우리에게 공짜로 선물을 줄 테니 구체적인 선물 리스트를 작성하라고 한다. 그 후 의심하지 말고 당연히 받을 것으로 생각하고 그것을 위해 실행하라고 한다. 그런데 우리는 내가 무엇을 원하는지도 모르는 것이다.

내가 원하는 것이 무엇인지 구체화하기 위해 좋은 방법의 하나가 보물지도를 그리는 것이다. 모치즈키 도시타카가 지은 『보물지도』라는 책에 자세히 나와 있지만, 자신의 소망이나 꿈을 사진과 이미지로 시각화하는 작업이다. 코르크 보드나 전지 등에 자신의 버킷리스트들을 시각화하면 자신에게 더 관심 두고 집중하게 된다. 흐릿하고 희미했던 버킷리스트들이 선명하게 다가오며 나 자신과도 한 걸음 더 친해지게 되는 것이다.

그 누구도 아닌 자기 자신에게 관심을 두는 것부터가 시작이다. 자기 자신과 연애에 빠져보자. 내가 무엇을 좋아하고 바라는지 구체적으로 생각해보는 것이다. 자기 내면으로 시선을 돌릴 때 비로소 행복과 풍요의 출발점이 선 것이다. 이때 가장 중요한 것이 올바른 삶의 태도다. 올바른 삶의 태도란 자기 정당화와 자기합리화를 하지 않고 책임지는 태도다. 자신에게 진정성 있는 자세가 나를 가장 존중하는 것이다. 그래야만 나와 깨끗이 소통을 할 수 있다. 나의 감정과 솔직하게 직면하는 순간 미지의 세계를 함께 여행할 감정이라는 동반자를 만나게 될 것이다.

내 안에 또 다른 나에게 말 걸기

칼 구스타프 융은 이렇게 말했다. "살면서 누릴 수 있는 최고의 특권은 진정한 자기 자신이 되는 것이다." 〈가시나무 새〉 노래 노랫말처럼 내 속엔 내가 너무도 많다. 이 무수한 나를 만나면서 자기 자신이 되어가는 것이 그 무엇보다 중요하다고 칼 융은 말하고 있다.

미국의 심리학자 조셉 루프트와 해리 잉햄이 1955년에 발표한 이론인 '조하라의 창'에 보면 너도 모르고 나도 모르는 영역이 있다. 이 영역을 탐색해가는 것이 칼 융이 말한 자기 자신(self)이 되어가는 과정이다. '조하라의 창'은 대인관계에 있어서 자신이 어떻게 보이고 어떤 성향을 보이는지 파악할 수 있도록 한 심리학 이론이다. '조하라의 창'은 총 네 개의 영역으로 구분된다.

　첫 번째 영역은 나도 알고, 너도 아는 영역이다. 이름이나 직업, 외모적 특징 등 일반적으로 나와 타인이 모두 알고 있는 영역이 있다. 나도 타인도 공통으로 인식하고 있는 나에 해당한다. 사람에 따라 이 영역이 넓은 사람도 있고 좁은 사람도 있다. 자기 자신이 열려 있는 상태다. 열려 있으므로 나도 타인도 그 속을 볼 수 있다. 이 영역이 넓으면 자유롭다. 숨길 것이 별로 없기 때문이다.

　두 번째 영역은 나는 알고, 너는 모르는 영역이다. 내가 인식하고 있는 나다. 나를 어떻게 인식하고 있는가에 따라 우리의 행동과 태도는 달라진다. 타인은 모르고 나만 인지하고 있는 영역인 것이다. 우리는 한 이불을 덮고 자는 배우자에게도 말하지 않는 비밀들이 존재한다. 굳이 상대에게 밝힐 필요가 없는 내가 존재한다. 그런데 이 영역이 열등감과 연결되어 있는지 잘 살펴보아야 한다. 밝히고 싶지 않은 수치심으로 남아 있는 경우 이것은 나를 옭아매는 덫이 될 수 있다. 앞 장에서 서술한 대로 우리 안에 수치심이 존재하는 이유가 있다. 이득을 찾기 위해 '수치심을 느끼고 싶다'로 문장을 바꾸어보자. 무엇 때문에 그런지 구체적으로 생각해보면 대부분 완벽해지고 싶기 때문이다. 완벽해지고 싶은 이유를 구체적으로 살펴보면 사람들에게 인정받고 싶은 것이다. 더 멋지게 보이고 싶어 이 영역을 의도적으로 감출 때가 있다. 그러면 자신의 행동반경이

좁아지고 스스로 감옥에 가둔 꼴이 된다.

세 번째 영역은 나는 모르고, 너는 아는 영역이다. 타인이 인식하는 나다. 나는 잘 모르고 있지만, 타인이 보는 내 모습이다. 두 번째 영역인 내가 인식하고 있는 나와 세 번째 영역의 간극이 클수록 우리는 혼란스럽고 힘들다. 타인이 나를 어떻게 인식하는지 모를 때 내 방식만 고수하거나 안하무인이 되는 경향이 있다. 자장면을 먹으면서 얼굴에 묻혔는데 나만 모르고 돌아다니는 상태다. 그렇게 되면 내 눈에 더 큰 들보가 있는데도 상대방 눈에 있는 티끌을 지적하기 쉽다. 식사한 후 고춧가루가 이 사이에 끼었는지 거울을 보는 것처럼 타인이 나를 어떻게 생각하고 있는지 들여다보아야 한다. 내가 생각하는 나와 타인이 생각하는 나의 간극을 인식하는 작업이 필요하다.

네 번째 영역은 나도 모르고, 너도 모르는 영역이다. 진정한 미지의 세계다. 내 어떤 면이 어떻게 튀어나올지 알 수 없다. 흥미진진하면서도 겁나는 영역이다. 우리는 죽을 때까지 이 영역을 탐사해야 한다. 어떤 면에서 이 미지의 세계를 발견하고 확장하기 위해서 우리는 세상에 태어난 것이라고 해도 과언이 아니다. 이 안에 진짜 내가 있다.

강의나 집단 상담을 할 때 종종 "당신은 누구십니까?"라는 질문을 한다. 한 사람에게 같은 질문을 열 번 빠르게 반복해서 묻는 활동이다. 둘씩 짝을 지어 활동하기도 하고 그룹으로 진행하기도 한다. 이때 열 번의 다른 나를 빠르게 대답하는 것이다. 이것을 잘하는 집단은 개수를 스무 개 이상으로 늘려서 하기도 한다. 하지만 대부분 힘들어한다. 열 개를 빠르게 답하는 사람도 있지만 두 개에서 세 개를 이야기하고 한참 침묵하는 예도 많다. 예를 들어 "나는 남자(여자)입니다.", "나는 남편(아내)입니다." "나는 아버지(엄마)입니다."라고 말한 뒤 답을 못하는 사람들도 꽤 많다. 사는 것이 바빠서 나를 마주할 시간이 없었던 탓이다. 그럴 경우, 등대의 불빛을 잃어버린 바다 위의 배처럼 인생에서 표류하기 쉽다. 좌표를 잃고 헤매는 삶이 되어버리는 것이다.

현실요법 창시자인 윌리엄 글라서의 욕구 이론을 살펴보면 인간은 생존, 사람과 소속감, 힘과 성취, 자유, 즐거움 이 다섯 가지 요소가 있어야 행복하다. 다섯 가지가 모두 충족되어야 행복하지만, 유전적·환경적인 요소로 더 강한 욕구가 있다. 이 책을 읽는 독자들도 다섯 가지 욕구 파일을 만들어보자. 그 과정에서 나도 모르고 있던 나를 구체적으로 만날 수 있다. 어떤 욕구를 최우선으로 생각하는지에 따라 스트레스를 받는 지점이 달라진다. 그리고 어떤 방향을 지향하며 살아야 하는지 좌표를 얻을 수 있다. 또 내 옆에 긴밀한 관계의 사람은 어떤 욕구 파일을 지니고 있는지 알게 될 때 상대방을 이해할 수 있는 열쇠 하나를 덤으로 가지게 될 것이다.

첫째는 생존 욕구다. 생존 욕구가 1위인 사람들은 물리적인 환경이 매우 중요하다. 예를 들어 월급과 직원 복지가 좋은 직장에 다니면 다른 것들이 충족되지 않아도 그 직장에 다닐만하다. 생존 욕구의 스트레스 지점은 안정적인 환경이 깨질 때 발생한다. 매달 꼬박꼬박 이백만 원씩 받는 것이 몇 달 돈을 못 받다가 이천 만 원 받는 것보다 좋다. 매달 월급통장에 입금되는 금액이 관계나 업무의 스트레스를 이길 수 있는 유형들이 여기에 속한다. 이들이 심리적으로 건강할 때는 물처럼 담백하고 편안하다. 그러나 스트레스를 받게 되는 수준이 되면 깐깐해지면서 하나씩 따지는 융통성이 사라진 사람이 되게 된다.

두 번째 사랑과 소속감의 욕구가 1위인 사람은 스트레스 지점이 다르다. 이들은 아무리 월급과 직원 복지가 좋아도 상사나 부하직원과의 관계가 안 좋으면 그 직장을 나오고 싶다. 관계 안에서 행복과 안정을 느끼는 유형들이 여기에 속한다. 그 무엇보다 사람들 사이에서 오가는 관심과 사랑이 이들을 행복하게 한다. 이들이 심리적으로 건강할 때는 따뜻하고 타인을 배려한다. 반면 스트레스 상태일 때는 자신이 해준 만큼 받기 위해 집착적으로 변한다.

세 번째 힘과 성취가 1위인 사람은 이 회사에서 자신이 성장하고 발전하는 느낌을 받는 것이 중요하다. 안정적인 월급을 받고 관계가 좋아도 자기 성장이 없다고 느끼면 의미를 찾지 못한다. 성장하고 발전하면서 자신의 영향력이 발휘될 때 행복해지는 사람들이다. 이들이 심리적으로 건강할 때 포용력 있는 리더가 된다. 추진하는 엔진이 남다르다. 이들은 무엇인가 하고자 하는 것을 향해 달려가며 더 높은 곳으로 날아오를 준비가 된 사람들이다. 반면 이 유형의 사람들이 스트레스 상태일 때는 독재자가 될 수 있다. "나를 따르라. 나를 따르지 않는 사람에게는 죽음뿐이다."라고 외치는 독단적인 스타일로 변한다. 사람들을 통제하려고 하고 통제당하지 않으려는 사람들에게 보복하려는 경향을 보인다.

　네 번째 자유 욕구가 1위인 사람은 선택권이 자신에게 있는 것이 매우 중요하다. 누군가 자신에게 이래라저래라 명령하며 통제하기 시작하면 자발성이 뚝뚝 떨어지는 유형들이다. 가끔 힘과 성취를 분명하게 구분하지 못하는 경향이 있는데 이 둘은 다르다. 예를 들어 좋은 것이 있어 다른 사람에게 권유하는 상황을 예상해보자. 힘과 성취가 강한 사람들은 좋은 것을 권했는데 상대방이 거절하면 그 뒤에 재차 다시 권하는 경향이 있다. 반면 자유 욕구가 강한 사람들은 한 번 권했는데 상대방이 'NO' 하면 그 뒤로 권하지 않는다. 그것은 상대의 영역이라 생각하기 때문이다. 자신의 영역만 함부로 넘지 않으면 상관 안 하는 유형이다. 이런 유형들이 심리적으로 건강할 때는 독특하고 개방적이다. 열려 있는 사고로 남들이 잘 생각하지 못하는 독창적인 아이디어를 내기도 한다. 그러나 스트레스 수준에서는 어디로 튈지 모르는 성향으로 사람들을 당황하게 한다.

　다섯 번째 즐거움이 1위 욕구인 경우는 사람이건 업무건 재미가 있어야 한다. 나를 즐겁게 해주는 그 무엇인가가 있어야 직장에 다닐 맛이 난다. 그것이 나를 성장시키지 않아도 된다. 즐거움을 위해서라면 타인이 이래라저래라해도 기꺼이 들어줄 마음이 있다. 단, 지루해지기 시작하면 그 직장에 다니는 것이 곤욕이다. 이들이 심리적으로 건강할 때는 열정적이고 에너지가 넘쳐흐른다. 사람들을 동기부여 시키는데 일가견이 있다. 함께 있기만 해도 즐겁다. 스트레스 수준일 경우에는 산만하고 집중하지 못해, 주변 사람도 혼란에 빠지게 한다.

이해하기 쉽도록 직장이라는 공간을 설정하고 설명했지만, 직장을 인생으로 대치해보자. 내 안의 나는 무엇을 원하는가? 살면서 어떤 지점에서 스트레스를 받는가? 스트레스 상태일 때 내가 하는 행동은 내 안의 내면 아이와 연결되는 경우가 많다. 이것은 뒤에서 구체적으로 다루도록 하겠다.

내 안의 나는 수천 개가 넘게 있는데 하루를 살면서 우리는 고작 몇 명의 나를 만나고 살아가고 있는가? 내 안의 또 다른 나에게 말을 거는 가장 좋은 방법은 감정을 마주하는 것이다.

나 자신에게 "괜찮아!"라고 말해주자

20대 때 헬런 니어링과 스콧 니어링의 스토리는 나에게 놀라움이었고 동경의 대상이었다. 이들은 무려 스물한 살 차이가 나는 부부다. 헬런 니어링은 행동하는 지성인이자 위대한 사상가이고 사회운동가이다. 그녀는 경제학자인 스콧 니어링의 부인이자 인생의 동반자로 유명하다. 이들은 서로를 만나 함께하면서 삶이 완성되었고 풍요로워졌다. 헬런 니어링이 스콧 니어링을 만나 50년의 세월을 함께 한 이야기를 다룬 감동의 책이 『아름다운 삶, 사랑 그리고 마무리』이다.

생텍쥐베리는 이렇게 말했다. "사랑은 서로를 마주 보는 데 있는 것이 아니라 함께 같은 방향을 쳐다보는 데에 있다." 헬런 니어링과 스콧 니어링이 그런 삶을 살았다. 헬런 니어링은 『아름다운 삶, 사랑 그리고 마무리』에서 두 부부의 삶을 이렇게 서술하고 있다. "우리는 한 몸이 아니었으나, 서로 보완하면서 가까이 닿아 있는 평행선 상태로 여행했다. 우리가 같이한 삶, 그 뒤 결혼으로 이어진 생활은 성질이 서로 비슷한 두 영혼의 결합이었다. 폭넓은 공통의 관심사, 비슷한 호기심, 간소하고 건강하며 몸을 쓰는 환경을 좋아하는 것 같은 모든 것이 진실한 결혼 생활을 이루는 사랑을 낳았다. 나는 스콧을 남성으로 사랑했고 그이는 여성으로 나를 사랑했으나, 성이 지배하는 관계는 아니었다. 서로를 극진하게 생각하는 애정은 우리에게 성이 위주가 된 생활, 그 이상의 것을 뜻했다."

내 인생에서 스콧 니어링 같은 사람을 만나고 싶었다. 그러나 내가 헬런 니어링 같은 사람이 아니었기에 남편을 만났다. 연애할 때 나는 남편과 내가 공통의 관심사와 호기심이 있는 비슷한 영혼이라고 생각했다. 예를 들어 앞장에서 설명한 윌리엄 글라서의 행복 욕구 중 자유와 즐거움이 중요한 사람들이라고 느꼈다. 하지만 살아보니 남편은 1위가 힘과 성취, 2위가 즐거움, 3위가 자유인 사람이었다. 남편의 힘과 성취 욕구와 나의 자유의 욕구가 부딪혀 갈등의 파장이 커진 부분이 있다. 남편이 가장 중요하게 생각하는 욕구가 힘과 성취임을 알고 나서 남편이 인생에서 느끼는 상실감의 크기를 조금이나마 더 이해하게 되었다.

남편은 가난했던 시절 우연히 모네의 〈인상 : 해돋이〉를 보고 감명을 받았다. 아버님을 닮아 만들거나 그리는 것을 잘했던 그는 그때 화가가 되기로 마음먹었다. 화가로 성공해서 가난한 집안을 일으키고 가족들을 건사하고 싶었던 꿈이 키웠다. 서양화과에 가고 싶었으나 재수로 인한 심리적 압박감으로 홍대 도자기과에 갔다. 거기서부터 인생이 꼬였던 것 같다. 도자기보다는 그림을 꿈꿨던 남편은 프랑스로 유학을 하러 갔다. 어려운 형편에 간 유학 생활도 녹록지는 않았다. 결혼을 안 하고 집안을 돌보던 둘째 누나의 도움으로 간 유학이었다. 그러나 IMF 외환위기 때 언니가 하던 장사가 어려워지면서 유학을 포기하고 와야만 했다.

프랑스에서 그림이 무엇인지 맛을 알아가는 순간 돌아와야 했기에 좌절감이 상당히 컸다. 그 뒤 인테리어업종 회사와 모형회사에 다니며 돈을 벌었다. 그 시기에 남편을 만났다. 그림에 대한 열정이 아직 살아 있을 때였다. 그러나 삶은 남편을 계속 좌절 속으로 몰아넣었다.

남편은 자신의 인생을 바쳐서 집안을 돌본 둘째 누나에 대한 고마움과 부채감이 항상 있었다. 남편에게 둘째 누나는 부모 같은 사람이다. 남편은 누나가 다시 장사를 시작할 수 있도록 투자했다. 그리고 우리는 귀촌해서 그림 그리고 책 읽으며 살려는 계획을 세웠다. 자급자족하면서 소소하게 들어오는 강의와 상담을 하며 자유롭게 사는 삶을 꿈꿨다. 결혼식도 함께 살 집을 지으면 그 집 마당에서 양쪽 가족들만 하객 삼아 하는 작은 결혼식을 하기로 했다. 매주 데이트 삼아 터전을 일굴 땅을 보러 다녔다. 그때 느낀 것은 함께 살 남자를 고르는 것보다 평생 살 땅을 찾는 것이 더 힘들다는 것이었다. 그러다 섬진강에 반했다. 섬진강 하동 악양에 우리가 살아갈 땅을 찾을 수 있었다. 모든 것이 잘되어나가는 것 같았다.

하지만 하나씩 일이 틀어지기 시작했다. 둘째 누나는 남편이 투자한 금액으로 지방에서 친한 지인과 한정식을 동업했다. 장사는 잘되는 편이었다. 다만 그 건물이 동업한 지인의 것이었는데 경매로 넘어가게 된 것이다. 건물이 경매에 넘어간다고 하자 장사도 어수선해졌다. 가게는 문을 닫게 되었고, 보증금으로 투자한 남편의 돈은 모두 회수할 수 없는 지경에 이르렀다. 직원들에게 줄 밀린 월급 몇천만 원도 남편이 정리해야 하는 상황이었다. 그런 와중에 하동에 집을 지어주던 업자가 돈은 다 받은 상황에서 건물 골조만 올리고 집을 완성하지 않았다. 그 사람을 잡으러 쫓아다니다가 험한 꼴도 봤다. 사람이 집을 짓고 나면 폭삭 늙는다더니 남편이 딱 그 꼴이었다. 당시 남편은 집 짓는 사람 쫓아다니랴 누나 가게 직원들 월급을 적정선으로 합의하며 사과하러 다니랴 정신이 없었다. 우여곡절 끝에 집을 지었다.

작은 결혼식을 하기로 했던 계획이 친정어머니의 반대로 이루어지지 못했다. 그 당시는 작은 결혼식이 지금처럼 유행하던 때가 아니었다. 하나밖에 없는 막내딸이 재취도 아닌데 왜 번듯하게 결혼식을 하지 않느냐는 것이 친정어머니의 주장이었다. 표현은 안 했지만, 가뜩이나 사윗감이 못마땅한 상태였다. 나이든 어머니가 보기에 번듯한 직장이 있는 것도 아니고, 교회에 잘 다니는 것도 아닌 그가 탐탁지 않았다. 친정어머니 생각에서는 딸이 아깝기만 했다. 우리는 결국 친정어머니의 뜻대로 어머니가 다니는 교회에서 결혼식을 올렸다. 결혼은 우리 두 사람을 위한 것인데 시작부터 뭔가가 잘못되어 있었다.

아무 연고도 없는 남편에게 시골 생활은 녹록지 않았다. 나는 서울이나 지방에 기업 강의가 빽빽하게 잡혀있던 때였다. 그러다 보니 집에 남편 혼자 있을 때가 많았다. 시골은 서울과 달리 사생활이 없었다. 밤새 작업하고 새벽에 잠이 들었는데 아침에 문 두드리는 소리가 난다. 문을 열면 동네 할머님이 계셨다. 밭에 잡초 안 뽑고 저리 두면 동네 사람들이 흉본다는 것이다. 여러 가지로 도와주는 면이 많았지만, 종종 사생활이 사라졌다.

시골은 한 번 '이런 사람이다.'라고 여겨지면 낙인이 되어 쉽게 변하지 않는다. 서로 친밀하기 때문일 것이다. 이웃과 갈등 없이 잘 지내거나 타인의 시선에 신경을 쓰지 않을 때 생활이 편했다. 남편은 이 둘 모두가 쉽지 않았다. 친해지다 보니 사소한 갈등도 생겼고, 그에 대해 과도하게 신경을 썼다. 그런 부분이 또 나와 달랐다.

한 공간에 있으면서도 서로 다른 세상을 체험할 수 있음도 경험했다. 나는 귀농이나 귀촌 온 다른 사람들과 함께 보름달 보며 노래도 부르고 시도 낭독하는 생활들이 특별했고 즐거웠다. 남편도 그리리라 여겼는데 아니었다. 남편은 그 당시를 지옥 같았다고 회상한다. 나는 마을에 있기보다는 밖에 있는 시간이 많아 부딪힐 일이 거의 없었다. 반면 남편은 그 안에서 생활하면서 밀접한 관계 속에서 힘겨워했다.

이 모든 일이 일 년 안에 다 벌어졌다. 갑작스러운 생활의 변화와 여러 가지 힘든 상황이 남편에게 몰아쳤다. 이 폭우를 견디던 남편에게 결국 우울과 공황장애가 왔다. 행복해지자고 찾아온 보금자리가 지옥이 되는 순간이었다. 그림도 그리지 않았다. 희망을 버린 남편은 그 자리를 술로 채웠다. 강의가 끝나고 장거리 운전을 해 집에 오면 절망스러웠다. 내가 알고 있던 사람이 사라져버리고 다른 사람으로 바뀐 것 같았다. 내가 알고 있는 온갖 방법으로 접근해보았지만 요지부동이었다. 예술가의 까다로움에 고집스러움까지 더한 남편을 어떻게 대해야 할지 알 수 없었다. 그동안 내가 배운 모든 상담 이론이 무용지물이었다.

남편은 어느 순간부터 혼자 있는 것을 견디기 어려워했다. 자살 충동까지 올라온다고 했다. 궁여지책으로 작은 캠핑카를 샀다. 남들은 캠핑카를 타고 2년 정도 생활했다고 하면 부러워하는데 우리는 생존을 위해 샀다. 지금 생각해도 아찔하다.

천안으로 기업 강의를 하러 가는데 남편에게 갑자기 공황장애가 왔다. 강의를 펑크 낼 수 없는 상황이었다. 남편은 자신을 길에 내려달라고 했다. 119를 불러주겠다고 하자 남편은 자신이 알아서 하겠으니 일단 강의하러 가라 했다. 지체하면 강의 시간이 늦어지는 상황이라 어느 노인정 앞에 남편을 내려주었다. 첫 번째 강의를 마치고 쉬는 시간에 남편을 보러 나왔다. 그때 하얗게 질린 얼굴로 웃으며 손을 흔들던 남편의 모습을 아직도 잊을 수가 없다. 또 한 번은 우울증약과 수면제를 한꺼번에 많이 먹어 가슴이 철렁 내려앉은 적도 있다. 응급처치 후 몸을 가누지 못하는 남편을 캠핑카에 두고 쉬는 시간마다 내려와 살펴보았다. 그때는 정말 삶이 암담했다.

동네 사람 중 몇몇은 남편도 못 고치는 이가 무슨 다른 사람 상담을 한다고 그러냐며 수군거렸다. 그 시절을 어떻게 지나왔는지 모르겠다. 어찌 내 인생에 이런 일이 벌어지는지 누군가를 붙잡고 통곡하고 싶었다. 절망이 나를 붙잡고 땅끝까지 잡아당기는 듯했다.

이 절망의 끝자락에서 나를 지탱해주었던 것은 아이러니하게 나의 일이었다. 사이코드라마와 심리상담이 나를 붙들어주었다. 이런 일들이 오히려 관계 갈등과 감정을 다루는 전문가로 만들어주었다. 이 길고 어두운 터널을 지날 방법을 찾아 헤매는 것이 나의 원동력이 되었다. 밤이 어두울수록 낮의 빛은 찬란하고 밝으리라 생각했다.

그 절망 속에서 나는 나와 내 남편을 향해 "괜찮아! 다 지나갈 거야."라는 말을 마음속으로 끊임없이 되뇌었다. 이때의 '괜찮아.'는 상황을 대충 덮거나 회피하는 의미가 아니었다. 있는 그대로의 상황을 받아들인다는 의미의 '괜찮아'였다. 현재는 고통스럽더라도 시간이 흘러 지나가면 해결될 것이라는 희망이다. 그리고 고통에 삶의 의미를 부여하는 주체적인 과정이다. 절망스럽고, 힘든 상황에서 나에게 "괜찮아!"라고 말하는 것은 일종의 정화 작업인 셈이다.

04

당신은 무엇에 끌리는가?

　'당신은 무엇에 끌리는가?' 이것을 다르게 질문하면 '당신은 무엇을 좋아하는가?'와 일맥상통할 것이다. 사람들은 저마다 취향이 다르다. 각자 자신의 독특한 특성에 따라 호불호가 나뉘고 선호하는 것이 생긴다. 본인이 무엇에 끌리는지 명확하게 알 때 우리의 삶은 그 방향으로 달려간다. 인생의 나침판 역할을 해준다. 내가 무엇에 끌리는지 모르면 인생길을 헤매게 된다. 목적지에 가더라도 만족스럽지 않다. 그것이 내 것이 아니기 때문이다.

　타인의 목표를 내 목표로 알고 살아가면 인생을 낭비하게 된다. 사람들은 저마다 독특한 자신만의 문이 있다. 나의 문을 찾을 때 인생이 펼쳐진다. 그 문은 내가 무엇에 끌리는지 직관적으로 말하는 내면의 소리를 들을 때 열린다.

돌아가신 친정아버지의 꿈은 작가였다. 그래서 작가 하면 가장 먼저 떠오르는 것이 돌아가신 아버지다. 더 정확하게 말하자면 아버지가 못 이뤘던 꿈이다. 어린 시절 안방 다락에는 출간되지 못한 아버지의 원고가 잔뜩 쌓여 있었다. 그 장면이 가끔 그립게 다가온다.

내 위의 두 오빠에게는 살아보니 기술이 최고라며 공대를 권했던 아버지다. 반면 내겐 작가의 길이 어떠냐고 말씀하셨다. 친척 어른들 말에 의하면 6·25 전쟁 당시에 다른 사람들은 숨기 바빴다고 한다. 그런데 아버지는 일어나서 하늘을 관찰했다고 한다. 소설을 쓸 때 자세히 묘사해야 한다면서. 그만큼 글에 대한 열정이 대단했다.

어머니와 연애할 때도 이야기로 어머니를 꾀었다고 한다. 나중에 알고 보니 『햄릿』, 『리어왕』, 『맥베스』 등 셰익스피어 작품이나 『어린 왕자』와 같은 외국 소설을 어머니에게 이야기해준 것이었다. 초등학교밖에 못 나온 어머니는 그 당시 그것이 외국 소설인지도 몰랐다. 아버지가 지어낸 이야기인 줄 알았다고 한다. 목적은 어머니를 꾀려 한 것인데 아버지의 입담이 좋아 동네 사람들이 이야기를 들으러 모여들었다고 한다. 그게 어머니는 싫었다고 했다.

내가 기억하는 아버지는 자상하지만 무뚝뚝하고 말이 없던 분이었다. 그러니 그런 아버지가 잘 상상이 안 될 수밖에.

아버지의 공무원 월급으로는 여섯 식구의 생활이 어려워 어머니는 하숙을 쳤다. 우리 집이 대학가인 신촌에 있어서 가능한 일이었다. 한옥 마루에는 하숙생들이 놓아두고 간 책으로 작은 서재가 만들어졌다. 종교, 사회과학, 교육 등 다양한 분야의 책들이었다. 그곳은 10대 시절 나의 놀이터였다.

초등학교 4학년 때 큰오빠가 데리고 간 광화문 교보문고는 나에게 충격이었다. 큰오빠는 나보다 열두 살 많다. 그 당시 오빠는 대학생이었다. 그 오빠가 커다란 서점에 나를 데리고 간다고 했다. 그때 나는 삐거덕거리는 마룻바닥과 나무 책꽂이로 이루어진, 조금은 낭만적이고 약간 낡은 공간을 상상했다. 막상 가보니 완전히 상상과 다른 새로운 세계였다.

그 후 서점에 간다고 하면 항상 설레었다. 특히 인문학이나 사회과학 책에 손이 많이 갔다. 그 당시에는 지금과 달리 자기계발 코너가 없었다. 지금도 기분 좋았던 그때의 느낌이 남아 있다.

지금의 나를 형성하는 데는 책이 큰 역할을 했다. 콜린 윌슨의 『아웃사이더』, 사르트르의 『구토』, 함석헌의 『뜻으로 본 한국 역사』, A.J. 크로닌의 『천국의 열쇠』, 엔도 슈사쿠의 『침묵』, 헤르만 헤세의 소설들, 다석 유영모 전집, 니체 전집, 크리슈나무르티의 『자기로부터의 혁명』 등이 그것들이다. 그 외에도 비교 종교철학 등의 책을 밤을 지새우며 읽었다. 당시 그로 인해 정신이 고양되었던 기억이 생생하게 떠오른다.

이렇게 책 읽기를 좋아했던 나는 아버지의 말에 따라 제2의 직업으로 작가가 되고 싶었다. 내가 책을 읽으며 감동과 영감을 받았던 것처럼 누군가에게도 그것들을 전해주고 싶었다. 제2의 직업으로 생각했던 것은 작가만으로는 생계를 이어 나갈 자신이 없어서였다. 그때 나의 의도와 초점을 작가에 두고 긍정에너지를 계속 간직했다면, 지금쯤 나는 작가가 되어 있을 것이다. 그것을 요즘에야 깨닫는다.

20대 후반에 사회복지 분야에서 일하며 동아문화센터 소설 반에 들어갔다. 왠지 작가 하면 소설가가 떠올랐기 때문이다. 인문과학책을 더 많이 읽고 좋아했던 내게 소설 쓰기는 조금 버거웠다. 그 당시에는 소설 외의 다른 분야의 작가가 된다는 생각을 하지 못했다. 하지만 한국 순수 소설을 많이 읽지 않았던 나에게는 어려운 작업이었다.

그렇게 3년 정도 소설을 배우다 사이코드라마를 만나게 되었다. 나는 완전히 이 분야에 빠져들어 소설 쓰기를 점차 멀리하게 되었다. 그 당시 계속 소설을 썼다면 문단에 등단하지 않았을까 싶다. 당시 함께 소설을 공부했던 지인 중 포기하지 않은 사람들은 모두 문단에 등단한 작가가 되었다.

하지만 사이코드라마와 상담, 강의, 공연하면서도 계속 작가의 꿈을 품고 있었다. 꿈은 쉽게 사그라지지 않았다. 글쓰기는 노동이고, 지속해서 쓸 힘이 필요하다. 그러려면 내가 좋아하는 분야의 글을 써야지 싶었다. 그때도 내 일과 연관해 글을 쓸 생각은 못 했다. 무협 소설과 SF 소설을 좋아하니까 이런 종류의 글을 써보는 것이 어떨까 하고 생각했다. 아직도 여건이 된다면 이 분야의 글도 쓰고 싶다.

3년 전 문득 20년 넘게 걸어온 내 전문분야와 관련된 책을 내고 싶어졌다. 소설보다는 조금 더 자신감과 의욕이 생겼다. 하지만 마음만 굴뚝같을 뿐 실행으로 연결되지 않았다. 그렇게 시간이 흘러갔다. 내가 몸담았던 분야의 책을 써서 작가가 되겠다는 각오가 색 바랜 채 내 삶의 한 귀퉁이에 버려졌다.

어느날 문득 내가 원하는 것을 구체화하는 명상을 했다. 책을 쓰고 싶은 마음이 다시 강렬하게 올라왔다. 그 순간 책 쓰기에 관한 책을 검색했다. 이 순간은 약간 트랜스 상태였던 것 같다. 책을 읽으며 책 쓰는 방법을 알려주는 〈1일 특강〉을 알게되어 신청했다. 이는 책 쓰기 코칭 과정을 신청하는 것으로 이어졌다. 책을 쓰면서 가장 커다란 유익은 의식의 전환이었다. 네빌 고다드가 『상상의 힘』에서 이렇게 말했다. "인생을 사는 방법은 원하는 대상을 쫓아가는 것이 아니라 소망이 이루어졌다는 느낌을 간직한 채 그것이 우리에게 오도록 하는 것이다." 책을 쓰는 과정은 베스트셀러 자기계발서에서 반복적으로 나오는 이야기들을 실험해 보는 기회였다. 이러한 훈련을 책쓰는 과정 동안 계속 몸으로 실행하며 잠재의식에 자연스럽게 새겨 넣어졌다.

처음에는 솔직히 '이렇게까지 해야 하나?' '이 부분은 나와는 좀 안 맞는데….' 이런 생각을 했었다. 나는 '나와 안 맞다.'라는 단정을 하기 전에 실험하기를 선택했다. 일단 5주간 하라는 대로 하겠다고 마음먹었다. 실험은 정확해야 하므로 되도록 지시사항을 따랐다.

내 삶의 변화는 책을 쓰는 2주차부터 나타났다. 미루기 선수였던 내가 미루지 않고 바로바로 일을 실행하고 있었다. 아침에 눈을 뜨는 것이 오래간만에 설레고 행복했다. 삶의 몰입한 상태로 즐거움과 편안한 느낌이 밀려 들어왔다. 일도 관계도 더 풍요롭게 다가왔다. 전체적으로 삶의 에너지가 변화한 느낌이었다. 의식의 진동이 느껴지는 체험을 맛보았다.

내가 무엇에 끌리는지 유쾌하게 알아차리는 방법을 알 수 있었다. 무엇인가 굉장한 변화가 나를 바꾸는 것이 아니었다. 긍정적으로 생각하며 감사의 댓글을 다는 작은 행동이 변화를 가져왔다. 기분 좋은 느낌을 유지하게 하면서 내가 무엇을 원하는지 더 편안하고 쉽게 알아차리도록 해주었다.

칸트는 이렇게 말했다. "행복의 원칙은 첫째 어떤 일을 할 것, 둘째 어떤 사람을 사랑할 것, 셋째 어떤 희망을 가질 것이다." 칸트 말에 중요한 지점이 '어떤'이다. 무수히 많은 일과 사람, 희망 중 나는 어떤 것을 만나야 할까? 어떤 것은 어떻게 만나야 할까? 결국은 내가 무엇에 끌리는지 알아야 한다. 나와의 진솔한 만남 없이는 '어떤'이 '아무것' 또는 '아무나'가 되어버리기 때문이다.

'결정이 어렵다고?' 감정이 답이다

나도 결정 장애 아닐까? 선택 앞에서 갈팡질팡하는 내 모습을 볼 때마다 이런 생각이 든다. 비슷한 성향을 보이는 동료와 서로 우스갯소리로 "우리는 결정 장애니까!"라고 말하면서 선택을 바로 하지 않고 시간을 끈다. 사소하게 먹는 것부터 프로젝트의 제목을 결정해야 하는 것처럼 큰 것까지.

이것도 저것도 선택하지 못하는 결정 장애라는 말은 최근 우리 사회에 생긴 신조어다. 경영학과 교수 시나 아이예거(Sheena Iyebgar)가 진행한 실험 결과가 재미있다. 한 시식대에서는 잼 여섯 개를 놓고 팔고, 다른 시식대에서는 24개의 잼을 놓고 팔았다. 60%의 사람들이 24개 잼이 놓인 시식대에서 시식했다. 하지만 결과는 놀랍게 정반대였다. 24개의 잼이 있던 시식대에서는 잼이 3%밖에 팔리지 않았다. 반면 6개의 잼이 놓여있던 시식대에서는 매출이 30%나 일어났다.

왜 이런 결과가 일어나는 걸까? 선택지가 너무 많으면 오히려 고르기가 힘들다. 생각하고 고려해야 할 것이 많아 귀찮아진다. 이 많은 것 중에 나한테 적합한 더 좋은 것이 있을 수 있는데 잘못 사면 나중에 후회할 것 같다. 결정하기가 쉽지 않고 계속 망설이게 된다. 그러다 보면 '더 생각해보고 나중에 사자.'라는 결론이 나온다. 과도하게 많은 선택에 상황 속에서 이도 저도 결정하지 못하는 소비자들의 심리를 빗대어 '햄릿 증후군(Hamlet Syndrome)'이라고 부른다.

나는 어렸을 적부터 자장면을 좋아했다. 그런데 어느 순간부터 중국집에 가면 자장면을 먹을지 짬뽕을 먹을지 고민을 했다. 망설이다 짬뽕을 선택한 날은 열에 여덟은 자장면을 먹을 걸 하고 후회한다. 그러면서도 같은 상황이 오면 또 고민했다. 전혀 고민할 여지가 없는 것인데도 말이다.

초등학교 때 인하공대를 졸업하는 큰오빠 졸업식에서도 자장면을 먹겠다고 고집 피우며 울었던 나인데 말이다. 나는 의례 졸업식 하면 자장면을 먹는 줄 알고 기대했었다. 그런데 오빠의 졸업식 때 회를 먹는다는 말에 정말 속상했었던 기억이 난다. 지금도 회가 싼 편은 아니지만 1980

년도에는 회가 지금보다 훨씬 더 고급 음식이었다. 다른 식구들은 나를 달랬다. 하지만 기대를 잔뜩 했던 내 마음이 풀어지지 않자 나중에 나만 자장면을 시켜줬던 기억이 난다.

그때는 그렇게 확고했던 선택이었는데 커가면서 그것이 왜 흐려졌을까? 다른 사람들과 함께 식사해야 할 때마다 아무거나 먹겠다고 답하는 나를 발견한다. 먹는 것조차 선명하게 선택하지 못하는데 삶의 다른 무수한 것들을 어떻게 명료하게 선택한다는 말인가?

인생은 크고 작은 선택의 연속이다. 이 무수한 선택으로 나라는 사람이 만들어진다. 결정을 못 한다는 것은 내 삶이 굳건하지 못하고 흔들린다는 것이다. 내가 무엇을 좋아하는지 명료하지 않다는 것이다. 자신에게 확신이 없다는 말과도 같다. 그러면 자신만의 목표나 꿈도 찾을 수 없다. 인생이라는 여정을 걸어가는데 커다란 밑그림을 그리지 못하고 갈팡질팡한다. 같은 자리를 맴돌 수도 있고 가던 길을 다시 되돌아올 수도 있다.

바딤 젤란드는 『리얼리티 트랜서핑』에서 자신의 문을 찾는 방법을 간단하게 설명한다. 옷을 사러 갔을 때 첫눈에 '아! 내 것이다.'라고 느껴지는 것이 바로 자신의 것이다. 브랜드나 가격을 신경 쓰지 않고 그냥 직관적으로 보자마자 내 옷이라 생각되는 그것 말이다. 이러한 직관이 우리를 지나가도 자각하지 못하는 경우도 많다. 직관이 '이것이 바로 네 옷이야.'라고 쓱 말해주었지만 바로 같이 온 친구가 별로라고 말하거나 가격표를 보는 등의 행위로 금방 이 소리를 놓치고 만다.

우리가 결정하지 못하는 것은 감각이나 감정의 소리를 듣지 않고 계산하기 때문이다. 머리로 너무 많은 실익을 따진다. 이성은 자동차를 탄 손님이다. 운전자는 저 깊은 곳에서 오는 직관이다. 내 안에 있는 목소리가 운전자고 내 육체가 자동차다. 손님은 그저 창밖을 보면서 풍경을 즐기면 된다. 그런데 대부분 이성이 운전하려고 든다. 그러니 거기서부터 말썽이 생긴다.

내 안의 소리는 감각과 감정으로 연결된다. 이 소리를 듣지 않고 머리로 한 결정은 대부분 결과가 좋지 않다. 강의할 때 참가자들에게 자주 물어보는 질문 하나가 있다. 우리가 인생에서 중요한 결정을 할 때 머리로 해야 할지 몸으로 해야 할지 묻는다. 그러면 대부분 머리라고 답한다. 왜 머리로 결정해야 한다고 생각할까? 논리적이고 합리적으로 결정해야 후회하지 않는다고 생각한다. 이치를 따지게 된다. 그러면 우리 내면의 속삭이던 소리는 사라진다. 머리나 이성은 합리적이고 논리적인 것을 좋아하지만, 영혼은 그렇지 않다. 여기서 영혼은 우리의 잠재의식 또는 무의식을 말한다.

이성, 논리, 질서, 불변 등의 개념을 감정, 비논리, 혼돈, 변화보다 더 비중 있게 생각한다. 이런 개념이 자리 잡게 된 데는 근대화 과정을 거치면서 서양화되어 우리의 사유체계가 서구화된 것이 그 이유에 한몫한다. 하지만 머리는 분석해서 옵션을 제공해주는 역할을 하는 것이지 결정을 하는 기관이 아니다. 머리로 결정했을 때는 진짜 자신이 원하는 결정이 아닌 타인이 원하는 결정을 하기 쉽다. 사회에 거대한 파도에 휩쓸려 자신은 사라져버린다.

뇌를 크게 세 부분으로 나눌 수 있다. 목 뒤 바로 위쪽에 있는 뇌간이다. 뇌간은 파충류의 뇌라고 부른다. 감각을 담당하기 때문이다. 감각은 우리를 생존하도록 도와준다. 감각으로 정보를 인식한다. 감각은 본능적으로 위험요소를 알려준다. 감각은 비논리적이다. 비논리적인 감각이 우리의 생존에 가장 크게 이바지하고 있다.

그다음 중간에 있는 뇌가 변연계다. 변연계는 포유류의 뇌라고도 한다. 감정을 담당하기 때문이다. 고양이나 강아지에게 감정이 있는 것은 포유류이기 때문이다. 동물농장을 보게 되면 학대 경험이 있는 강아지의 공포와 두려움을 생생히 볼 수 있다. 자신을 버리고 가 옆에 없는 주인을 그리워하며 길거리에서 하염없이 기다리는 강아지도 있다. 주인이 우울하면 같이 우울증에 걸리는 고양이도 볼 수 있다. 이렇게 포유류는 감정이 있다. 그것을 담당하는 뇌가 변연계인 것이다.

마지막 세 번째가 대뇌피질이다. 신피질이라고 불리는 이 부위는 인간의 뇌다. 인간만이 유일하게 가지고 있다. 분석, 분류, 판단을 할 수 있는 부위다. 근대 이후로 사람들은 뇌의 신피질을 우상시할 정도로 중요하게 생각해왔다. 과학을 중심으로 한 근대의 발전이 신피질에 의해 발전했기 때문이다. 공부를 잘한다는 것도 바로 이 부위의 능력을 말한다.

강남에 있는 어린이집 원장님의 말이 떠오른다. 강남의 엄마들은 이제 겨우 첫돌 지난 아이를 어린이집에 맡기면서 아이의 인지능력을 발달시켜달라고 부탁한다는 것이다. 그 시기에는 인지능력이 아니라 감각 능력이 중요한데도 말이다. 감각 능력이 길러져야 생존할 수 있고, 그 시기야말로 다섯 가지 감각으로 세상을 받아들이는 시기인데, 인지능력이 웬말인가? 그만큼 우리의 시각은 편향되어 있다.

머리는 옵션을 제공하는 것이고 선택과 결정은 몸이 해야 한다는 말을 풀어서 설명하면 다음과 같다. 예를 들어 우리가 집을 사려고 한다. A 아파트는 곧 지하철 하나가 더 개통되어 역세권이 될 것이다. B 아파트는 학군이 좋아 집값이 더 오르면 올랐지 떨어지지 않을 것이다. C 아파트는 주변에 쉴 수 있는 공원이 있다. 이렇게 정보를 취합하여 분석하는 것이 머리의 역할이다.

머리의 분석과 평가가 끝난 뒤 결정은 몸이 해야 한다. 충동적으로 내키는 데로 하라는 것이 아니다. A, B, C 아파트에 직접 가 보았을 때 내 몸과 마음이 가장 편안한 곳이 어디인지를 살펴보아야 한다. 그리고 집에 돌아와 세 곳을 하나씩 떠올리면서 거기에 있는 나를 구체적인 이미지로 그려본다. 즉각적으로 가장 좋고 편안한 것을 느낄 수도 있다. 모호하면 명료해질 때까지 일주일 또는 길면 한 달까지도 살펴보아야 한다. 중요한 결정일수록 특히 더.

그러나 우리는 그렇게 결정하지 않는다. 내 마음은 C 아파트가 끌린다고 말해도 "미쳤어! A나 B 아파트는 사면 오르는데 무슨 소리야!"라고 소리치는 머리에 꼼짝하지 못한다. 이렇게 결정한 것들은 세월이 흘러서 살펴보면 결과가 생각만큼 좋지 않다. 돈을 벌지언정 마음고생을 하던지 다른 대가를 치르는 경우가 다반사다.

강의할 때 우스갯소리로 마흔 이상 된 사람은 나를 비롯하여 모두 망했다고 말한다. 그 이유는 오감각이 막혀버렸기 때문이다. 무엇을 편안해하는지 알아차리려면 오감각이 깨어 있어서 감정으로 전달되어야 한다. 그런데 어렸을 때부터 인지능력만 강조하고 공부해온 사람들의 오감각 파이프가 막혀버린 것이다.

결정이 어려운 이유는 후회하지 않는 선택을 하고 싶기 때문이다. 후회하지 않는 선택을 하려면 머릿속으로 따지는 실익이 아닌 감정을 만나야 한다. 감정을 제대로 만나려면 감각이 열려 있어야 한다. 그렇지 않으면 순간적으로 감각이 열려 감정이 찾아와 속삭여도 머리가 시끄럽게 계산하고 따지며 떠들어대는 소리에 사라져버린다. 인생에서 중요한 결정부터 사소한 결정까지 감정을 만나 그 소리를 들어야 한다. 그리고 그 소리에 항복하고 따라야 한다. 그럴 때만이 진정한 자신을 찾아가면서 후회하지 않는 삶을 살 수 있다.

06

감정의 두 얼굴

조용필이 부른 〈그 겨울의 찻집〉 노랫말에 '웃고 있어도 눈물이 난다.'라는 말이 있다. 겉으로는 웃고 있지만 속은 곪고 있는 경우가 많다. 우리 대부분 진짜 감정을 드러내고 살지 못한다. 그러다 보니 어느 순간 내 진짜 감정이 무엇인지 잃어버리게 된다. 감정의 혼란이 찾아온다. 가짜 감정을 내 것이라고 믿어버린다. 불편하고 위험한 '진짜 감정'은 만나지 않고 안전하다고 느끼는 가짜 감정만을 자기 것으로 생각한다.

가짜 감정은 습관화되어 내 몸의 일부가 된다. 그러면 진짜 감정이 들어설 공간이 없다. 무의식으로 숨게 된다. 절대 사라진 것이 아니다. 그것이 다른 방법으로 표출된다. 음지에서 피어나기 때문에 건강하지 않은 방식으로 작용한다. 그러면 삶이 꼬이게 된다.

많은 내담자가 자신의 진짜 감정을 느끼지 못하는 경우가 있다. 바꿔서 말하면 진짜 감정을 느끼고 싶어 하지 않는다. 두렵기 때문이다. '무엇이 두려워서 표현하지 못하냐?'고 물으면 거의 많은 사람이 같은 대답을 한다. '표현하고 나면 무너져 버릴 것 같다' 또는 '지금의 삶을 지속해서 살지 못할 것 같다'이다. 이 말은 현재의 삶을 바꾸고 싶지 않다는 것이다. 변화에 대한 공포로 진짜 감정을 보고 싶지 않은 것이다. 항상성의 법칙으로 우리는 현재 괴롭더라도 그것을 유지하고자 한다. 변화를 싫어한다.

애정표현을 제대로 하지 못해서 자꾸 연인과 헤어지게 된다는 내담자가 찾아왔다. 상담 과정 중 자신의 내면 아이를 만나 '사랑해', '고마워'를 표현하도록 했다. 내담자는 끝내 표현하지 못했다. 너무 쑥스럽고 낯간지럽다는 것이다. 특히 남자 내담자들에게서 많이 나타나는 특성이다. 감정을 표현하면 자신이 약한 사람으로 여겨질 것으로 생각한다. 그는 표현하지 못한 것이 아니라 표현하고 싶지 않은 것이다. 그림을 그려서 본인을 표현해보라고 했을 때 차가운 얼음에 갇혀 아무 표정도 없는 모습을 그렸다. 이런 내담자들은 자신과 직면하려고 하면 교묘한 방식으로 도망간다. 적극적으로 열심히 하는 듯하지만, 마지막에 뒤로 물러서곤 한다.

감정을 표현하기 어려워했던 그는 이혼한 부모에 대한 원망이 많았다. 그가 세 살 때 이혼한 어머니는 한 번도 찾아오지 않았다. 그 후 아버지가 새어머니라고 데려온 사람만 다섯 명이었다. 아버지는 그에게 관심이 없거나 폭력적이었다. 초등학교 1학년 때 아버지가 세 번째 어머니를 소개해주었다. 그 어머니는 아버지가 없을 때 그를 방 밖에 나오지도 못하게 했다. 아무 말 없이 숨죽이고 눈치만 봐야 했던 시절이라고 말했다.

지금의 어머니는 그가 중학교 2학년 때 만났다. 내담자 인생에서 가장 오래된 어머니다. 내담자를 잘 키우겠다고 아이도 낳지 않고 헌신했다. 그러나 그녀의 헌신은 엄격함이었다. 매우 부지런하고 사업적이었던 어머니는 항상 조건이 있었다. '교회를 잘 다니면 너는 내 아들이다.', '신학대학을 가야 네가 내 아들이다.' 내담자는 어머니의 말에 따라 신학대학에 갔다. 그러나 자신과 맞지 않아 자퇴한 상태였다.

나를 만나기 전에 다른 상담을 통해 내면에 있는 분노를 만났다. 그래서 현재는 부모님의 집에서 나와 고시원에서 생활하며 아르바이트를 하고 있었다. 부모님과 만나거나 통화를 하면 화만 난다고 했다. 자신의 마음을 이해해주지 못하는 부모님과 완전히 단절할 생각도 하고 있었다. 나를 찾아온 것은 우울과 자살 충동 때문이었다.

THBA(Trauma Healing through Body Self-Awareness)를 활용한 가족 세우기 작업을 위해 친어머니와 아버지에 대한 마음을 떠올리게 했다. 친어머니에 대해서는 아무 느낌이 없다고 했다. 아버지에게는 분노라도 느끼고 있었지만, 친어머니에 대해서는 완벽한 감정 차단이었다. 친어머니에 대해서는 무엇인가 느끼는 것 자체를 거부했다. 왜 느끼고 싶지 않을까?

그의 현재 겉으로 드러나는 감정은 그동안 꾹꾹 억눌러왔던 분노로 표현되고 있었다. 전화만 하면 부모님에게 화내며 싸웠다. 연인과도 어느 정도 친해지면 말다툼을 하거나 일정 거리를 두게 되었다. 당연히 연인과의 관계가 오랫동안 지속해서 이어지지 못하고 자주 바뀌었다.

그가 그럴수록 새어머니는 집에 들어오라고 하고 연인은 자신에게 왜 그러냐며 그를 붙잡았다. 내담자는 계속 잡히고 싶은 것이다. 그래서 화내고 냉담해지는 것이다. 참아왔던 분노가 가짜 감정이라는 말은 아니다. 억눌렀던 분노라는 감정 밑에 또 다른 감정이 숨어 있었다. 그것은 인정받고 사랑받고 싶은 감정이다. 감정을 차단하고 있는 친어머니에 대한 밑 마음에는 어마어마한 에너지가 들어 있다. 처음에는 분노와 원망이 표출되겠지만 더 밑에는 어린아이로 돌아가 마음껏 사랑받고 인정받고 싶은 마음이 있다.

이 욕구가 충족되지 않기 때문에 아예 마음의 문을 닫거나 화만 표현되는 것이다. 성인이 된 상태에서 다시 어린아이로 돌아가 부모에게 사랑받고 어리광 피울 수는 없다. 그 작업은 오로지 자기 자신만이 해줄 수 있다. 그때 내 안에서 화해가 일어난다.

사이코드라마는 진실의 극장이다. 가짜 감정이 아닌 진짜 감정을 마주
할 수밖에 없다. 짧은 시간에 행위로 무의식과 만난다. 그때 거의 주인공
들 대부분이 머뭇거린다. 용기 있게 그 벽을 깨는 사람이 있고 아직 준비
가 안 되어 포기하는 사람도 있다.

부부 문제로 주인공이 된 사람들이 진실의 순간에 머뭇거린다. 진짜
감정을 만나면 지금의 결혼 생활을 유지하지 못 할 것 같기 때문이다. 아
이들도 어리고, 경제적으로 독립도 완전하게 하지 못한 상태에서 진짜
감정을 만나면 감당이 안 될 것 같아 포기한다. 하지만 용기를 가지고 자
신을 마주하는 사람들이 있다.

그녀는 주변을 많이 배려하는 조용한 성격의 40대 중년 여성이었다.
그녀는 전업주부였고 남편은 사업가로 경제적 상태는 넉넉했다. 중학교
와 고등학교에 다니는 두 자녀가 있었다. 겉으로 보기에는 아무런 문제
가 없는 가족이다. 그녀 자신도 큰 문제가 없다고 했다. 단지 요즘 무기
력해지는 것 같아 주인공으로 올라왔다고 한다. 그렇게 말하는 그녀의
눈은 매우 슬퍼 보였다.

자신의 신체나 감정이 되어 이야기하거나 자신을 바라보게 하는 상담
기법들이 사이코드라마나 NLP, 이야기 치료 등에서 많이 활용된다. 그

냥 자신에 관해 이야기하라고 하면 잘 모르겠다고 하거나 말을 하지 못하는 경향이 꽤 있다. 그런데 신체나 감정의 일부를 의인화시켜 말하도록 하면 술술 말한다. 이 경우에도 눈이 되어 이야기하도록 했을 때 무기력할 뿐 문제가 없다고 했던 자기 자신에 대해 완전히 다른 각도로 이야기했다.

그녀 자신과 같은 사람을 관객 중에 뽑게 했다. 사이코드라마에서는 '텔레'라는 용어를 사용한다. 잘 모르는 사람이지만 느낌으로 주인공 역할을 할 사람들을 뽑는다. 자신이나 자신의 신체 일부, 주변 사람들, 수호천사 등 각종 역할을 뽑는데 드라마를 하다 보면 기가 막히게 그 역할에 맞는 사람들을 뽑는다. 사이코드라마와는 접근 방법이 다른 가족 세우기에서도 마찬가지다. 이럴 때 보면 정말 신기하다. 우리 안에 알게 모르게 연결된 에너지장이 존재하는 것이 틀림없다.

"눈아, 너는 지영 씨(가명)를 40년 넘게 봐 왔잖아. 요즘 그녀는 어떤 모습을 주로 하고 있니?"라는 물음에 소파에 멍하니 앉아 있다고 답했다. 소파에 앉아 있는 그녀에게 한마디 하라고 말하자 한참을 응시하는 그녀의 몸이 떨렸다. 울먹이는 목소리로 "이 병신 같은 년아, 왜 그러고 살아!"라고 말했다. 남편은 의처증이 심했다. 그녀의 사소한 것까지도 통제했다. 생활비 통장을 따로 주고 일일이 감시했다. 생활비 통장에서 화장품을 하나 사도 누구한테 잘 보이려고 사냐며 추궁했다. 물건을 집어

던지거나 손찌검을 하는 경우도 잦았다.

그녀는 모든 것을 참아야 한다고 생각했다. 자신만 조금 양보하고 희생하면 아이들도 주변도 모두 괜찮다고 생각해 조용한 미소 속에 모든 것을 묻었다. 꾹꾹 억눌렀다. 어렸을 때부터 친정엄마의 이런 모습을 보고 자랐다. 가난한 살림에도 시동생들까지 키우고 시집보낸 어머니는 항상 자신 하나 희생하면 된다고 입버릇처럼 말했다. 그 모습을 그대로 물려받았다. 조용한 그녀 밑바닥에 있던 남편과 친정 부모에 대한 거대한 분노를 만나 모두 풀어헤쳤다. 그러나 그녀가 가장 미워했던 사람은 자기 자신이다. 병신같이 참고만 살아온 자기 자신에 대한 분노를 또 다른 내가 되어 모두 쏟아냈다.

분노를 쏟아내자 자신을 희생만 하고 살았던 어머니에 대한 연민과 슬픔이 올라왔다. 드라마 안에서 어머니를 만나고 하고 싶은 모든 말을 했다. 여섯 살 때 넘어져 다쳤을 때 엄마 품에 안겨서 위로를 받고 싶었다고 했다. 드라마라는 가상의 공간에서 그녀는 어린아이가 되어 실컷 엄마에게 어리광부리고 사랑받도록 했다. 사이코드라마에서는 내면 아이를 이렇게 직접 만나 충족되지 못한 잉여감정을 가지고 충분히 만족할 때까지 놀도록 한다. 마지막으로 누구를 만나고 싶은지 물었더니 자기 자신을 만나고 싶어 했다. "너는 충분히 사랑받을 자격이 있어. 당당하게 네가 하고 싶은 말을 하면서 살아."라고 말한 뒤 자신을 껴안아주었다.

사이코드라마는 직관적이고 행위적이다. 깊이 가라앉아 있던 진짜 감정이 어느 순간 불쑥 튀어나온다. 지영 씨의 경우 칭찬받고 싶어서 희생했고, 남들에게 잘 보이고 싶을수록 자신이 싫어졌다. '조하리의 창'에 나도 모르고 너도 모르는 미지의 영역을 만나는데 언어 상담은 오래 걸리는 경향이 있다. 몸으로 하는 행위적 상담에서는 이성이나 머리가 막을 겨를 없이 부지불식간에 튀어나온다. 직관적으로 가짜 감정을 파괴해버린다. 그래서 주인공을 자발적으로 뽑아야 한다. 감당할 수 있을 때 진실과 마주해야 하기 때문이다.

그런데 현재 마주하지 않으면 언제 할 수 있을까? 진짜 감정을 만나면 현실이 자연스럽게 바뀐다. 이것을 우리의 무의식은 알고 있다. 그래서 진짜 감정을 만나려 하지 않는다. 현실에서 무엇을 붙들고 싶은가? 고통을 호소하면서도 변화하지 않으려는 이유는 무엇인가? 지금 바로 이 순간 직면하지 않으면 영원히 직면할 수 없다고 봐야 한다. 계속 미루기 때문이다. 용기 있게 마주할 것인가 아니면 계속 피하기만 할 것인가? 당신의 선택에 달렸다.

07
―

감정과 감각의 차이

사전적 의미로 '감정'은 어떤 현상이나 일에 대하여 일어나는 마음이나 느끼는 기분이다. '감각'은 눈, 코, 귀, 혀, 살갗을 통하여 바깥의 어떤 자극을 알아차리는 것이다. 감정과 감각은 긴밀하게 연결되어 있다. 이 두 가지만 제대로 알면 우리의 잠재의식과 연결된다. 나의 감정과 감각에 제대로 접속만 되면 진정한 나를 마주하게 된다. 나도 인식하지 못했던 수많은 이야기를 새벽별처럼 내 귀에 속삭여준다.

감정과 감각 중 굳이 우선순위를 따지자면 감각이 먼저다. 감각은 정서를 불러일으킨다. 사물에서 받은 인상이나 느낌을 알려주기 때문이다.

컴퓨터를 생각하면 쉽다. 먼저 정보가 입력되어야 처리를 할 수 있는 것처럼 감각은 일차적으로 세상의 정보를 입력한다. 취합한 감각의 정보를 바탕으로 감정이 생긴다. 편안하고, 즐겁고, 불쾌하고, 두려운 온갖 감정은 감각 뒤에 찾아오는 것이다. 그렇기에 감각에 집중하고 자각하면 감정을 마주할 수 있다.

감정을 마주해야 행복한 감각과 감정은 우리 몸에 남겨두고 부정적인 감정은 밖으로 내보낼 수 있다. 사람들은 일반적으로 감당하기 어렵고 힘든 감정이 찾아오면 세 가지 중 하나의 반응을 보이다.

첫 번째는 부적절한 저항과 도발이다. 십 대 청소년들을 상담하다 보면 많이 만나는 상황이다. 일단 화내고 부딪히고 반항한다. 안에 있는 분노를 무작정 표출하는 것이다. 이 분노 뒤에는 감정의 두 얼굴에서 말한 것처럼 두려움이 숨어 있다.

두 번째는 회피다. 성인들이 많이 취하는 반응이다. 살면서 반항하고 저항해보았자 달라지는 것은 없고 더 힘들어진다는 것을 알고 전략을 바꾼 것이다. 버겁고 힘드니까 보지 않는 것이다. 소위 눈 가리고 아웅 하는 것이다.

세 번째는 순간 얼어버린다. 너무 큰 충격적인 사건이나 감당이 안 되는 상황이 눈 앞에 펼쳐질 때 우리는 본능적으로 언다. 모든 기능이 마비

되듯 일시적으로 정지 상태가 되는 것이다.

동물들도 마찬가지다. 동물의 왕국을 보면 종종 어린 사슴이 사자의 사냥감이 된다. 이 순간 어린 사슴이 본능적으로 죽은 척하며 움직이지 않는 경우가 있다. 운이 좋으면 죽음의 문턱까지 갔던 어린 사슴은 생존할 기회를 얻는다. 죽은 사냥감을 먹고 싶지 않은 사자가 그냥 지나치기 때문이다.

위험 상황이 지나가면 약한 동물은 깨어나서 반드시 몸을 진동시키며 털어낸다. 몸 안에 남아 있는 공포를 밖으로 빼낸다. 한동안 덜덜 떨며 마비되어 있던 몸을 해동시키는 것이다.

이 행위는 매우 중요하다. 그런데 인간만 이것을 하지 않는다. 굳어 있던 몸을 풀어내려면 감각에 집중해야 하고 그 뒤에 오는 감정을 마주하는 것이 힘겹기 때문이다. 특히 감각은 잊고 살았던 기억을 동반하기 때문에 더 힘들다.

공황장애나 공포증이 있는 내담자를 만나면 감각이 기억과 얼마나 긴밀하게 연결되어 있는지 알게 된다. 예를 들어 개 공포증이 있는 사람들은 개가 짖는 소리만 들어도 식은땀이 나게 마련이다. 그래서 개라는 소리만 들어도 싫어한다.

하지만 개를 싫어하게 된 최초의 순간으로 돌아가면 특정 감각이 작동한다. 개 전체가 무섭고 싫은 것이 아니다. 사람마다 싫은 감각의 포인트가 다르다. 어떤 사람은 개의 눈이 싫고, 어떤 사람은 컹컹 짖는 소리가 두렵다. 또는 손에 닿은 개의 털이나 혀의 감촉을 싫어하는 사람도 있다. 최초에 각인된 감각의 기억이 다르다. 그래서 같은 공포라도 다른 기저의 감각이 발동한다.

나는 여섯 살 때 우물에 빠졌었다. 공포 영화 '링'의 귀신이 될 뻔한 것이다. 어린 시절 우리 집 마당에는 우물이 있었다. 그날 동네 친구 세 명이 놀러 왔다. 친구들은 두레박을 어떻게 사용하는지 궁금해했다. 두레박 사용 방법을 알려주다가 어리고 말랐던 나는 물 무게에 딸려 두레박과 함께 우물에 빠졌다. 그때의 기억은 아직도 남아 있다. 가장 먼저 느낀 감각이 숨이 턱 막히는 느낌과 함께 물에 부딪혔던 촉감이다. 그 뒤에 시커멓던 우물 밑바닥이 기억난다. 나는 우물 밑바닥을 손바닥으로 치고 올라와 우물 양쪽 벽을 손으로 집고 버틴 채 울고 있었다.

꼬마였던 친구들은 놀란 상황에서 얼어버렸다. 누군가 어른을 부르러 가거나 소리를 질러야 하는데 너무 당황해서 얼어버린 것이다. 다행히 할머니가 발견하고 부엌에 있던 어머니가 허겁지겁 뛰어와 나를 꺼내서 살아났다. 친구들이 보인 반응이 전형적인 얼어버리는 반응이다. 전날 비가 많이 와 물 수위가 높았기 때문에 살아났다. 비가 오지 않았다면 어머니가 허리를 굽혀 손을 뻗었을 때 닿지 않았을 거라 했다. 그다음 날 우리 집 우물은 놀란 아버지의 진두지휘 아래 펌프로 바뀌었다.

어깨 소매에 빨간 프릴이 달린 검정 땡땡 무늬가 있는 하얀 원피스를 입고 있던 것까지 생생하게 기억난다. 우물에 빠졌다 살아난 이후 초등학교 3학년까지 세수를 하기 힘들었다. 할머니가 세수를 시켜주거나 고양이 세수를 했다. 얼굴에 물이 닿으면 공포가 올라왔기 때문이다. 머리 위로 덮어쓰는 옷도 입지 못했다. 옷이 코를 가리는 순간 숨이 가빠오고 자지러질 듯 울음을 터졌다. 자동적인 반응이었다. 그 당시 내 옷은 거의 단추나 지퍼가 있는 옷이었다. 버스나 기차를 타고 가다 터널이 나오면 나도 모르게 소리를 지르며 울었다. 그럴 때마다 당황하던 어머니의 얼굴이 지금도 떠오른다. 그 순간 동반되는 것은 숨이 막히는 감각이다. 머리도 고개를 숙이고 감지 못했다. 목욕탕에 가면 할머니나 어머니가 요즘 미용실에서처럼 나를 눕게 해서 머리를 감겨줬다. 그러면 주변 어른들이 애를 저렇게 버릇없이 키우면 안 된다고 했다. 그런 소리를 들으면 창피하고 부끄러우면서도 억울했다.

거기서 끝이 아니었다. 그 감각의 기억은 내 삶에 계속 작동했다. 초등학교 5학년 때의 일이다. 하굣길에 갑자기 비가 왔다. 함께 집으로 돌아가던 친구들과 비를 피하러 공중전화 부스에 들어갔다. 5명 정도가 들어

갔던 것으로 기억한다. 문을 닫게 되어 있는 공중전화 부스였다. 우리가 구겨지듯 들어가 비를 피하는 것을 보고 같은 반 남자아이들이 장난으로 문을 못 열게 막았다. 친구들과 좁은 공간에 있는 것 자체가 숨이 막혀오는데 못 나가게 문을 막자 호흡이 막히며 공포가 올라왔다. 울면서 열어 달라고 했지만, 남자아이들은 그 모습을 더 재미있어하며 문을 열지 않았다. 죽을 것 같은 공포가 올라왔다. 그 순간 어디에서 힘이 솟아났는지 발로 공중전화 부스를 차서 그 두꺼운 유리를 깨버렸다. 공중전화 부스를 깬 나나 주변의 친구들이나 모두 당황했다. 하지만 아직도 기억나는 것은 공중전화 부스 밖에 나왔을 때 느꼈던 시원한 공기의 감촉이다.

그 당시는 나도 내가 왜 그런지 몰랐다. 커서 심리상담을 공부하면서 이해했다. 세수를 혼자 하지 못했던 어린 시절부터 공중전화 부스를 깼던 공포가 우물에 빠진 경험에서 비롯되었다는 것을. 성인이 되어서도 비행기나 기차 화장실 같은 좁은 공간에 들어가기를 꺼리는 것은 마찬가지다. 웬만하면 안 가려고 한다. 문이 안 열릴 것 같은 공포가 엄습하기 때문이다. 엘리베이터도 되도록 타지 않고 계단을 이용한다. 멈출 때 느끼는 공포가 장난 아니기 때문이다. 나의 공포는 호흡과 촉감으로 시작한다. 공포가 올라올 때 감각에 집중하고 감정을 들여다보면 점차 진정되고 숨이 쉬어진다. 그렇지 않으면 안 좋은 생각이 더 많이 떠오르면서 공포의 극한까지 몰고 간다. 왜곡된 생각이 더 강력해지고 감각과 감정도 멋대로 조정한다. 이런 회오리에 휘둘리지 않으려면 감각과 그 뒤에 올라오는 감정을 만나야 한다.

감각은 이렇게 잠재의식 깊숙이 기억으로 각인된다. 감각에 집중하면 기억을 떠올릴 수 있고 그에 딸려오는 감정을 생생하게 마주할 수 있다. 감정을 만나야 부정적인 감정과 잘 이별하고, 긍정적인 감정은 더 깊게 껴안을 수 있는 것이다. 살아있는 나의 감정을 만나려면 감각에 집중하는 훈련을 해야 한다.

감각에 집중하는 훈련은 과거를 정리하고 부정적인 감정을 해소하는 데 도움을 줄 뿐만 아니라 미래를 설계하고 계획하는 데도 효과적으로 작용한다. 감각은 과거의 기억만 불러내는 것이 아니라 상상도 선명하게 떠올릴 수 있기 때문이다.

최신 심리학과 대뇌생리학으로 검증된 가설에 따르면 생생하게 이미지와 비전을 그릴수록 자신이 원하는 삶을 살 수 있다고 한다. 이미지에 감정이 담기면 더 강하게 반응한다. 감각은 상세하고 구체적인 이미지를 떠올릴 뿐 아니라 감정도 함께 불러온다. 이런 면에서 감각은 과거와 미래를 동시에 다룰 수 있는 마법 도구인 것이다.

감각과 감정의 미묘한 차이를 인식하고 일상에 적용할 때 우리의 삶이 달라진다. 감각으로 시작해서 일깨워진 감정을 마주하면 해결되지 못했던 많은 부분이 풀린다. 또한, 감각에 집중하면 무의식적으로 흘러가는 생각을 만날 수 있다. 제멋대로 펼쳐지는 생각을 인지하는 순간, 자신이 원하는 방향으로 움직일 수 있는 열쇠를 손에 넣게 된다. 자세한 감각 훈련 방법은 4장에서 다룰 것이다.

08

감정은 생각하지 않는다

이 글을 쓰려고 하는데 내가 속한 SF소설 카톡 합평반에 글이 하나 올라왔다. '늘 열심히 살려고 노력하는 사람들은 시간이 지나면 지치게 됩니다. 우울증에 걸리고 자살을 시도하는 사람 중 인생을 너무 열심히 산 사람들이 의외로 많습니다. 그렇게 살아온 것에 비해 보상이 너무 작기 때문일까요?'

단체방에 올라온 이 글은 SF 소설가인 윤여경 작가가 썼다. 이 글을 읽으며 많은 생각을 하게 되었다. 태어난 순간부터 우울했던 사람이나 자살하려고 했던 사람은 없을 것이다. 삶이 어느 순간 이렇게 만들어버린 것일까?

유명한 예술가나 사상가 중 우울증이나 신경증에 시달린 사람이 많다. 자살한 사람들도 꽤 된다. 누구나 알고 있는 고흐도 정신적으로 많은 고통을 겪었다. 모딜리아니나 잭슨 폴록은 알코올 중독이었다. 모딜리아니는 술과 마약에 중독되어 결핵으로 죽었다. 잭슨 폴록은 술을 마신 상태로 자동차를 운전하다 교통사고로 죽었다. 추상표현주의 화가로 유명했던 바스키아나 니콜라 드 스탈은 자살했다. 독일의 야수파 화가인 키르히너나 위대한 철학자인 들뢰즈도 자살했다. 이들은 모두 한 시대를 풍미했을 뿐만 아니라, 시대가 흘러도 사람들에게 영감을 주는 예술작품과 사상을 남긴 이들이다. 어떤 면에서 정말 열심히 산 사람들이다.

남편은 니콜라 드 스탈의 작품을 좋아한다. 단순한 선으로 풍경을 담아낸 그의 여백과 붓 터치가 마음에 와닿는다고 한다. 어느 날 남편이 니콜라 드 스탈 사진을 보여주었다. 니콜라 드 스탈의 눈이 공허하고 허무해 보이지 않느냐고 물었다. 그렇게 보니 또 그래 보였다. 사진을 보여주던 남편은 니콜라 드 스탈이 자살한 이유를 알 것 같다고 했다. 추측이지만 그림을 그리며 자신의 세상을 펼쳤는데, 더는 앞이 보이지 않고 나갈 때가 없으면 죽고 싶을 것 같다는 것이다. 자신의 능력을 모두 쏟은 후 충족감과 허무가 동시에 밀려와 죽을 수 있다는 것이다. 그러면 자살을 선택할 수 있다는 말에 여러 가지 생각이 들었다. 예수가 '모든 것을 다 이루었다'고 말한 맥락과 같은 것일까?

이런 생각들로 엉켜 있을 때 소설을 쓰는 친한 언니한테 전화가 왔다. 수다를 떨면서 구원자 콤플렉스에 관해 이야기했다. 누군가를 끊임없이 헌신하면서 돕는 밑바탕 안에 숨겨진 우리의 오만함에 대해. 그리고 해소되지 않은 우리의 갈망을 대리 충족하려는 심리에 관해 이야기했다. 언니도 나도, 쉽지 않은 사람만 골라 사랑하는 경향이 있었다. 지금의 남편도 결코 평범하거나 녹록한 사람이 아닌 것처럼.

언니는 인간으로서 한계의 끝까지 내몰린 자에 대한 연민과 동경을 동시에 가지고 있었다. 배고픔과 가난과 같은 고통의 한계까지 밀어붙여야 일반교양서가 아닌 영혼을 관통하는 글을 쓸 수 있다고 언니는 생각했다. 내가 알고 있는 시나리오 작가 중 한 명은 자신을 사랑해주는 일상적이고 예쁜 사랑을 일부러 버리고 헤어졌다. 그곳에 안주하면 글이 안 써질 것 같다는 것이다.

사이코드라마 스터디 모임에서 미셸 푸코의 『광기의 역사』를 비롯하여 '광기란 무엇인가?'에 관련된 책을 읽고 토론하며 공부했다. 한계상황까지 자신을 몰아붙이는 예술가들의 행위를 광기라 표현해도 좋을 것이다. 광기란 무엇일까? 일반적이지 않고 금기된 영역이다. 나는 이것을 사이코드라마 방식으로 잉여현실이라고 부르고 싶다.

최헌진은 『사이코드라마 이론과 실제』에서 잉여현실을 이렇게 정의했다. "잉여현실이란 어떻게 왜곡되었느냐에 관계없이 인간 각자가 완전히 주관적 방법으로 느끼고 자각하는 인간의 진실이라고 정의한다. 예컨대 우리의 의식, 무의식적 판타지 속에는 절대 일어날 수도, 일어나지지도 않을 많은 사건이 발생한다. 그것은 그 자체만으로 하나의 진실이라고 이야기할 수 있다. 정신병자에겐 망상이나 환각조차도 그에게 있어서는 진실이다. 모레노가 사이코드라마를 진실의 극장이라고 부른 이유도 여기에 있다. 현실적 진위의 판단과 관계없이 사이코드라마에서는 그러한 정신적 진실이 재연되기 때문이다. 그래서 모레노는 잉여현실이 행위화되는 드라마가 현실보다 더 우선권을 갖는다고 말한다."

여기서 말하는 잉여(surplus)라는 말은 마르크스가 말한 잉여가치, 잉여생산 등의 의미가 아니다. 단지 '사용하고 남은 것'의 의미로 해석하는 것이 좋다.

우리는 교육과 문화제도 안에서 끝없는 교류와 만남을 통해 현실에 물들어간다. 하지만 우리 안에 현실로부터 부정되고 인정되지 않은 이미지와 환상이 그대로 내 속에 남아 있게 된다. 이것이 잉여현실인 것이다. 잉여현실은 개념, 관념, 논리에 저항해 현실원칙을 파편화시킨다. 상투화와 습관화에 끊임없이 질문을 던지고 괴롭힌다. 현실의 편견, 무기력, 인습으로부터 해방하게 하는 역할을 한다. 현실 너머의 그것을 보고 표현하는 사람들이 예술가들이다. 나는 이러한 것이 때로 광기로 표출된다고 생각한다. 예술가들은 이 잉여현실을 발견하고 표현하는 사람들이다.

그것이 때로는 가난, 배고픔, 고통과 같은 한계로 나타나지만, 본질은 그것이 아니다. 잉여현실을 표현하는 그들의 행위다. 극한의 한계가 그들에게 통찰력을 주는 것이 아니다. 일반인들이 두려워 보지 못하는 잉여의 영역에 그들은 용기 있고 거침없이 들어간다. 그리고 온몸으로 부딪히다 보니 때로는 그것이 한계를 맞게 되는 상황으로 표현될 뿐이다. 그렇기에 그 결과물이 우리의 영혼을 울리는 작품이 된다.

내 주위에는 예술가가 많다. 작가, 음악가, 배우, 무용가, 영상감독, 미술가, 사진작가 등 내 주변 인물 반 이상이 예술가들이다. 그러다 보니 교육과 문화예술을 연결하는 문화예술 교육 기획도 자연스럽게 하게 되었다. 'N잡러'라는 말이 유행하기 전부터 나는 여러 가지 일을 했다. 예술을 활용한 심리상담과 강의 및 공연을 하다 보니 자연스럽게 사회참여예술과 문화예술교육을 하게 되었다.

기획자로 일할 때는 예술가들과 교사나 지역주민 등을 연결하며 함께 일하게 된다. 그때 이들의 집단이 서로를 이해하지 못하는 경우도 종종 발생한다. 시민단체나 교사들은 가치를 중시하고 사람들이 조금이라도 행복할 수 있는 것에 초점을 맞춘다. 사회정의와 인간의 존엄성의 가치를 옹호한다. 이들은 인간관계 강화 같은 사회적 체계 안에서 사고하고 움직인다. 반면 예술가들은 같은 가치를 인정하면서도 기본적으로 삐딱하다. 성찰을 유도하고자 문제를 일으키거나, 심지어 사람들 안에 긴장을 부추기기도 한다.

사회참여예술가인 파블로 엘게라는 『사회 참여 예술이란 무엇인가』에서 이렇게 말했다.

"대립은 주어진 쟁점에 대해서 비판적인 입장을 취하는 것을 의미한다. 이때 반드시 대안을 제시해야만 하는 것은 아니다. 대립의 가장 큰 장점은 해답을 제시하는 데 있는 것이 아니라 문제를 제기하는 데 있기 때문이다. 예술의 제도적 틀에 초점을 두고 있는 예술가들은 때로는 아이러니와 유머, 도발을 이용하는 전략을, 때로는 노골적으로 적대감을 드러내는 전략을 채택하여 자신의 작업을 통해 권력 구조를 폭로했다."

잉여현실은 신비의 세계이며 신화의 세계다. 초현실의 세계와 가상의 세계로 내면과 대화를 할 수 있으며 상상이 현실이 된다. 확장된 현실 속에서 거대현실(meta reality)이 놀이적 형태로 뛰논다. 이것은 꿈, 백일몽, 환상, 망상과 같은 상상적 요소들과 영감, 영혼, 영원성과 같은 초월적 요소들로 구성되어 있다.

두려움, 수치심, 유치함, 절망감, 불안, 죄의식과 같은 부정적 감정과 긍정적 감정이 차별당하지 않고 함께 공존한다. 원시성, 야만성, 성적본능, 광기를 띠는 요소, 생명력과 같은 본능적 요소들과 충족되지 않은 것들을 포함한 금기의 영역이 함께 존재한다. 멋지지 않은가? 우리도 이런 공간에서 마음껏 뛰어놀 수 있다.

우리가 그러지 못하는 이유를 푸코는 이렇게 말했다. "인간에겐 본성과 같은 것은 없고 존재하는 것은, 오직 언어와 제도의 인공물뿐이다." 논리성과 합리성을 불문율처럼 여기는 우리의 문화가 마음을 조각내고 파편화했다. 그것들이 알게 모르게 인간을 조건 지어 몸 따로 마음 따로, 생각과 감정 따로, 겉과 속이 다른 이중 인간을 만들어냈다.

우리가 만나지 않으면 잉여현실은 평생을 내면에 갇혀 살아야 할 운명이 된다. 일상현실 가운데에서 끊임없이 작동하면서도 언제나 현실원칙, 합리적 이성에 의해서 제지당하고 숨죽여야 한다. 그것은 현실이 허용하는 범위 안에서 자신을 드러낸다. 잉여현실은 온갖 계율과 준수조항을 거느린 이성의 눈을 피할 수 없다. 비록 자신은 솔직하게 만나 표현한다고 해도 타인과 사회는 쉽게 용납하지 않는다. 열등한 것, 미친 것, 광기에 취한 것으로 평가절하하고 무용지물이 되어버린다.

잉여현실의 세계 내에선 어떤 구분도 평가도 법칙도 존재하지 않는다. 그것은 매 순간 지금 이곳에서 표현되기를 소망한다. 잉여현실을 표현할 때 우리의 삶은 창조성과 자발성으로 생명력이 넘칠 것이다. 이것은 생각으로 오지 않는다. 감정을 타고 전달된다.

<감정 주파수 맞추기 실천 로드맵 III>

1. 당신은 누구십니까?

▶ 10개 이상의 다른 나를 적어보기

_____

_____

2. 나의 취향 체크

1) 좋아하는 것 20개 이상 적기

2) 싫어하는 것 20개 이상 적기

3) 잘하는 것 20개 이상 적기

4) 못하는 것 20개 이상 적기

3. 버킷리스트 50개 이상 적기

4. 보물지도 만들기 8단계

(『보물지도』, 모치즈키 도시타카, 은영미, 나라원)

1) A1 크기의 코르크 보드에 보물지도 제목 작성하기

2) 가장 행복해 보이는 자기 자신의 사진 붙이기

3) 소망이나 꿈이 담긴 사진이나 그림 붙이기

4) 지금 당장 할 수 있는 소망이 무엇인지 순서 정하기

5) 꿈이 자신과 주변 사람에게 미치는 영향 생각하기

6) 꿈이 인생 목적과 부합되는지 되짚어보기

7) 구체적인 행동 목표 써넣기

8) 보물지도 장식하기

4. 행복 욕구 파일 만들어보기

1) 생존, 사랑과 소속감, 힘과 성취, 자유, 즐거움 다섯 가지 욕구 순위

정하기

2) 순위를 정한 이유를 각 욕구 옆에 적어보기

> 사랑하는 사람과 사는 데는 하나의 비결이 있다.
> 상대를 달라지게 하려고 해서는 안 된다는 것이다.
>
> – 샬돈느 –

4장

"

감정을 내 것으로
만드는 방법

"

01

자책에서 벗어나 해결책에 초점을 맞춰라

컴퓨터과학(Computer Science) 교수이며, 인간과 컴퓨터 상호작용 연구자인 랜디 포시는 이렇게 말했다. "너무나 많은 사람이 자신들의 문제를 놓고 불평을 하며 인생을 허비한다. 불평하는 데 쏟는 에너지의 10분의 1만 해결에 쏟아도 얼마나 일이 수월하게 풀리는지 스스로 자신도 놀라게 될 것이다."

어디에 주의를 기울이는지에 따라 우리 앞에 펼쳐지는 삶의 경험이 달라진다. 초점을 어디에 두는지에 따라 인식되는 것이 다르다. 문제가 생겼을 때 해결책에 초점을 맞추는 사람은 주변이나 자신을 탓하는 시간이 짧다. 어떻게 하면 해결할 것인가에 더 많은 초점을 맞춘다. '불가능하다.'라는 생각 자체를 하지 않는다. 해결책을 찾지 못했다는 생각만 있을 뿐이다. 이것은 큰 차이를 가져온다. 전자는 포기하지만, 후자는 다양한 대안을 탐색하는 사람이다. 그리고 끝내 해결방법을 찾아낸다.

이와 달리 끊임없이 주변 탓을 하며 불만을 터트리는 사람들도 있다. 모든 것이 주변 탓이다. 끊임없이 터져 나오는 불만에 옆에 있는 사람도 같이 에너지가 뚝뚝 떨어진다. 또 다른 유형은 끝없는 자기 자책으로 빠지는 사람들이다. 땅굴을 파고 저 깊숙이 들어간다. 자기 자책을 하면서.

주변에 불만을 터트리거나 자책하는 사람들이 잘 걸리는 병이 기억증이다. 얼마 전 TV에서 하는 예능 프로그램을 보았다. 50대 이상 성인들이 가장 두려워하는 질병 1위로 치매가 꼽혔다. 프로그램에 나온 의사가 치매는 20년에 걸쳐 진행되는 병이라고 말했다. 그 소리를 듣고 패널들이 놀라며 호들갑을 떨었다. 요즘 건망증이 심해지는데 치매가 진행되고 있는 것 아니냐면서.

하지만 건망증보다 더 무서운 병이 기억증이다. 잃어버려야 하는데 잊지를 못하는 것이다. 망각은 신이 인간에게 준 축복이다. 나는 상담을 하면 할수록 이것을 느낀다. 상담하러 오는 사람들 대부분이 기억증에 걸린 사람들이다. 과거를 잊지 못한다. 툭툭 털고 다시 현실을 살아가야 하는데 그것이 안 되니 병이다.

불면증으로 일상이 힘들어 찾아온 내담자가 있었다. 60대인 그녀는 몇 년 전에 아는 지인을 믿고 투자했다가 사기를 당했다. 남편 사별 후 자녀는 결혼하고 혼자 살고 있었다. 노후 자금으로 비축했던 큰 금액을 날린 것이다. 혼자 아이들을 키우면서 어렵사리 한 푼 두 푼 모은 돈이었다. 사기당한 돈만 생각하면 자다가도 잠이 벌떡 깨서 일어난다. 어느 순간부터 잠도 오지 않았다.

이렇게 사기당할 줄 알았으면 그 돈으로 그렇게 가고 싶었던 해외여행이나 마음껏 다닐 것을…. 크루즈 여행이 그렇게나 좋다던데 몇 번을 갔다 왔을 돈이다. 아들이 집 옮기는 데 도와달라고 했을 때 더 많이 도와줄 것을. 생각하면 끝이 없다. 잊어야지 생각해도 쉽지 않다. 누구나 큰돈을 사기당하면 이럴 것이다.

그녀는 친한 지기의 배신도 매우 힘들어했다. 나이 들어 서로 죽을 때까지 가깝게 살아갈 것으로 믿었던 지인이었다. 오히려 돈보다도 거기에서 오는 상처가 컸다. 다른 곳에 노후 자금으로 비축해둔 돈이 있어 그나마 불행 중 다행이었다. 아이들에게 손은 안 벌려도 되니까.

하지만 작은 자극에도 사기당한 것이 떠올라 벌컥벌컥 화가 났다. 지인과 비슷한 외모나 목소리만 들어도 불쾌해졌다. 사람도 만나기 싫어졌다. 모두 믿을 수가 없었다. 택시를 타고 가는데 흘러나오는 뉴스에 집값이 올랐다는 소리만 들으면 갑자기 열이 확 뻗쳐왔다. 지금 그것을 그냥 두었으면 얼만데. 기억중에 걸려 돈과 관련된 작은 자극도 큰 포탄이 되어 날아와 가슴을 뚫어버리니 살기가 너무 힘든 것이다.

이렇게라도 기억해야 다시는 사기를 안 당할 것 같기에 내담자의 온몸에서 사이렌 신호를 보내는 것이다. 자신의 이런 상태를 충분히 공감하고 만나주어야 한다. 자신을 지켜주려는 것에 감사하고 이제는 불안과 분노 없이도 잘 살 수 있음을 스스로가 믿어야 한다. 그러지 않고는 계속 기억증에서 벗어날 수가 없다.

기억증에 걸린 사람들은 현재에 살지 못한다. 늘 과거 속에서 살아간다. 기억증에 걸린 사람들에게 현실은 없다. 과거의 어느 지점만 있을 뿐. 문제를 해결책에 두는 사람들과 문제에만 초점을 맞추어 불평이나 자기 자책을 하는 사람들은 에너지 자체가 다르다.

에너지는 변화를 일으키는 힘이다. 자신의 현재 상태와 해결해야 하는 지점의 차이(gab)를 확인했을 때 포기하면 에너지가 적은 것이다. 기억증에 걸린 사람들은 과거와 현재의 차이만 인지하고 과거만 탓할 뿐 미래를 보지 않는다. 하지만 해결책에 초점을 맞춘 사람들은 현재와 내가 가고 싶은 지점에 대한 차이를 인지하는 순간 변화한다. 자책하는 사람들의 머리와 눈이 과거를 향해 있다면 해결책을 찾는 사람들은 미래를 향해 있다.

기업에서 주로 활용하는 디자인 씽킹(Design Thinking) 방법으로 개인의 해결책을 찾아가는 방법을 소개해보고자 한다. 디자인 씽킹은 '사용자가 달성하고자 하는 목적을 공감하고 완성하는 것'이다. 디자인 씽킹은 가장 혁신적인 디자인 회사인 IDEO에서 쓰기 시작한 용어다. 미국에서 지난 10년간 새로운 제품을 발굴하기 위한 혁신적인 방법론으로 자리 잡아왔다. 비즈니스 위크지에 2009년 특집으로 다룬 이후 뉴욕 타임즈 등 주요 언론을 통해 알려졌다. 현재는 기업 경영 방법이나 새로운 비전을 제시하는 철학으로 응용된다.

디자인 씽킹은 문제를 해결하기 위해 사람이 가지고 있는 욕구를 이해하려고 한다. 인간중심의 방법으로 문제를 재정의하고 브레인스토밍으로 많은 아이디어를 낸다. 그것을 기반으로 프로토타입이나 테스팅을 시도하여 불분명하거나 복잡한 문제를 해결하는 데 효과적이다.

상담하다 보면 내담자의 특성에 따라 적합한 방법이 다르다. 문제를 다루는 상담 방법은 엄청나게 다양하다. 전문가의 말이라고 다 맞는 것이 아니다. 자신에게 적합한 방법이 있다. 그러려면 자신의 현재 상태를 인지하고 다양한 대안을 검토한 후 자신에게 맞는 방법을 찾는 것이 현명하다. 이 과정과 디자인 씽킹의 흐름은 매우 유사하다.

많은 실패 끝에 백열전구, 축음기, 영화촬영기 등 1,000여 종의 발명특허를 낸 토마스 에디슨은 이렇게 말했다. "인생에서 성공하려거든 끈기를 죽마고우로, 경험을 현명한 조언자로, 신중을 형님으로, 희망을 수호신으로 삼으라." 디자인 씽킹은 불가능한 것이 아니라 그에 맞는 해결방법을 찾지 못했다는 사고방식에서 출발한다.

IDEO의 CEO 팀 브라운(Tim Brown)은 "디자인적 사고란 소비자들이 가치 있게 평가하고 시장의 기회를 이용할 수 있으며 기술적으로 가능한 비즈니스 전략에 대한 요구를 충족시키기 위하여 디자이너의 감수성과 작업 방식을 이용하는 사고방식이다."라고 말했다. 디자이너들은 어떤 문제에 대하여 다소 엉뚱하고 다양한 대안을 찾는 확산적인 사고를 한다. 광범위한 탐색으로 찾아낸 대안을 현실에 맞게 다듬을 수 있는 능력도 지니고 있다. 현실에 적합하도록 집중적인 사고를 하고, 문제에 대해 분석적인 사고도 함께 한다. 이뿐만 아니라 논리적 연관성을 뛰어넘는 직관적 사고까지 하는 디자이너들의 사고방식을 바탕으로 만들어진 개념이다.

디자인 씽킹의 다섯 단계는 공감하기(Empathize), 정의하기(Define), 아이디어 내기(Ideate), 간략화된 제작(Protetype), Test(시험)이다.

첫 번째 단계는 풀고자 하는 문제를 이해하고 공감하는 것이다. 감정도 마찬가지로 공감해야 한다. 공감해야 무엇을 원하는지를 알 수 있다. 기업이 아닌 개인의 문제로 이 부분을 보면 그동안 책 앞부분부터 반복적으로 설명해온 증상에 대한 감사가 곧 공감이다. 조충평판 없이 자신의 문제를 있는 그대로 받아들이는 것이다. 정확한 욕구 찾기는 공감에서 시작한다.

두 번째는 단계는 문제 정의다. 공감 단계 동안 모아오고, 만들어왔던 정보들을 모아 핵심 문제를 정의하는 것이다. 자신의 상태를 받아들였으면 그것이 주는 유익을 찾아야 한다. 증상이 존재하는 이유를 관찰하고 분석하는 것이다. 그 증상이 주는 유익을 포기할 것인지 포기하지 않을 것인지 결정해야 한다. 그리고 포기하기로 했으면 증상에 진심으로 감사하고 증상과 작별해야 한다. 증상이 주는 유익을 포기하지 못하겠으면 나는 무엇이 두렵고 왜 보내기 싫은지 내 문제의 상태를 명료하게 분석, 정리해야 한다.

세 번째 단계는 아이디어를 내는 단계다. 내가 선택한 결정을 달성하기 위해서 할 수 있는 다양한 아이디를 확산적으로 찾아보는 것이다. 엉뚱한 것이라도 상관없다. 이 책에 소개된 다양한 것들을 다시 한번 살펴보고 아이디어를 덧붙여도 좋다. 이 책 이외에 지금까지 살아오면서 효과적이었던 것이나 다른 곳에서 얻은 정보다 상관없다.

네 번째 단계는 프로토타입으로 발산해놓은 아이디어 중 내가 지금 바로 실행할 수 있는 것부터 가볍게 정해본다. 상황에 따라 문제를 해결할 수 있는 나만의 시스템을 만들어보는 것이다.

다섯 번째 단계는 테스트다. 테스트를 반복해보면서 나에게 맞는 것은 계속 적용하고 맞지 않는 것은 버리거나 수정한다. 이것이 우리 삶을 살아가는 동안 평생 해야 하는 작업이다. 전문가의 말이 옳은 것이 아니라, 내가 변화하고 행복해지는 방법이 맞는 것이다.

조지 버나드 쇼는 이렇게 말했다. "성공은 당신이 서 있는 위치가 아니라 당신이 바라보는 방향이다." 이 책을 읽는 독자들 모두 자책이 아니라 해결책의 방향을 바라보았으면 한다.

감정의 무대 장치 바꾸기

사이코드라마나 연극치료 그리고 교육연극을 포함한 포럼 연극에서는 무대를 안전한 실험공간이라고 말한다. 나와 우리의 이야기가 연극이 되어 무대 위에 펼쳐진다. 그 중심에 존재하는 '욕망', '오해', '갈등'을 다양한 사람들과 함께 고민하면서 보다 나은 방안을 모색하는 방법으로 접근한다. 혼자서는 생각하기조차 어려운 '삶의 리허설'을 지금 여기에서 함께 시도하는 것이 사이코드라마와 포럼 연극이다.

현실의 우리 삶은 강요된 연극이다. 우리가 삶이라는 연극에 푹 빠져서 있으면 무대 장치를 객관적으로 평가할 수 없다. 벌어지고 있는 사건의 전개 과정에 어떤 개입도 할 수 없다. 삶이 연극이라는 것을 자각하고

객석으로 내려가야 무대 장치를 바꿀 수 있다. 자각의 눈을 띄우고 삶을 바라볼 필요가 있다.

드라마에 빠져서 같이 울고 웃다 보면 동일시가 일어난다. 드라마를 보며 주인공의 부당한 대우에 화가 나거나 중요 인물이 죽으면 서럽게 울게 된다. 그러다 드라마가 끝나면 '이것은 현실이 아니고 드라마지.' 하고 깨어난다. 그것처럼 내 삶도 그렇게 볼 필요가 있다.

그런 다음 무대 위로 다시 올라가서 자각의 눈을 띄운 상태로 연극을 계속하는 것이다. 관객의 관점으로 삶을 사는 것이다. 그러면 무대 장치에 휘둘리지 않고 내가 무대 장치를 바꾸며 살아갈 수 있다.

이것을 무대에서 구현해낸 사람이 '억압받는 이들의 연극'인 포럼 연극 형태를 만든 브라질 연출가 아우구스트 보알이다. 그는 이렇게 말했다. "인간의 모든 행위는 정치적이며, 힘의 역학에 따라 이루어진다." 이 말을 한 정치적 상황을 살펴보면 보알은 체 게바라와 비슷한 시기에 태어나 활동했다. 젊은 시절 군부독재의 정치적 억압 속에서 활동하다 프랑스로 망명했다. 그 후 다시 명예시민이 되어 브라질로 돌아가 국회의원이 되었던 인물이다.

그가 미국 시카고 유학 후 브라질에 와서 만든 연극이 〈억압받는 자들의 연극〉이다. 그것이 만들어진 과정이 흥미롭다. 브라질 중산층 가정에서 태어나 화학을 전공했던 보알은 미국 시카고로 가서 연극연출로 전향

한다. 연극연출로 석사를 졸업한 후 브라질로 돌아온 그는 상파울로 공연장에서 공연을 올린다. 공연 내용은 블루칼라의 이야기인데 관객 대부분은 화이트칼라였다. 그는 모순을 느꼈다. 그래서 공연을 만들어 농촌을 돌았다. 이른바 계몽연극을 한 것이다.

그는 한 농촌에서 성황리에 공연을 마치게 된다. 그 후 분장실로 한 농부가 찾아온다. 그가 연극을 감명 깊게 봤다면서 분장실에 있는 총을 가지고 함께 나가 싸우자고 하는 것이었다. 보알은 당황해서 우리는 공연을 한 것이고 저것은 소품이라고 말했다. 농부는 함께 나가서 싸울 것도 아니면서 왜 이런 공연을 하고 있냐고 화를 냈다. 그 후 그 농부는 나가서 싸우다 죽은 것으로 알려진다. 보알은 이 일로 연극의 본질에 대해 고민했다. 그러곤 연극으로 관객을 계몽시키겠다는 생각을 버린다. 오히려 관객이 더 지혜롭고 용기가 있다고 생각을 전환하게 된 것이다.

그 후 다른 농촌에 가서 공연하게 되었다. 그때 한 여성이 공연 도중에 "저것은 우리 현실하고 너무 맞지 않아요!"라고 소리쳤다. 그러자 보알은 연극을 잠시 멈춘다. 아마 앞의 경험이 없었다면 다른 카리스마 강한 연출가들처럼 공연을 방해한 관객을 내보내라고 했을 것이다. 그러나 보알은 연극을 멈추고 왜 그렇게 생각하는지 관객에게 묻는다. 소리친 여성은 주인공 여자가 무대에서처럼 행동하면 더 상황이 안 좋아지지 연극처럼 이루어질 수 없다고 말했다.

보알은 배우들에게 관객의 의견대로 연극을 즉흥적으로 바꾸어보라고 한다. 극이 진행되자 관객은 다시 그게 아니라고 소리친다. 그러자 보알은 관객에게 무대 위에 올라와 직접 해 달라고 요청한다. 관객이 무대 위에 올라와 배우들과 즉흥으로 연극을 하고 무대를 내려갔다. 배우들이 다음 장면을 진행하자 또 다른 사람이 "잠깐!"이라고 외치며 끼어들었다. 이런 방식으로 그날 공연이 진행되었다.

그리고 이것을 모태로 〈억압받는 자들의 연극〉이 만들어졌다. 관객과 배우가 더는 분리된 관계가 아닌 함께하는 형태의 연극이다. 관객이 적극적으로 연극에 참여해 자신의 의견을 극 중에 직접 제공하는 형태다. 때에 따라서는 관객 자신이 배우들을 도와 내용을 수정한다. 필요에 따라 관객 자신이 직접 배우의 역할을 넘겨받아 자기의 생각과 행동을 배역을 통해 표현하는 것이 〈억압받는 자들의 연극〉의 핵심이다.

보알이 공연한 방식을 우리 삶에 적용해보면 내가 겪었던 실패와 고통이 좋은 조언자가 되어준다. 나의 경험뿐만 아니라 주변의 경험도 나를 성장시키는 소중한 밑거름이 된다. 내 삶에 다시 그런 일이 일어나지 않으려면 내가 어떻게 행동해야 하는지 생각해볼 수 있다. 그것을 머릿속의 상상 무대를 만들어 시뮬레이션 해보는 것이다.

이때 주변의 사람들은 잘 바뀌지 않는다. 내 행동과 변화에 초점을 맞출 필요가 있다. 나를 지지해줄 사람이나 환경은 무엇이 있는지 찾아보는 것도 중요하다. 나의 지원군을 전략적으로 찾을 때 힘이 생긴다. 그리고 역지사지로 상대의 입장을 고려해보는 것도 핵심 포인트다. 이것이 너무 힘들면 내가 했던 경험을 떠올린다. 그리고 파국으로 치닫지 않으려면 그때 내가 어떻게 다르게 행동해야 했을까를 생각한다. 그리고 그것을 구체적으로 시뮬레이션 한다.

단, 상대나 환경을 비난하는 기억증으로 빠지면 곤란하다. 자꾸 기억증으로 가게 되면 시뮬레이션을 멈춘다. 그리고 책 뒷부분에 나오는 감정을 발산하고 꺼내는 작업을 한 후 진행해야 한다. 기억증으로 빠지는 이유가 있으므로 그 아이부터 만나서 충분히 공감하고 해소해야 한다. 그 뒤 시뮬레이션 작업을 해야 효과를 볼 수 있다.

감정의 무대 장치를 바꿀 수 있는 쉬운 방법이 있다. 여러분들이 평생 보았던 영화 중 가장 감명 깊었던 영화를 생각해보라. 몇 편의 영화가 떠오르는가? 떠오른 영화들을 10점 만점 척도로 평가한다면 몇 점이나 줄 수 있는가? 그 점수를 주는 이유는 무엇인가? 이런 질문들은 상대적으로 답하기 쉽다.

그렇다면 당신의 인생을 영화로 놓고 보았을 때 평점을 몇 점으로 줄 것인가? 영화 한 편을 볼 때도 그 영화가 말하고자 하는 것이 무엇이고 관객에게 던지는 메시지가 무엇인지 생각한다. 하물며 우리 인생이다. 우리는 인생에서 무엇을 하고 싶고 어떤 말을 하고 싶은가? 자신의 인생을 어떤 장면과 줄거리로 채우고 싶은가?

현재와 미래의 무대 장치가 암울하다면 과거를 살펴보면 된다. 과거의 삶 속에서 내가 가장 행복하고 즐거웠던 순간을 떠올려보는 것이다. 영화에 하이라이트가 있듯이 내 인생의 하이라이트 컷 일곱 개만 떠올려보자. 대부분 내 영혼과 마음이 일치하며 기뻐하는 순간을 하이라이트 컷으로 떠올린다. 떠올린 7개의 컷을 글로 적어보거나 그림으로 그려본다. 그 후 그것들의 공통점을 찾아보는 것이다. 그러면 일맥상통하게 흐르는 내가 원하는 무대 장치를 발견하게 된다. 과거에는 그런 무대 장치를 만들었다면 지금도 충분히 만들 수 있다. 어떤 요소들이 있어서 내 영혼과 마음이 기뻐하는 무대 장치를 만들었는지 자각해보는 것이다.

연극치료나 사이코드라마에서 자전공연을 할 때 이와 비슷한 방법을 활용한다. 꼭 치유의 목적이 아니라 일반인들과 '연극 만들기' 워크숍에서도 종종 진행하는 과정이다. 가끔 행복한 하이라이트 컷이 하나도 기억나지 않는다는 사람도 있다. 그럴 때도 이 방법을 사용한다. 자기 인생을 대표할 수 있는 일곱 개의 의자를 무대 위에 놓는다. 한 명씩 나와서 그 사건이나 시기를 상징하는 색깔 천을 의자에 덮는다.

무대 위에 올라가 첫 번째 의자에 앉은 순간부터 온전히 그 사람의 인생에 집중한다. 무대 위에 올라간 당사자와 함께 참여하는 관객 모두 몰입하는 분위기를 만든다. 행위자는 첫 번째 의자에 앉아 오감각을 활용하여 그때의 기억을 불러낸다. 그 의자에 상정한 시기와 사건을 떠올린다. 그곳에 누구와 함께 있는지도 구체화해본다. 그때 나의 표정은 어땠는지, 내 어깨는 긴장했는지, 팔에 닿았던 공기의 감촉은 어떤 느낌이었는지, 어떤 소리가 들렸는지 아주 구체적으로 일깨우는 것이다. 그리고 그 느낌을 대사와 몸짓으로 표현한다. 일곱 개의 의자를 모두 체험한 뒤 미래의 내 모습을 그린다. 일곱 개의 과거 의자를 모두 통과하고 나면 부정적인 것이 되었든, 긍정적인 것이 되었든 새로운 의미를 부여하게 된다. 그것을 몸짓과 행위, 말과 소리로 마음껏 표현한다. 그때 다가오는 충족감은 매우 크다.

이때 일곱 개의 의자는 위에 설명했던 하이라이트처럼 행복한 일만 존재하지는 않는다. 슬픔과 좌절의 순간도 과거 일곱 개의 의자에 포함되어 있다. 무엇이 나를 기쁘게 하고 무엇이 나를 힘들게 하는지 머리가 아닌 몸으로 알 수 있다. 내 인생의 덫이 무엇이었고, 그 함정은 어디서 시작되었는지 저절로 통찰이 오게 된다. 무대 위의 배우이자 관객이 되어 내 삶을 깨어서 바라보게 되는 순간이다.

03
___

감정에 주체적인 이름 붙이기

감정은 끊임없이 변하고 흐른다. 의식하지 않아도 심장이 뛰고 호흡하듯 감정도 마찬가지다. 우리가 주의를 기울이지 않아 흘러가는 감정을 자각하지 못할 뿐이다. 살아있는 한 지속해서 흘러간다. 감정과 생각은 쌍둥이처럼 같이 상호작용하며 다닌다. 달님과 해님처럼 서로 다른 것 같지만 둘의 호흡이 맞을 때 우리의 삶은 균형을 갖게 된다.

그리스 신화에 카스토르와 폴룩스 형제 이야기가 나온다. 쌍둥이 별자리를 차지한 형제들의 이야기다. 이것을 생각과 감정으로 연결해보았다. 형인 카스토르를 생각으로 동생인 폴룩스를 감정으로 생각해보자.

그리스 신화에 의하면 카스토르와 폴룩스는 백조로 변신한 제우스신이 스파르타의 왕비 레다를 유혹해 낳은 이란성 쌍둥이다. 형인 카스토르는 말을 잘 탔으며, 동생인 폴룩스는 권투와 무기 다루기에 능했다. 비록 신의 아들이었지만 불사의 몸을 가진 것은 동생인 폴룩스뿐이었다.

우리는 인생이라는 여행길에서 생각과 감정을 가지고 모험한다. 두 사람도 함께 많은 모험을 하여 모험가와 항해자의 수호신으로 여겨지기도 했다. 그러던 중 왕국에 큰 사냥대회가 열렸다. 형인 카스토르는 대회에 참가하기로 한다. 동생인 폴룩스는 형이 다칠까 봐 조마조마했다. 우리가 살면서 무엇인가를 선택하고 결정해야 하는 순간 폴룩스처럼 감정이 신호를 주며 알려준다. "형, 가지 마! 숲엔 욕심쟁이 사냥꾼이 많아." 이런 식의 경고를 감정은 한다. "걱정하지 마, 폴룩스. 내 실력 못 믿어?"라고 말한 카스토르처럼 우리는 감정의 경고를 무시한다. 왜냐하면, 사냥대회에서 받을 상금도 명예도 크기 때문이다. 이렇게 우리의 생각은 실익을 따지느라 감정의 소리에 귀를 기울이지 않는다.

사냥대회에 참가한 카스토르는 화살이 심장에 꽂혀 죽는다. 형이 죽자 폴룩스는 밥도 먹을 수 없고 잠도 잘 수 없는 상태가 된다. 감정의 소리를 무시하고 결정했을 때 현실에서 삶이 꼬일 확률이 높다. 일이든 관계든 잘못되면 그때부터 감정은 아우성치기 시작한다. 폴룩스처럼 아무것도 하지 못하고 우울과 불면, 분노 등이 우리를 삼키는 것이다.

폴룩스는 자신의 분신과도 같던 카스토르가 죽자 그 슬픔을 감당하지 못하고 아버지인 제우스신을 찾아가 자신도 함께 죽을 수 있게 해달라고 부탁한다. 형제의 우애에 감동한 제우스신은 이들이 하루의 반은 지하세계에서, 나머지 반은 지상에서 함께 지낼 수 있게 허락했다. 그리고 쌍둥이의 우애를 영원히 기리기 위해 이들의 영혼을 하늘에 올려 나란히 두 개의 밝은 별로 만들었다. 그것이 바로 쌍둥이자리다.

폴룩스와 카스토르가 헤어지지 않고 함께하면서 하늘의 별이 되어 춤추고 있듯 우리의 생각과 감정도 올바른 상호작용을 할 때 행복하다. 생각과 감정이 분리될 때 많은 문제가 생긴다. 1년 중 태양은 쌍둥이자리를 지날 때 가장 높이 뜬다. 우리는 이날을 하지라고 한다. 우리의 인생도 찬란하게 빛나려면 이 둘의 균형을 유지하는 것이 무엇보다 중요하다.

끊임없이 변화하고 흘러가는 생각과 감정을 알아차리기 위해서 자각의 눈을 띄울 필요가 있다. 우리의 몸과 마음은 신기하게 알아차리는 것만으로도 많은 부분이 해소된다. 이것은 몸과 마음 모두 마찬가지다. 예를 들어 어깨가 긴장으로 올라갔다는 것을 자각한 순간 어깨에 힘이 빠진다. 감정도 마찬가지다. 화가 난 상태를 자각하면 화난 마음에 브레이크가 걸린다. 그러나 자각하지 않으면 액셀러레이터를 밟은 것처럼 질주하게 된다.

자각의 눈을 뜨게 하는 가장 좋은 훈련법이 호흡을 관찰하는 것이다.

평상시 우리는 숨을 쉬는지 주의를 기울이지 않는다. 살아있으니 당연히 숨을 쉬고 있을 뿐이다. 호흡은 의도하지 않아도 작동하는 부분에서 쉴 새 없이 흘러가는 감정이나 생각과 닮았다. 그래서 호흡을 관찰해보면 감정이나 생각을 자각하기 쉬워질 것이다.

하루에 2분만 할애하자. 24시간 중 딱 2분이다. 아침에 일어나서든 아니면 밤에 잠자기 전에든 상관없다. 걷거나 지하철 안에서도 상관없다. 공간과 시간 상관없이 하루에 2분만 호흡 관찰을 해보는 것이다.

먼저 몸을 편안하게 하자. 꼭 명상할 때처럼 반듯하게 할 필요는 없다. 기대고 싶으면 기대서 하고 눕고 싶으면 누워서 한다. 단 내 몸의 상태를 인지한다. 그리고 코, 가슴 또는 배 중 한 군데를 골라서 의도적으로 숨을 쉬고 뱉는 것에 집중한다. 이때 중요한 것은 조충평판을 하지 않는 것이다. 호흡에 의도적 집중이 안 되고 잡생각이 들어도 상관없다. '내가 호흡에 집중을 잘 못 하는구나.' 또는 '내가 다른 생각을 하는구나.' 하고 알아차린다. 그 뒤 다시 바로 배나 코 부위로 되돌아가 의도적 집중을 하면 된다.

하루에 2분 하는 것이 쉬울 것 같아도 잊어버리거나 못할 때가 있다. 그러면 하루 중 한 번 만이라 길게 호흡하는 날숨과 들숨을 자각하자. 이렇게 매일 쌓이다 보면 의도적 호흡 집중이 쉬워진다. 그러면 감정과 생각도 쉽게 자각할 수 있다.

감정은 크게 세 가지 채널의 수신기다. 첫째는 의식 채널이다. 우리가 생각하는 것들에 따라 감정은 움직인다. 안 좋은 기억과 왜곡된 생각은 부정적인 감정을 불러온다. 좋았던 기억과 밝은 미래에 관한 생각은 긍정적인 감정을 불러온다.

둘째는 무의식 채널의 수신기다. 여기서 의식과 무의식을 어떻게 정의 내릴지 생각해볼 지점이 많다. 의식과 무의식만 다루어도 책 한 권이 나올 것이다. 몇몇 학자들이 무의식을 어떻게 정의했는지 잠깐 살펴보겠다.

프로이드는 '우리가 정신 활동을 할 때 정상적이면서도 불가피한 단계로 모든 정신 행위는 무의식적 행위로 시작되어, 저항으로 인해 무의식적으로 남든가 의식으로 발전된다.'라고 정의했다. 라깡은 '언어 자체가 곧 무의식이다.'라고 했다. 그는 무의식은 과학적으로 탐구될 수 없는 어떤 실체가 아니라고 보았다. 칼 융은 '모든 것을 결정하는 숨어 있는 동인'으로 보았다. 무의식은 우리의 인식 속에서 갑자기 솟아난 예상치 못한 행위들로 우리의 의향과 의식적 삶을 벗어난 것이다. 무의식은 실수, 망각, 꿈, 갑작스러운 떠오름, 신경증과 정신병적 증상이다. 그러한 이유로, 무의식이 정신의 본질이고 의식은 무의식 과정의 부산물로 인식된다.

프로이드나 라깡 중심의 정신분석에서 말하는 무의식은 채워질 수 없는 늪에 빠진 존재이다. 무의식을 결핍으로 보는 경향이 있다. 그 시각으로 보면 무의식을 인간 정신의 근원적인 힘과 숨겨진 동인으로 보기 어렵다. 최헌진의 말에 의하면 정신분석에서 바라보는 무의식은 본능, 욕망과 따로 떼어서 생각해야 하는 일종의 기억체계 내지는 지식이다. 그것은 그 자체의 논리와 구조를 지니는 것이다.

무의식은 욕망의 결핍으로 인해 억압된 그 무엇으로 볼 수 있다. 언어 활동 없이는 인식하는 것이 불가능한 존재다. 어떤 면에서는 언어로 완전히 담아낼 수 없는, 결코 알 수 없는 미지의 그 무엇인 것이다. 정신분석은 바로 그 텅 빈, 결여가 된 무의식적 욕망을 다루기 위해 의식과 언어에 다시 의존한다. 이렇게 무의식에서 올라오는 많은 것들이 감정으로 수신된다.

세 번째는 의식과 무의식의 경계를 넘나드는 또는 그 너머의 에너지이다. 이것을 자발성이라고 표현해보겠다. 자발성은 인간의 정신과 육체에 모두 작용하는 생명력이다. 의식적이자 무의식적이다. 인간에게 활기를 불어 넣어주는 힘이다. 이것은 결핍에서 오는 것이 아닌 스스로 변화하고 생성하는 힘이다. 이 자발성 에너지의 수신기 역할도 감정이 담당한다.

수신기 역할을 하는 감정의 언어를 섬세하게 이해하고 알수록 우리의 삶이 풍요로워진다. 컴퓨터를 샀을 때 그것의 기능을 알아야 사용할 수 있듯이 감정도 마찬가지다. 지금 잠깐 종이를 펼쳐놓고 알고 있는 감정 단어들을 모두 적어보아라.

감정은 예민하고 민감하며 섬세한 친구다. 같은 단어 같지만, 그 의미를 탐색해보면 미묘하게 모두 다르다. 감정의 섬세함을 이해할 때 여러 채널에서 오는 수신기 역할을 제대로 할 수 있다. 이런 측면에서 시인 김소연의 『마음 사전』은 탁월하다. 단어의 섬세한 결을 거의 완벽에 가깝게 직관의 언어로 풀어내고 있다.

예를 들어 '소중'한 존재는 그 자체가 궁극이지만, '중요'한 존재는 궁극에 도달하기 위한 방편이라고 서술하고 있다. '좋아하는 것'은 호감이 어떤 형태인지 알기 싫다는 뜻이 포함되어 있을지 모른다. '동경'은 존경과 유사하지만, 근거가 미약한 것이라면 '흠모'는 존경과 동경에 매혹이 섞일 때 일어난다고 표현한다. 감정의 결을 직관적으로 살려 단어들이 살아서 움직이며 춤을 추고 있는 것 같다. 이외에도 감정의 결을 이해하기 위해 시집을 많이 읽으면 도움이 될 것이다.

이런 섬세함으로 감정에 주체적으로 이름을 붙이고 디자인 씽킹 1단계인 공감을 하는 것이다. 부정적인 감정이 수신될 때에는 2단계 문제 정의로 넘어간다. 부정적 감정 단어를 "~하고 싶다"로 바꾸어 구체적인 유익을 찾아보는 자동적 작업이 이루어질 때 우리는 감정과 친구가 되며 자유로워지게 될 것이다.

자각의 눈을 키우고 감정에 주체적인 이름을 붙이다 보면 잠들지 않은 명료한 시각으로 내 인생이 연극이라는 것을 깨달을 수 있다. 내가 어디 있는지, 무슨 일이 일어나고 있는지, 내가 무슨 일을 하며 또 왜 하는지를 명확히 알게 된다.

04
—

타인 중심의 관계 끊기

감정을 내 것으로 만드는 중요 핵심 중 하나가 타인 중심의 관계를 끊는 것이다. 그렇지 않으면 계속 나의 감정은 내 것이 아닌 타인에게 휘둘린다. 타인 관계의 중심을 끊는다는 것은 개인 대 개인 문제인 것 같지만 조금 더 들여다보면 사회적 규범과 윤리로 확대된다. 그 사회의 분위기에 따라 개인의 행동과 규범은 영향을 받기 때문이다.

그런 면에서 우리나라는 예전보다는 나아졌다고 해도 타인의 시선과 눈치를 보는 경향이 강하다. 타인 중심의 관계를 끊기 위해서는 개인적인 타자의 시선뿐만 아니라 사회적 속박과 시선에서도 자유로워져야 한다.

내 인생 책 중 한 권인 『리얼리티 트랜서핑』에 보면 펜듈럼(pendulum) 이라는 개념이 나온다. 펜듈럼은 시계추, 단진자 등의 진동추를 말한다. 바딤 젤란드는 펜듈럼이라는 개념으로 우리가 가족과 국가, 회사, SNS, 이념 등에 자신의 의지를 다른 누군가에게 어떻게 복종시키고 바치는지 자세히 설명하고 있다. "개개인의 사념 에너지는 합쳐져서 하나의 흐름을 이룬다. 그리하여 이 에너지는 바다 한가운데서 정보에 기반을 둔 하나의 독자적 에너지체인 펜듈럼이 만들어지는 것이다." 펜듈럼은 일정한 간격인 주파수로 힘을 가해야만 흔들릴 수 있다. 이 주파수를 공명주파수라고 한다.

모든 생명체는 하나의 에너지이므로 펜듈럼이라고 볼 수 있다. 하나의 단위인 펜듈럼들이 모여서 하나로 흔들리기 시작하면 집단 펜듈럼이 된다. 이것은 꼭 사람일 필요는 없다. 정당, 신상품, 브랜드 등도 펜듈럼이 될 수 있다. 집단 펜듈럼은 지지그룹을 유지하고 새로운 추종자들을 끌어들인다. 지지자들은 자기가 자신의 의지에 따라 행동하는 것이 아니라 펜듈럼의 법칙대로 행동하고 있다는 사실을 알아차리지 못한다. 펜듈럼의 법칙에 반대하는 행동을 하면 그 집단에서 배척되거나 제거당할 수 있다.

모든 펜듈럼은 지지자들로부터 에너지를 얻어서 그 위에 군림하려고 하기에 파괴적이다. 펜듈럼은 오직 하나의 목적을 추구한다. 추종자들의 개개인으로부터 에너지가 끊임없이 흘러오게 하는 것이다. 습관적으로 상대방의 주의를 끊임없이 요구하면서 에너지를 빨아먹는 사람들은 에너지 뱀파이어다. 어떤 면에서 펜듈럼이 거대한 에너지 뱀파이어인 것이다.

우리 사회는 펜듈럼이 없이는 유지되지 않기 때문에 펜듈럼을 활용하고 이용해야 한다. 그런데 대부분 우리는 펜듈럼에게 에너지를 빨리면서 살아가고 있다. 처음부터 펜듈럼에게 에너지를 빨리는 것은 아니다. 종교단체나 지지 정당 등으로 생각해보면 이해하기 쉽다. 처음에는 같은 생각을 공유하고 도움을 주며 에너지를 올려준다. 그러나 어느 순간부터 본질은 사라지고 종교의 도그마나 정당의 이념 싸움이 된다. 그때부터는 에너지 뱀파이어에게 에너지를 빨리는지도 모른 채 빼앗기는 것이다.

나도 이런 경험이 꽤 있다. 어린 시절 믿었던 기독교, 박영호 선생님께 배웠던 다석 류영모 사상, 사이코드라마 모두 지금의 나를 만들었고 너무 좋은 자양분이었다. 그러나 내가 사리지고 동일시와 추종을 하는 순간 에너지 뱀파이어에게 나의 에너지를 빼앗기고 있었다는 사실을 뒤늦게 깨달았다. 연예인이나 브랜드를 좋아하는 것도 마찬가지 심리다. 자본주의 시대는 돈을 중요하게 여겨야 하는데 소중하게 여기며 추종한다. 그때부터 우리는 돈과 동일시되고 우리의 실체는 사라진 채 에너지를 뺏기게 된다.

추종자가 사라질 때 펜듈럼은 멈춘다. 그래서 나는 추종과 동일시를 하지 않으려고 매우 조심한다. 그래도 그 덫에 너무 쉽게 빠지는 나를 본다. 펜듈럼에 에너지를 빼앗기지 않으려면 자각의 눈을 뜨고 깨어 있어야 한다. 내 감정을 만나야 한다. 그러지 않으면 눈 뜨고 코 베인다.

『리얼리티 트랜서핑』에서 펜듈럼으로 집단과 조직이 우리의 에너지를 어떻게 빼앗는지 설명했다면 『기운 빼앗는 사람, 내 인생에서 빼버리세요』는 개인과 개인 사이에서의 기운을 빼앗는 뱀파이어에 대해 자세하게 이야기하고 있다. 이 책을 쓴 프랑스 정신과 의사인 스테판 클레르제는 '나의 좋은 기운만 쪽쪽 빼앗아가는 사람을 멘탈 뱀파이어.'라고 칭했다. 그리고 이런 사람들은 인생에서 단호하게 밀어내라고 말하고 있다.

멘탈 뱀파이어 특징을 여섯 가지 항목으로 설명하고 있다. 여러분의 주위에도 이런 사람이 있는지 체크해보자.

〈멘탈 뱀파이어 피해 자가 진단법〉
√ 이야기를 나누다가도 이제 그만 입을 다물게 하고 싶은 사람이 있다.
√ 자꾸 눈치를 보게 만드는 사람이 있다.
√ 함께 있을 때 힘이 빠지고 우울하게 만드는 사람이 있다.

√ 상대를 비판하고 자기 잘못은 절대 인정하지 않는 사람이 있다.

√ 항상 본인의 하소연을 하며 동정을 얻으려는 사람이 있다.

√ 필요할 때만 연락하고 도움을 청할 땐 쏙 빠지는 사람이 있다.

여러분 주변에 멘탈 뱀파이어가 존재하는가? 나는 불행히도 가장 소중한 남편이 내 멘탈 뱀파이어였다. 하동에 귀촌한 후 우울과 공황장애가 찾아온 남편은 작은 자극에도 과거에 힘들고 안 좋았던 것을 되풀이해서 이야기하기 시작했다.

그냥 지나칠 수 있는 사소한 것에서도 과거의 안 좋았던 관계나 억울함, 힘든 것이 떠올라 삶 자체가 온통 그것으로 칠해져버린다. 옆에서 보면 먹구름으로 채색되는 것이 보일 정도다. 비난과 자책을 오가며 늘어놓는 이야기는 매번 반복된다. 레코드를 틀어놓았다면 늘어져도 한 참 늘어진 소리가 나올 것이다.

에너지가 쫙쫙 빨렸다. 『기운 빼앗는 사람, 내 인생에서 빼버리세요』를 읽으면서 멘탈 뱀파이어가 어떤 사람인지 몸으로 와닿았다. 책에서는 '직장 상사도, 연인도, 친구도 가족도 나를 제대로 존중할 줄 아는 사람만 곁에 두자.'라고 말한다. 백번 옳은 말이다. 그것을 실행으로 옮기는 것이 어려워서 그렇지. 대부분 멘탈 뱀파이어는 친밀한 관계에서 일어난다. 그렇기에 현명하게 끊어내기가 쉽지 않다.

남편이 멘탈 뱀파이어 활동을 할 때 나는 어떻게 해서라도 그를 도와주고 싶었다. 내가 심리상담사로 다른 사람들을 도우면서 정작 남편은 정신적으로 힘들어하는데 그 무엇도 할 수 없음이 허망했다. '남편이 저렇게 힘든데 내가 무슨 다른 사람을 상담하고 갈등관리와 소통에 대해 강의하나.'라는 생각이 들면 다 때려치우고 주저앉고 싶었다. 살면서 주눅 들거나 눈치 본적이 별로 없는데 위축되고 자존감도 떨어졌다. 자존심도 상했다. 지금까지 살면서 한 번도 경험해보지 못한 악몽을 꾸고 있는 느낌이었다.

이런 마음이 들수록 더 미친 듯이 책을 읽고 심리상담 분야를 배웠다. 다른 전문가에게 가서 상담도 받았다. 그리고 남편을 돕고 싶은 마음에 읽고 배운 것들을 적용해보았다. 남편이 변화되기를 바랐다. 알코올로 흐리멍덩해진 눈동자를 그림을 그리겠다는 열정이 있던 시절로 돌려놓고 싶었다. 시종일관 찌그러진 고집과 심술이 다닥다닥 붙어 있는 얼굴에 예전처럼 장난꾸러기 같던 천진한 미소가 퍼지길 기대했다.

하지만 결과는 참담했다. 어떤 방법도 남편에게 도움이 되지 않았고 변화하지 않았다. '중이 제 머리 못 깎는다.'라는 말이 무슨 말인지 실감했다. 남편에게 도움이 될 만한 전문 상담가나 정신과 의사를 추천해보기도 했다. 싫다고 하다가 자신도 너무 힘들고 괴로우니까 몇 명을 만나

상담도 받고 약도 먹었다. 그러나 효과가 없자 불신만 더 쌓였다. 나중에는 권해도 듣지 않았다. 막막하고 절망스러웠다. 내 전공에 회의가 들고 일도 하기 싫어지는 상황까지 갔다. 그 끝자락에서 내가 처절하게 배우고 깨달은 사실이 있다.

나는 내 몫만 지면 된다는 것이다. 내가 남편의 몫까지 짊어지려는 데서 내 삶이 꼬이고 문제가 발생했다. 그의 몫은 그가 책임지는 것이지 내가 할 일이 아니라는 것이다. 그것에 대해 내가 수치스러워하거나 부끄러워할 필요도 없다.

왜냐하면, 그것은 그가 선택한 삶이기 때문이다. 나는 그런 그와 함께 갈 것인지 헤어지고 또 다른 삶을 살 것인지를 결정하면 되는 것이다. 그를 변화시키려 했던 모든 노력은 쓸데없는 행위였던 것이었다. 서로에게 도움이 되지 않는다.

내가 이렇게 변하고 나서 우리의 관계와 대화 내용도 변했다. 알코올병동이나 정신병동에서 상담하고 온 날 남편은 "내 친구들 만나고 왔네." 라고 웃으며 말했다. 그들이 어떤지 관심을 가졌고, 그들의 심리상태에 대해서 나에게 이야기 해주었다. 이론적으로는 알 수 없는 더 깊은 이야기들이었다. 알코올 병동과 정신병동에 있는 환자들을 더 잘 이해하게 되었고 그들이 친숙하게 다가왔다.

타인 중심의 관계를 끊으려면 나는 내 몫만 지고 타인의 몫은 내려놓아야 한다. 타인도 자신의 몫에 책임을 다할 기회를 주어야 한다. 삶의 결정은 그 누구도 아닌 자기 자신만이 할 수 있는 것이다.

05

감정은 느끼고 표현하면 변한다

감정을 느끼고 표현하는 일이 쉬울까? 나를 비롯하여 사람들 대부분이 익숙하지 않고 힘들어한다. 감정을 표현하는 것은 왠지 우아해 보이지 않고 추해 보이거나 인격이 성숙하지 못한 것으로 취급된다. 이러한 것들이 우리 집단 무의식에 자리 잡고 있기 때문이다. 특히 유교적 사상에 영향을 많이 받은 동양 문화는 더 심한 편이다. 물론 서양도 귀족들의 우아함을 강조하는 문화다. 감정을 표현하는 것은 저급하게 취급한다. 하지만 동양의 문화는 개인주의적인 서양의 문화와 달리 집단 중심적 사고를 하는 경향이 있다. 그렇기에 개인의 감정을 표현하는 것을 상대적으로 더 안 좋게 생각하기도 한다.

어쨌든 인류는 감정보다는 이성과 논리적인 것들을 우위에 둔 문화를 형성해왔다. 그것을 기반으로 과학과 산업이 발전하고 현대화를 이끌어왔기 때문이다. 우리의 잠재의식 안에 이성이 감정보다 고상하고 우위에 있는 것이라는 개념이 집단 무의식의 형태로 자리 잡고 있다.

자신의 감정을 느끼고 표현하는 것에 어려움을 느끼고 부담스러워하는 사람이 늘고 있다고 『트렌드코리아 2019』는 진단하고 있다. 대신 자신의 감정을 느껴줄 대리인을 찾을 정도로 현대인의 감정 근육이 약해져 있다는 것이다. 현대인들은 디지털 기기가 신체 일부처럼 가까워지면서 사람보다 편해졌다. 오히려 사람들과 상호작용이 힘들어진 것이다. 그러다 보니 자신의 감정을 느끼는 것에 어색함을 느끼게 되어버렸다. 감정 대부분은 이모티콘으로 표현한다. 내가 실제로 느끼기보다는 관찰하며 대리로 느끼는 것이 편하다. 대부분의 오락 프로그램이 거의 관찰 예능으로 바뀐 것도 시청자들의 이러한 욕구를 반영한 것이다.

예를 들어 길거리에 신나는 음악이 나오면 꼬마 아이들은 음악에 맞춰 자연스럽게 몸을 흔든다. 반면 어른들은 음악이 아무리 신나도 점잖게 자신의 할 일만 한다. 자연스럽게 감정을 느끼고 표현하는 것에 익숙하지 않다. 감정을 표현하는 것은 둘째 치고 느끼는 것 자체도 쉽지 않은 것이 21세기를 살아가는 우리들의 현실이다.

이것은 심각한 부작용을 초래한다. 감정을 느끼고 표현해야 한다. 왜냐하면, 행복한 감정을 느끼고 표현할 때 잠재의식과 연결되면서 저장된다. 이 잠재의식이 우리의 삶을 즐거움과 풍요로 이끌어준다. 반면 부정적인 감정은 느끼고 표현해서 밖으로 내보내야 한다. 그러지 않으면 몸안에 쌓여서 마음으로 병이 오거나 몸으로 병이 온다.

긍정적인 감정을 느끼고 표현하지 않으면 삶의 행복 엔진 하나를 잃는 것이다. 삶이 내 의도대로 펼쳐지지는 않겠지만 그럭저럭 잘 살 수도 있다. 그러나 부정적인 감정을 느끼고 표현하지 않으면 병이 되고 일상을 이어나가기 힘들어진다.

지렁이도 밟으면 꿈틀한다. 스트레스와 갈등 상황에서는 공격하는 것이 너무 당연한 일이다. 이것을 하지 못하고 억제하는 유일한 생물체가 바로 인간이다. 문명이라는 제도 아래에서 이렇게 반응하다가는 매장당하기 때문이다. 하지만 질량 보존의 법칙처럼 내 안에 남은 분노와 공격성은 사라지지 않는다.

'종로에서 뺨 맞고 한강에서 화풀이한다.'라는 속담이 있다. 이 말처럼 내 안에 남아 있는 분노와 공격성은 화를 내야 할 사람에게 향하는 것이 아니라 나보다 약한 사람에게 던져진다. 예를 들어 직장 상사에게 화가 나는데 상사에게 그대로 표현했다가는 감당해야 할 대가가 크기 때문에 하지 못한다. 그리고 집에 와서 애꿎은 남편에게 화를 낸다. 남편에게 화를 낼 수 있으면 어떤 면에서 다행이다. 남편이 내 마음을 몰라주거나 권위적인 사람이면 이 공격의 화살이 아이들에게 향하기도 한다. 무의식적으로 아이들은 나보다 약하다고 느끼기 때문이다. 그런데 아이들이 사춘기이거나 돌아오는 공격의 힘이 셀 때는 아무에게도 화를 내지 못한다. 이것은 질량 보존의 법칙처럼 내 안에 남는다. 그러면 마지막으로 공격하는 것은 자기 자신이다. 가장 최악의 상태라 할 수 있다.

상담하면서 알게 된 것은 죄책감, 후회, 자책 등으로 자기 자신을 공격할 때 자기회복이 가장 더디다. 오히려 남을 공격하는 사람은 속은 편하다. 주변이 힘들어서 문제지. 분노와 공격성은 대부분 부메랑으로 돌아온다. 그래서 남을 공격하다 자기 자신을 자책하는 행위를 반복적으로 취하게 되는 경우가 많다. 그 안에는 어마어마한 분노와 공격성이 고스란히 자리 잡는 상태가 되는 것이다. 이것을 느끼고, 표현하지 않으니 병이 되는 것이다.

여러 상담 도구 중 사이코드라마는 분노와 공격성을 직접 표현하고 발산하는 데 효과적인 접근 방법이다. 2005년 사이코드라마 고급과정 병동실습 때 주인공을 했던 환자의 모습이 아직도 선명하게 떠오른다. 사이코드라마에서는 무대 위에 올라 자신의 이야기를 행위화하는 사람을 주인공이라고 표현한다. 병원의 환자나 상담의 내담자라는 의미의 용어와 비슷한 개념이다. 사이코드라마는 병리를 인정하기보다 우리 모두 불완전한 존재이므로 환자나 내담자라는 용어를 사용하지 않고 주인공이라고 말한다.

수줍게 무대 위에 올라온 주인공은 말을 심하게 더듬었다. 40대 중반의 여성이었다. 그녀의 드라마를 보고 한동안 아무 말도 할 수 없는 먹먹함이 자리 잡아 힘들었던 기억이 난다. 대학생이었던 주인공은 방학 때 시골집에 내려왔다. 모든 것이 빛나던 청춘 시절이라고 그녀는 어색한 미소를 지으며 말했다. 그 모든 것을 짓밟아 버리는 일이 어느 여름날 밤에 일어났다. 한여름 밤의 악몽처럼.

오랜만에 어릴 적 친구들과 만나고 돌아오는 밤길이었다. 시골이라 상대적으로 어두웠던 길에서 낯선 남자에게 끌려가 성폭행을 당한 것이다. 거의 벌거벗겨진 채 쓰러진 그녀를 그 동네 사람들이 발견했다. 가족들은 그녀를 보호하기는커녕 수치스러워 한 것이다. 가족은 그녀를 정신병원에 입원시켰다. 그 후 퇴원하지 못한 채 그녀는 거의 20년을 병원에서 생활 한 것이다. 지금은 의료법이 바뀌어 이런 일이 개선되었지만 1980년대와 90년도에는 이런 일이 암암리에 종종 있었다.

처음에 수줍고 어색하게 무대 위에 올라온 그녀는 점차 몰입하면서 자신 안에 있는 모든 것을 폭발하듯 쏟아냈다. 자신을 성폭행한 남자와 자신을 보호해주지 않았던 가족에 대한 원망을 피를 토하는 절규로 토해냈다.

사이코드라마에는 '바타카'라는 도구가 있다. 신문지를 말아서 몽둥이 형태로 만든 것이다. 이것으로 의자를 두드리거나 치면서 소리를 내면 몰입도가 높아지고 진짜 감정을 더 잘 만나게 된다. 말로 하는 것보다, 거리를 띄우고 소리를 지르면 숨겨져 있던 깊은 감정을 더 잘 만날 수 있다. 언어는 우리를 속일 때가 있지만 몸짓과 소리는 진실을 말한다.

그녀는 온몸으로 표현했다. 비명과 절규를 동반한 소리는 어떤 말보다 우리를 울렸다. 어마어마한 공명이 일어났다. 그녀는 자신의 감정과 만나느라 주변이 보이지 않는 듯했다. 온전한 몰입이었다. 그것이 그대로 그 공간에 전해졌다. 선악이나 옳고 그름의 윤리적 잣대도 모두 벗어버리고 오로지 안에서 밀려 올라오는 감정을 만나고 표현한 것이다. 얼굴은 눈물과 콧물 범벅이었다. 몸과 얼굴에 땀이 흥건할 정도로 배어 올랐다. 그 장엄한 진실의 순간에 압도당하지 않는 사람은 한 명도 없었다. 감정과 마주하는 진실은 강력하다. 함께 있을 때 에너지로 전달되어 공명으로 울려 퍼진다. 한동안 아무도 말하지 못하고 침묵이 공간을 메웠다. 때로는 침묵이 가장 큰 공감이라는 것을 느끼는 순간이었다.

드라마가 끝나고 난 뒤 그녀의 얼굴은 처음과 달리 정말 화사해졌다. 눈에 띄게 변했다. 무엇인가 시커먼 것을 토하고 새로운 피부가 재생된 듯 해사한 얼굴빛으로 수줍게 웃었다. 그녀는 속에서 무엇인가가 빠져나갔다고 말했다. 신기한 것은 말을 더듬던 것이 많이 줄었다는 것이다. 그날 이후로 몇 번의 주인공을 자발적으로 한 뒤 그녀의 말 더듬던 습관은 완전히 없어졌다.

    20년 넘게 상담 공부를 하면서 정말 많은 분야를 배웠다. 배우는 것을 워낙 좋아해 돈을 벌면 반 이상은 배우는데 투자했던 것 같다. 우스갯소리로 배우지 않고 모았으면 서울에 집 두 채는 샀을 거라고 말한다. 사이코드라마, 해결중심치료, 이야기 치료, 게슈탈트, NLP, 정신 역동, 꿈 분석, 사티어, 변화심리학, 연극치료, 동작 치료, 영화치료, 타로, BFL(Bons for Life), 신체 기반 심리치료(Somatic Psychology), THBA(Trauma Healing through Body Self-Awareness) 등 나열해보니 정말 많다. 상담할 때 사용하는 주 무기는 드라마와 NLP를 활용한 소메틱적 접근이지만 많은 것을 알고 있으면 내담자의 성향에 맞게 접근할 수 있어서 좋다.

    내가 말하고 싶은 것은 많이 배운 것을 자랑하려는 것이 아니라 이 모든 것이 하나의 길로 통한다는 것이다. 심리상담의 가장 핵심은 억압된 감정을 느끼고 표현하게 하는 것이다. 다른 것 없다. 말, 몸짓, 연극, 미술, 동작 어떤 도구를 사용하든지 하려는 것이 바로 이것이다.

    혼자도 가능하다. 가장 손쉽게 할 수 있는 것이 혼자 있는 공간에서 소리 지르는 것이다. 나는 주로 혼자 운전하고 갈 때 자동차 안에서 한다. 부정적인 감정을 만나 그 감정이 나를 위해 하는 역할에 고마워 한 후 그 감정이 되어 소리 지르며 발산하는 것이다. 누구나 쉽게 실행할 수 있다.

부정적인 감정을 안에 쌓아두면 안 된다. 내 몸과 영혼이 파괴된다. 내 안에 부정적으로 억압된 감정을 회피하지 말고 느끼고 표현하라. 그러면 영원히 달라붙어 있을 것 같던 감정이 변한다. 다른 감정으로 바뀌고 삶도 다른 궤도에서 펼쳐지게 된다.

06

상황을 통제하려 하지 말고 몸의 소리 듣기

데카르트는 "나는 생각한다. 고로 나는 존재한다."라고 말했다. 반면 니체는 "생각은 내가 원할 때가 아니라 그것이 원할 때 온다."라고 했다. 데카르트의 '나는 생각한다'를 '그것이 생각한다'로 바꾼 것이다. 니체는 의식 저편으로부터 오는 통제할 수 없는 그 어떤 것이 존재한다고 본 것이다.

의식을 인간 기관의 맨 마지막 발달 과정으로 보았다. 가장 비완성적인 것이면서도 무기력한 것을 의식이라고 봤다. 그렇기에 니체는 인간의 근원적인 힘은 의식에서 나오지 않는다고 생각했다. 오히려 상이하고 서로 모순되는 웃음, 원망, 실망과 같은 의지의 충동으로 인해 인간의 생명력이 살아난다고 본 것이다.

니체는 의식을 오직 단어로 전달되는 기호의 의미로 보았다. 그래서 언어의 발달과 의식의 발달이 함께 간다. 이것은 언어 자체가 무의식이 라고 했던 라깡의 견해와는 다르다. 라깡이 논하는 무의식에는 몸은 없 다. 언어 없이는 성(gender)도 성 지향적인 욕망조차도 존재하지 않기 때 문이다. 반면 들뢰즈와 가타리는 신체적 무의식을 이야기했다. 이들은 무의식을 표상으로 환원하는 초기의 프로이드와 라깡의 관념을 거부했 다. 무의식은 정신적인 것과 심리적인 영역에 국한되어 있지 않다는 것 이다.

들뢰즈와 가타리는 의식에 포착되지 않는 몸의 작은 움직임 등을 무의 식적인 것으로 보았다. 이들은 무의식을 능동적이고 긍정적인 신체의 힘 으로 본 것이다. 이러한 무의식은 상황을 개척하고 형식을 창조해나간 다. 변형의 힘인 것이다. 프로이드와 라깡의 무의식적 욕망은 결핍의 욕 망이라면 들뢰즈와 가타리는 생성의 욕망을 말하고 있다. 들뢰즈와 가타 리에게 욕망은 신체적이다. 들뢰즈는 욕망을 묶여 있지 않고 자유롭게 떠다니는 에너지로 보았다. 프리드와 라깡의 욕망은 인간 행위의 숨겨 진 의미로 해독되어야 한다. 반면 들뢰즈와 가타리의 욕망은 말이나 행 동의 의미를 캐내기보다는 욕망 그 자체가 어떻게 움직이고 있는가에 초점을 맞추고 있다. 언어습득 이전에는 무의식이 존재하지 않는다는 라깡과 달리 들뢰즈와 가타리는 '언어습득 이전에 경험이 존재한다.'라고 했다. 그들은 언어습득 이전에 사회규정에 종속되지 않은 육체 안에서 생성되는 무의식을 강조한 것이다.

  그들은 욕망을 억압하지 않고 틀에 가두지 않았던 언어습득 이전의 경험을 되찾고자 했다. 부모에 의해 영향받거나 형성되기 이전의 원초적인 생명력이 있던 시절로의 회복이다. 이것은 니체가 말하는 어린이 단계의 자유로운 긍정의 정신을 연상시킨다. 삶의 의미를 묻고 되묻고 해서 결국은 삶과 다른 별도의 의미를 만들어놓고 그것에 종속시키는 짓을 하지 말자는 것이다. 오히려 삶을 그 자체의 목적으로 받아들이라는 니체의 정신이 숨겨져 있다. 들뢰즈는 이렇게 말했다. "니체에게 있어서 신체란 모든 정신적 발달에 유일한 요인이 된다."

  니체가 말한 위버멘쉬(초인)은 욕망의 결핍에서 생성된 무의식이 아니다. 자발성과 창조성이 가득한 존재다. 의식과 무의식 경계조차 뛰어넘은 그 어딘가에서 오는 생명력 넘치는 에너지다. 의식으로 상황을 통제하려는 것이 아니라 그 에너지를 받아들여 어린아이의 영혼으로 되돌아가야 한다. 그러려면 몸의 소리를 들어야 한다.

  동양의 대표적인 사상가 노자도 니체와 비슷한 이야기를 하였다. 어떤 면에서 노자의 이야기가 더 직관적이고 핵심적이다. 노자는 성인(聖人)은 "귀가 밝은 사람"이라고 했다. 귀가 밝은 사람은 "소리를 잘 듣는 사람"이다. 다시 말해서 하늘과 땅의 소리를 잘 들을 수 있는 사람은 총명한 사람이요, 달통한 사람이요, 지혜로운 사람이라고 도올 김용옥은 『노자는 옳았다』에 서술하고 있다. 나는 여기에 추가하고 싶다. 성인은 몸의 소리를 잘 듣는 사람이라고.

노자의 『도덕경』 3장에 보면 허기심(虛基心) 실기복(實基腹), 약기지(弱基志) 강기골(强基骨)이라는 말이 나온다. 성인의 다스림은 마음을 비워 배를 채우고, 뜻을 약하게 해서 뼈를 강하게 한다는 것이다. 도올 김용옥은 이렇게 말했다. "노자가 '심(心)'과 '복(腹)'을 '지(志)'와 '골(骨)'을 대비한 것을 볼 때 노자에게 인간 생명의 중추는 복과 골에 있지, 심과 지에 있지 아니한 것이다." '복'은 '오장육부'를 말하고 '골'은 '뼈'를 말한다.

다시 말해서 노자에게는 인간의 오장육부와 뼈대가 마음과 머리보다 앞선다. 서양철학은 정신을 강조해왔다. 육체는 정신보다 열등한 것으로 보았다. 이러한 사상은 집단 무의식이 되어 우리에게 영향을 미치고 있다. 그러나 노자는 정신보다는 몸이 먼저라는 것이다. 하늘의 소리는 복과 골의 소리다. 의식과 무의식보다 더 앞선 생명력의 소리다.

하늘의 소리는 복과 골을 타고 감정으로 전달된다. 성인은 백성으로 하여금 앎이 없게 하고 욕심이 없게 하는 사람이라고 했다(常使民無知無

欲). 앎과 욕심이 없는 상태는 머리로 재단하지 않고 자신을 내려놓음을 의미한다. 이때 하늘의 소리인 복과 골의 소리가 들린다. 귀가 밝아 이 소리를 잘 듣는다면 성인(聖人)의 삶을 사는 것이다.

그동안 심리학과 정신의학 분야는 근육 반응이나 장기의 반응에 거의 관심을 두지 않았다. 그 대신에 그것들과 관련된 신경 화학적 상태나 감정 상태에만 초점을 맞춰왔다. 그러나 요즘은 자동적인 신체 반응을 통해 접근하는 감각 운동 심리치료가 효과를 입증하면서 새롭게 주목받고 있다. 팻 오그던은 『트라우마와 몸』에서 감각과 움직임에 관한 다양한 접근 방법을 언급했다. 그 종류를 살펴보면 다음과 같다.

펠덴크라이스Feldenkrais, 롤핑Rolfing, 알렉산더 테크닉F. M. Alexander Techmique, 바디−마인드 센터링body−mind centering, 소메틱 경험somatic experiencing, 페소−보이든 심리치료 Pesso−Boyden psychotherapy, 루벤필드 시너지Rubenfeld synergy, 오센틱 무브먼터 authentic movement, 미덴도르프 호흡작업Middendorf breath work, 하코미 방법Hakomal method과 같은 작업을 통해서 광범위하게 연구되고 있다.

이러한 작업의 핵심은 신체적 자각이다. 알렉산더 테크닉은 연극배우였던 알렉산더에 의해 개발되었다. 어느 날 무대 위에서 목소리가 나오지 않아 신체의 움직임과 심리적 상관관계 등을 9년 동안 관찰했다. 자신의 삶에서 관찰하며 실험한 것을 토대로 알렌산더 테크닉이 만들어진 것이다. 펠덴크라이스도 마찬가지다. 물리학자였던 펠덴크라이스가 무릎 수술을 해야 하는 상황에서 자신의 몸을 관찰했다. 이를 통해 신체 움직임의 세밀한 자각이 자율신경계와 심리적인 부분에 영향을 미친다는 것을 발견하고 그 효과를 입증한 것이다.

내 삶과 내담자들에게 감각 운동 심리치료를 적용했을 때 매우 효과적이었다. 순수하게 감각 운동 심리치료로만 접근할 때도 있지만 내담자의 성향에 따라 연극, 무용, 시, 음악 등과 결합하거나 NLP와 연결하여 활용할 때 매우 빠르고 놀라운 변화들이 일어났다. 여기서는 혼자서도 간단하게 할 수 있는 세 가지 방법을 소개하고자 한다.

앞에 설명한 자각의 눈을 뜨게 하는 2분 호흡법도 광범위하게는 여기에 해당한다. 신경생물학적으로 감정적 상태에 영향을 미칠 수 있는 의식적인 뇌는 유일하게 자기관찰과 관련이 있는 내측 전전 피질이다. 여기서 자기관찰은 우리 몸의 뼈, 근육, 장기 등 내적 상태에 주의를 기울이는 것이다. 제삼자적인 객관적 관점에서 보는 방법이다.

첫 번째는 신체를 자각하는 간단한 방법이다. 눈을 감고 나의 머리는 위로 향하고 턱은 수평을 향해 있음을 인지한다. 내 어깨는 힘을 들어가지 않은 자연스러운 상태에서 양옆으로 넓게 펴진다. 골반은 밖으로 최

대한 벌어져 안정감을 유지한다. 허리부터 목의 뼈가 더 위쪽으로 늘어나 반듯해진다. 내 몸의 상태를 인지하는 순간 우리의 몸은 생각하는 방향으로 교정된다. 자각만으로 신체의 자세가 바뀐다. 자세가 바뀌면 마음도 달라진다.

정신병동에 가면 바르게 앉아 있는 환자들이 별로 없다. 어깨가 구부러져 고개를 땅으로 향하거나 턱을 위로 치켜든 상태에서 어깨와 척추를 구부리고 있는 등 다양한 자세를 취하고 있다. 그 자세가 습관화되어 고정화된다. 희한한 것은 몸을 자각하게 하고 자세가 바뀌면 심리상태도 달라진다는 것이다. 이 책을 읽는 독자도 실험해보면 알 것이다. 온종일 어깨를 움츠리고 고개를 숙인 채 터벅터벅 걸으면서 생활하고 사람들을 만나보라. 금방 우울해질 것이다.

두 번째 방법은 공간과 나를 연결하면서 자기조절을 하는 방법이다. 먼저 발이 땅에 닿는 몸의 감각을 알아차린다. 그다음은 몸이 지지를 받는 것을 알아차린다. 예를 들어 바닥이나 의자에 지지받고 있는 엉덩이와 등의 느낌을 알아차리는 것이다. 그 후 손가락, 발목, 발가락, 발목을 부드럽게 움직인다. 숨을 들여 마시고 쉬는 것을 자각하며 완료한다. 이때 특히 날숨을 관찰한다. 목을 천천히 부드럽게 돌리면서, 내가 있는 공간에 무엇이 보이고 들리고 느껴지는지 자각한다.

세 번째는 4단계 조율 방법이다. 먼저 몸의 감각을 관찰한다. 내 몸이 편안한지, 긴장하고 있는지, 꽉 조이는지 등의 흐름을 보는 것이다. 그 후 감정적 경험을 관찰한다. 내 안에 어떤 감정이 있는지 자각하는 것이다. 감정을 자각하면서 정신 활동을 관찰한다. 어떤 생각이 흘러가고 있는지 살핀다. 마지막으로 관찰자인 나를 관찰한다. 스스로 자신을 느끼고 알아차리고 있음을 자각하고, 내 어느 부위에서 그것을 알아차리고 있는지 인지한다.

　이 세 작업만 실천해도 몸의 감각을 타고 온 감정의 소리를 명료하게 들을 수 있다. 감정의 소리를 명료하게 들으면 우리 내면의 많은 문제가 해결된다. 억압과 결핍이 아닌 자발성과 창조적인 자신을 만나게 된다. 단, 감각 운동 심리치료를 할 때 가장 중요한 것은 '쉽고 편한 만큼'만 하는 것이다. 억지로 무리를 해서 하면 오히려 역효과다. 가장 중요한 것은 아는 것이 아니라 실행이다. 바로 시작해보자.

07

거꾸로 보면 맥락이 바뀐다

거꾸로 보면 세상이 다르게 보인다. 세상을 뻔하게 볼 때 삶은 지루해진다. 우울감이나 무기력에 빠진 내담자들이 와서 많이 하는 말 중 하나가 '삶이 너무 지루하다.'라는 것이다. 더는 새로운 것이 일어나지 않을 것 같고 재미가 없다는 말을 한다. 문제는 우리의 매너리즘이다. 자발성 제로 상태이다.

그런 면에서 어린아이들이 우리의 스승이다. 아이들은 세상을 끊임없이 새롭게 바라본다. 어린이 권리조약의 아버지인 야누슈 코르착은 '컵이 깨지는 순간 아이들은 새로운 순간을 본다.'라고 그의 저서 『아이들』에 서술하고 있다. "아이는 아직 모든 것이 낯섭니다. 바닥에 컵을 떨어뜨립니다. 그러면 이상한 일이 일어납니다. 컵이 사라지고 전혀 다른, 새로운 물체가 그 자리에 나타나는 거예요! 아이는 몸을 구부려 그 조각을 집습니다. 그러다 손을 베여 피가 납니다. 세상은 신비롭고 놀라운 일들로 가득합니다."

집단 상담이나 강의를 할 때 종종 사람들에게 A4용지를 주고 8장으로 접어서 찢게 한다. 그리고 돌아다니면서 가위바위보를 하여 상대편 종이를 뺏으라고 한다. 그 후 가위바위보를 해서 이긴 사람이 아니라 진 사람이 종이를 가져온 경우가 있는지 묻는다. 대부분 이긴 사람이 종이를 가져온 것을 서로 확인할 수 있다. 그러면 "선생님이 이긴 사람이 가져오라고 했잖아요."라고 반문한다. 나는 상대편 종이를 뺏으라고 했지 이긴 사람이 가져오라고 말한 적이 없다. 이것을 설명하면 여기저기서 '아~' 하고 탄성이 나온다.

왜 이런 현상이 나올까? 우리의 고정관념 때문이다. 획일화된 사고방식이 우리의 몸에 습관으로 달라붙은 것이다. 이럴 때는 문제가 생겨도 새로운 방법으로 바라보기 어렵다. 관성으로 하던 대로만 하기 때문이다. 새로운 방법으로 바라볼 때 삶의 많은 문제가 해결된다.

관성을 멈추고 거꾸로 바라보려면 일단 달려가던 길을 멈춰야 한다. 멈추지 않고는 습관화된 관성의 힘을 이겨낼 수가 없다. 타로 카드 12번을 보면 거꾸로 매달린 남자가 나온다. 한쪽 다리가 끈으로 느슨하게 묶인 상태로 거꾸로 매달려 있다. 스스로 풀고 나오려면 얼마든지 풀고 나올 수 있을 정도의 느슨함이다. 그런데도 묶인 상태에 있다는 것은, 자신의 의지로 묶여 있음을 의미한다.

얼마든지 풀고 움직여도 되는데 묶여 있는 것은 세상을 거꾸로 봐야 하는 시기이기 때문이다. 거꾸로 매달린 그의 머리 부분에는 광채가 난다. 스스로 멈춰 서서 자신과 만날 때 새로운 해결방법과 아이디어를 만날 수 있다는 것을 상징하는 그림이다.

멈추어 서서 거꾸로 맥락을 살펴보아야 할 때 활용할 수 있는 두 가지 방법을 소개하겠다. 간단해서 혼자서도 쉽고 편하게 활용할 수 있다. 반면 매우 효과적인 방법이다.

첫 번째 방법은 캐릭터 바꾸기다. 멈추어 서서 거꾸로 생각해 봐야 할 상황이면 대부분 갈등을 유발하는 대상이 있다. 나를 힘들게 하거나 억압하는 사람이 있는 경우가 많다. 그런 사람이 없다면 자기 스스로 자신을 힘들게 하던가. 이럴 때 나를 힘들게 하는 대상을 떠올려본 후 상대방의 이미지나 캐릭터를 적어보자. 온통 다 부정적인 캐릭터로 묘사되어 있을 것이다. 그것을 긍정적인 캐릭터로 바꾸는 것이다.

'뻔뻔하고 이기적이다'로 적었다고 치자. 이 캐릭터를 같은 성질을 띠는 긍정의 언어로 바꾸면 '자신을 보호하고 지킬 줄 안다'로 바꿀 수 있다. '싸가지 없다'는 '개성 있다'로 '독재적이고 안하무인이다'는 '누가 뭐라고 해도 자기의 길을 걸어가는 사람'으로 뒤집어 생각할 수 있다. 잘 안되더라도 놀이나 게임이라고 생각하고 연습해보자. 딱딱하게 굳어진 나의 뇌를 유연하게 하는 데 도움이 된다.

'약속을 안 지키고 거짓말을 잘하는 사람'을 어떻게 긍정 캐릭터로 바꿀 것인가? '이런 사람을 어떻게 긍정적으로 바꿔?'라고 생각할 수도 있지만 잠시 들여다보면 이 캐릭터에 긍정의 요소들이 있다. 우리가 인사고과나 평가를 할 때도 같은 성향을 어떤 언어로 단정 짓느냐에 따라 그 사람의 이미지는 180도 달라진다. 약속을 안 지키는 사람은 여유롭다. 급하지 않기 때문에 약속을 미루거나 지각하는 것이다. 거짓말을 하려면 상상력이 풍부하고 창의적이어야 한다. 이런 측면으로 생각하면 '약속 안 지키고 거짓말 잘하는 사람'은 '여유롭고 상상력이 풍부한 창의적인 사람'이 된다.

어린 자녀를 키우는 부모 중 아이의 거짓말에 놀라고 실망해 아이를 필요 이상으로 혼내는 경우가 종종 있다. 거짓말은 성장발달 과정의 자연스러운 부분이다. 거짓말을 아이가 했을 때 우리 아이가 '상상력이 풍부하네.'라고 거꾸로 생각하고, 거짓말을 한 행위가 아니라 그럴 수밖에 없었던 이유에 초점을 맞춰야 한다.

그때 먼저 아이가 느낀 감정에 충분히 공감을 해주어야 한다. 그리고 거짓말을 했을 때 상대방은 어떻게 느낄지 함께 생각해본다. 거짓말로 인해 발생하는 안 좋은 결과들을 탐색한다. 이와 함께 거짓말을 했을 때 느꼈던 감정도 살펴본다. 즐겁고 재미있었는지 아니면 불안했는지 등의 감정을 여행하듯 즐겁게 찾아보는 것이다. 이렇게 살펴보는 작업은 물고기를 먹여주는 것이 아니라 물고기 잡는 방법을 알려주는 것과 같다. 이 과정은 아이들이 살아가는 데 큰 도움이 된다. 동시에 어른도 그 과정에서 함께 배우고 성장한다.

어린아이들은 훈육이 되지만 어른일 경우에는 그것이 안 된다. 그럴 때는 먼저 거꾸로 생각해서 그 사람에 대한 부정적인 에너지를 바꾼다. 내 몸 안에 부정적인 것을 쌓아둘 필요가 없지 않은가? 그리고 나는 내 몫만 책임지고 타인의 몫은 그가 책임질 수 있도록 내려놓아야 한다.

잘 안되더라도 억지로 바꾸어 생각해보라. 압력밥솥에 김이 빠지듯이 뭔가가 '피식~' 하고 빠져나간다. 그러면 조금 더 여유가 생겨 문제를 풀어갈 실마리들이 보인다. 내 안에 분노와 짜증으로 가득 차 있을 때는 모터보트 엔진을 달고 주변을 보지 않은 채 달려가는 것과 같다. 잠깐의 생각 전환이 감정의 브레이크 역할을 해준다.

두 번째 방법은 '네 안에 나 찾기'이다. 먼저 내가 싫어하는 사람의 유형을 떠올려본다. 나한테 알레르기가 있는 인간 유형의 군상들 말이다.

노트를 펼치고 열 개 이상 적는다. 작성하는 방법은 '나는 이기적인 사람이 싫다.', '나는 가식적인 사람이 싫다.', '나는 우유부단한 사람이 싫다.' 이런 식으로 앞을 싫어하는 사람의 유형을 써 내려가면 된다. 모두 쓴 뒤에 그것을 소리 내서 읽어본다. 그리고 종결어미 '싫다'를 '이다'로 바꾸어 다시 소리 내어 읽는다.

'나는 이기적인 사람이 싫다.'라고 적은 문장을 '나는 이기적인 사람이다.'로 바꾸어 읽는 것이다. 이렇게 열 개를 쭉 바꾸어 읽어보자. 이때 내 안에서 진동하며 느껴지는 것이 있다. '너' 안에 있다고 여겨 그렇게도 싫어했던 것이 '내' 안에도 존재하기에 울리는 공명이 몸으로 전달될 것이다.

열 개 중 몇 개가 나에게도 해당하는지 동그라미를 표시해보자. 상담을 하면서 이 작업을 하면 대부분 여덟 개 이상은 동그라미가 쳐진다. 열개 모두 동그라미가 그려지는 경우도 많다. 적은 것을 눈으로만 읽지 말고 소리를 내서 읽어볼 것을 권한다. 왜냐하면, 목소리와 몸이 상호작용하면서 공명하는 에너지를 느낄 때 더 선명하고 강력하게 다가오기 때문이다.

처음에 잘 안 느껴져도 괜찮다. 천천히 또박또박 소리를 내어 읽다 보면 그것이 내 안에도 존재함을 알리는 신호가 포착된다. 그런 것이 안 느껴지면 그것은 내 안에 없는 것이니 고민할 필요 없다. 감정을 만나는 작업은 스트레스를 받으면서 하면 안 된다. 언제나 '쉽고 편하게, 할 수 있는 만큼'만 하면 된다. 실행이 중요하기 때문이다.

새롭게 동그라미가 쳐진 문장을 들여다보자. 그것이 나에게 정말 많은 말을 해준다. 거기에 내 역사가 담겨 있다고 해도 과언이 아니다. 나도 모르게 언젠가부터 내 안에 존재하던 아이들이다. 그것을 미워하고 싫어했기 때문에 다른 사람에게 있는 그 아이를 더 크게 미워하는 것이다. 이 것을 심리학 용어로 '투사'라고 한다.

내가 미워하고 싫어해서 쳐다보지 않았던 그 아이들과 충분히 만나야 한다. 동그라미 친 것 중에 더 크게 다가오는 문장부터 만나면 된다. '나 는 비교하는 사람이 싫다'에 크게 공명된 내담자가 있었다. 그 문장을 쓸 때 남편을 떠올리며 쓴 것이었다. 종결어미를 바꾸어 '나는 비교하는 사 람이다'로 놓고 문장을 들여다보면서 내담자는 펑펑 울었다.

어린 시절부터 자신을 비교했던 부모가 떠올랐다. 그에 얽힌 과거의 에피소드들도 주마등처럼 스쳐 지나갔다. 남편이 다른 사람과 자신을 비 교해서 짜증 났었는데 찬찬히 들여다보니 자신이 남편을 다른 사람과 더 많이 비교했다. '다른 남편들은 얼마나 자상한데…, 돈도 많이 벌어오는 데…, 시댁과의 관계를 깔끔하게 정리해주는데….' 마음속의 비교가 끝 이 없었다. 그것이 자녀들에게도 이어짐을 발견하고 서러운 통곡으로 이 어졌다.

거꾸로 생각하기는 나를 건강하게 하고 풍요롭게 하는 한 끼의 식사다. 행복을 향한 나만의 레시피로 만든 요리인 것이다. 당신은 지금까지 다른 사람들에게만 준 그 요리를 이제 당신 자신에게 줄 수 있는가?

08
___

나만의 충전 프로그램 만들기

스마트 폰 배터리가 없어서 난처했던 경험을 한 번쯤은 해보았을 것이다. 충전기도 없고 충전할 곳도 찾을 수 없을 때 정말 황당하다. 요즘처럼 스마트 폰이 우리 신체 일부가 된 상황에서는 더욱 그렇다. 스마트 폰없이는 누구에게 연락조차 하기 어렵다. 스마트 폰이 없는 순간 나의 뇌한쪽이 사라져버리는 기분이다. 한번은 강의하러 가는 중이었다. 공연진행 건으로 급하게 처리해야 하는 일이 발생했다. 바로 처리하지 않으면 큰 손실을 보게 되는 긴급한 상황이었다. 충전기도 없는데 전화기 배터리는 수명이 간당간당했다. 결국, 방전되어 우왕좌왕하며 진땀을 흘렸다. 그 뒤부터 충전기나 보조 배터리를 꼭 가지고 다닌다.

인생도 마찬가지다. 갑자기 에너지가 소진되었을 때 충전시킬 수 있는 나만의 배터리를 가지고 있어야 한다. 배터리에 종류가 맞는 충전기가 있듯이 인생의 배터리도 나한테 맞는 것이 있다. 전문가가 권해주는 것이라고 해서 나에게 딱 맞으리라는 보장은 없다. 나만의 충전 프로그램을 쉽고 효과적으로 만들 방법이 앞에 설명한 '디자인 씽킹'이다.

다양한 해결방법을 탐색한 후 당장 실행할 수 있는 쉽고 편한 나만의 방법을 만드는 것이다. 완벽할 필요는 없다. 테스트해보면서 맞는 것은 유지하고 효과가 없는 것은 안 하면 된다. 그리고 또 다른 방법을 덧붙여 실행하면서 나한테 맞는 방법을 끊임없이 새롭게 구축하는 것이다.

모든 것은 변한다. 내가 죽을 때까지 종결되는 것은 없다. 어떤 면에서 내가 죽어도 종결은 이루어지지 않는다. 바흐친이 말한 대로 우리는 '종결 불가능성' 세계에 살고 있다. 그만큼 무궁무진하다. 고정되고 획일적인 틀에 우리를 가둘 필요가 없다.

많은 사상가나 전문가들은 비슷한 맥락의 주장을 할 때도 있지만 전혀 다른 이야기를 하기도 한다. 나는 예전에는 하나의 개념이나 가치관을 지니고 있으면 다른 하나는 버려야만 하는 줄 알았다. 전문가들이 주장하는 것이면 나도 동조해야 한다고 생각했었다. 여러 견해 중 무엇이 맞는지 갈등하면서 하나의 가치관과 그에 따르는 방법을 선택했었다.

하지만 이제는 그럴 필요가 없음을 안다. 우리가 한쪽 말만 들어야 할 필요는 없다. 도서관에 꽂힌 책을 필요에 따라 보고 꽂아놓듯 그렇게 하면 되는 것이다. 그리고 내 삶에서 테스트해보는 것이 중요하다. 누군가의 말에 맹목적으로 찬성하거나 끄떡이며 반쯤 잠이 든 상태에서 좇아가는 짓은 하지 말아야 한다. 깨어서 온갖 쏟아지는 정보를 선별한 뒤 내 삶에서 테스트해보는 것이 중요하다.

우리는 인생이 어떤 곳인지 목격하기 위해 태어난 사람들이다. 제대로 구경하기 위해 다양한 법칙 중 내가 끌리는 것을 선택하여 실험해야 한다. 그 후 나하고 안 맞으면 미련 없이 버려야 한다. 맞는 방법은 유지하면서 안 맞는 것은 다른 방법으로 수정하여 또 테스트하는 것이 우리의 삶이다. 그러다 보면 이 삶이 지루할 틈이 없다. 냉철한 실험가이자 호기심이 왕성한 과학자와 예술가의 삶을 사는데 지루할 틈이 어디 있겠는가? 하루에도 수십 가지의 새로운 정보는 쏟아지고 있다. 호기심과 관심을 가지고 이것에 휘둘리는 것이 아니라 이것들을 활용하는 것이 우리의 권리이자 특권이다.

이럴 때 우리 안에 다양한 무기를 장착할 수 있다. 생존해야 하는데 그것을 굳이 버릴 필요가 있는가? 핵폭탄 하나로 끝낼 만큼 모두 죽자고 달려든 전쟁이 아닌 다음에는 육군, 해군, 공군이 필요하다. 또 군사 전략가, 장군, 졸병 모두 있어야 한다. 우리가 살아남으려면 우리 안에 있는 멀티를 작동시켜야 한다. 특히 요즘 시대에는 더하다.

내가 좋아하는 무협지에 보면 여러 다른 기질의 스승에게 무공을 배워 절대 고수가 되는 이야기가 있다. 멋지지 않은가? 물론 하나의 무공을 열심히 해서 대성하는 무협지도 많다. 그런데 나는 산만하고 호기심 많은 성격답게 다양한 무공을 배우는 주인공이 좋다. 권법과 검을 잘 다루면서 기관진식에도 뛰어난 주인공은 멋있다. 요즘은 여기에 술법까지 쓸 줄 아는 주인공을 만나면 손에서 무협지를 놓지 못한다. 멍청하거나 우직한 주인공보다는 순발력 있고 유쾌한 주인공이 끌린다.

이렇듯 사람마다 자신이 끌리는 방식이 있다. 그러면 그것을 택하면 되는 것이다. 다만 나만의 충전 프로그램을 만들 때 다양한 가능성을 열어놓고 생각하는 것이 중요하다. '디자인 씽킹' 3단계인 아이디어 단계는 생각을 발산하고 확산하는 것이지 수렴하는 단계가 아니다. 4단계 나만의 방법을 만들 때 하나의 방법을 진득하게 하는 것을 선호하는 예도 마찬가지다. 여러 개를 살펴보고 내가 고른 것을 바로 테스트해보아야 한다. 그리고 안 맞는 경우 바로 다음 것을 실행해봐야 한다. 그러려면 여러 대안을 알고 있는 것이 훨씬 유리하다. '디자인 씽킹' 사고방식은 그것을 가능하게 해준다. 우리의 마음을 다스리는데 '디자인 씽킹' 방식으로 접근하면 쉽고 편하게 내 삶의 문제를 해결할 수 있다.

정서적인 문제로 배터리가 방전되었을 때 충전하는 방법을 심리학자이지영은 『정서 조절 코칭북』에 상세하면서도 명료하게 4단계 방법론으로 설명하고 있다. 임상에서 많은 내담자를 만나고 내 삶에 적용해보았을 때 효과적인 접근 방법이다. 임상에서 4단계 방법을 적용했을 때 내담자들이 조금 더 쉽고 편안하게 충전 프로그램을 만들었던 가이드라인을 소개한다. 독자들도 함께 만들어보기를 권한다.

1단계는 알아차림이다. 자각이 모든 것의 출발점이다. 평소에 여러 방법 중 어떤 것 하나라도 정해서 지금 바로 실행하는 것이 중요하다. 나는 이 책에 하루에 한 번 숨 쉬는 것을 자각하는 간단한 방법부터 내밀하고 섬세한 자신의 감정을 알아차리는 것에 이르기까지 여러 개의 접근법을 소개했다. 5장에도 추가로 감정을 만날 방법을 제시할 것이다. 자각 훈련 방법 중 자신이 바로 쉽고 편하게 적용할 수 있는 것을 '1단계 나만의 알아차림의 실행 방법'으로 정하는 것이다.

2단계는 주의분산 방법이다. 주의분산 방법은 응급처치와 같다. 정서적인 스트레스와 갈등이 순간 나를 덮칠 때 응급처치가 필요하다. 다치면 병원에 가기 전에 소독약을 바르고 출혈을 멈추는 응급처치를 해야 한다. 그것처럼 우리 삶에도 감정의 응급처치는 매우 중요하다. 강의나 집단상담할 때 물어보면 거의 모든 사람이 본능적으로 응급처치를 하고 있다.

스트레스와 갈등 상황이 심할 때 나는 무엇을 하는지 떠올려보자. 그때 우리가 하는 대부분이 응급처치인 주의분산 방법이다. 사람들에게 물으면 대부분 음악 듣기, 잠자기, 운동하기, 수다 떨기, 매운 음식 먹기, 술 마시기 등의 주의분산 방법을 이미 하고 있다. 이러한 응급처치 방법에도 나한테 더 잘 맞는 것이 있다. 그것을 찾자.

3단계와 4단계는 정서수용방법과 인지수용방법이다. 나는 내담자들에게 이렇게 권한다. 현재 갈등과 스트레스 상태를 명료하게 자각한 후 10점 만점에 몇 점을 줄 수 있는지 체크 하게 한다. 만약 5점 미만이면 인지수용방법만 해도 된다. 그런데 5점 이상이면 특히 7점 이상으로 높은 점수의 스트레스와 갈등 상황이면 정서수용방법을 할 것을 권한다.

인지수용방법은 생각을 점검하는 접근법이다. 인간은 그 일이 일어난 이유와 맥락을 이해하면 감정이 풀린다. 진실이 아닌 것을 믿었거나 왜곡해서 생각한 것을 깨닫는 순간 치솟던 감점이 멈춘다. 역지사지로 상대의 입장을 깊게 생각해 봐도 문제가 해결된다.

하지만 이런 것은 스트레스 상태가 그다지 높지 않을 때 가능하다. 스트레스가 목이 넘칠 정도로 차올랐을 때는 효과가 없다. 예전부터 억압되고 쌓아 둔 감정이나 이슈도 마찬가지다. 머리는 이해해도 가슴이 용납을 못 하기 때문이다. 이럴 때는 정서수용방법을 해야 한다. 내 안에 있는 모든 감정을 만나서 느끼고 발산하는 작업을 해야 풀린다. 앞에서 설명했듯이 감정은 느끼고 표현해야 변한다. 그렇지 않으면 계속 쌓여서 우리를 방전시킨다. 갈등과 스트레스 점수가 높을 때는 정서수용방법으로 충분히 감정을 느끼고 표현해주어야 한다.

충전 프로그램을 만들 때 성향도 좌우한다. 나처럼 여러 가지 방법을 가지고 실험하는 것을 좋아하는 사람이 있는가 하면 하나를 깊게 실행하는 것을 좋아하는 사람도 있다. 성향에 따라 '디자인 씽킹' 4단계 프로토타입은 달라질 것이다. 그리고 내 경험에 의하면 내향적이고 신중한 사람들은 인지수용방법을 조금 더 쉽고 편안하게 여기고, 외향적이고 활달한 사람들은 정서수용방법을 편하게 적용하는 경향이 있다. 여기서 중요한 것은 맞고 틀리고가 아니다. 나한테 적합한 쉽고 편한 방법을 만들어서 실행하는 것이 더 중요하다.

테스트하는 이유는 적용했을 때 효과가 있는지 알아보기 위해서다. 예전에 잘 맞았더라도 더 좋은 변화를 가져올 수 있는 것이 있다면 프로토타입을 수정해야 한다. 그러기 위해서 열린 마음을 가져야 한다. 새로운 것을 시도해보았지만, 예전보다 효과가 없으면 다시 수정하면 된다.

인생이라는 실험장에서 진정성 있게 실험을 해나가는 것이 우리의 삶이다. 고정화되고 획일화된 순간 실험은 멈춘다. 우리가 실험하려면 충전 프로그램은 변화할 수밖에 없다. 나도 변하고 내 주변 환경과 사회도 달라지기 때문이다. 우리 몸의 세포도 초 단위로 계속 생성되고 소멸한다. 그런데 우리의 마인드는 딱딱한 틀 속에 웅크린 채 고집스럽게 앉아 있다. 고정관념에 의해 생성된 습관은 변화를 거부한다. 1분 전의 나와 1

분 뒤의 나는 같은 내가 아니다. 어떻게 하나로 우리를 고정하고 한 가지 방법만으로 나를 충전할 수 있나?

배터리도 수명이 다하면 교체해야 한다. 그것처럼 나만의 충전방법도 마찬가지다. 나에게 맞는 충전 프로그램을 만들어 유쾌한 실험을 지속하자.

<감정 주파수 맞추기 실천 로드맵 IV>

1. 디자인 씽킹

1) 공감 : 감정 알아차리기, 그 감정에 충분히 공감하기

2) 문제 정의 : 감정이 주는 유익 찾아보기.

예) '우울하다'는 '우울해지고 싶다'로 바꾸기.

우울하고 싶은 구체적 이유 탐색하여 '우울'이 주는 유익 찾기

그 유익을 포기할 것인지 포기하지 않을 것인지 선택하기

3) 아이디어 : 문제를 풀어갈 다양한 해결방법 모으기

4) 프로토타입 : 아이디어 중 지금 바로 쉽고 편하게 실행할 수 있는 것 고르기

5) 테스트 : 삶의 실험장에서 테스트해보기

2. 내 인생의 하이라이트 7개

1) 내 인생에서 가장 찬란하고 행복했던 순간 7컷 고르기

2) 행복한 순간들의 공통점을 찾아 적어보기

3. 내 인생의 의자 7개

1) 내 인생을 대표할 수 있는 7개의 상황을 떠올리기

2) 그 당시의 기억을 불러와 감각을 느껴보기

　　− 처음 보았던 것이 무엇인지 떠올리기

　　− 그때 나는 어떤 옷을 입었었는지 떠올려보기

　　− 어떤 소리가 났었는지 떠올리기

　　− 나는 무엇을 하고 있었는지 떠올리기

　　− 그때 내 기분 상태를 떠올리기

3) 소리(언어)와 행위를 동반해서 표현해보기

4. 2분 호흡 훈련

1) 나의 자세를 자각하기

　　− 누워 있든, 앉아 있든, 걷는 중이건 상관 없음

2) 코, 배, 가슴 중 하나에 의도적으로 집중하여 들숨과 날숨을 2분간

자각하기

5. 내 감정에 주체적인 이름 붙이기

1) 올라오는 감정을 자각하기

2) 감정에 주체적으로 이름 붙이기

예) 무기력 = 물에 빠진 솜, 분노 = 빨간 괴물

3) 의인화를 통해 감정과 나를 분리하기

6. 발산하기 : 감정은 느끼고 표현하면 변한다

1) 소리 지르기, 그림 그리기, 춤추기, 글쓰기 등의 표현하기

2) 나와 감정을 동일시하는 것이 아니라 감정과 나를 분리하여 그 감정이 되어 발산

예) 분노 씨, 비교 씨, 절망 씨, 우울 씨, 짜증 씨 등 감정을 의인화해서 표현하기

7. 감각 운동 심리치료 방법 세 가지 (신체 자각, 자기조절 연습, 4단계 조율법)

1) 신체 자각

　　- 눈을 감고 나의 머리는 위로 향하고 턱은 수평을 향해 있음을 인지하기

　　- 내 어깨는 힘이 들어가지 않은 자연스러운 상태에서 양옆으로 넓게 펴기

　　- 골반은 밖으로 최대한 벌어져 안정감을 유지하기

　　- 허리부터 목의 뼈가 더 위로 위로 늘어나도록 하기

2) 자기조절 연습

– 먼저 발이 땅에 닿는 몸의 감각을 알아차리기

– 몸이 지지를 받는 것을 알아차리기

– 손가락, 발목, 발가락, 발목을 부드럽게 움직이기

– 숨을 들여 마시고 쉬는 것을 자각하며 완료하기, 이때 특히 날숨을 관찰하기

– 목을 천천히 부드럽게 돌리면서 내가 있는 공간에 무엇이 보이고 들리고 느껴지는지 자각하기

3) 4단계 조율법

– 먼저 몸의 감각을 관찰하기 (편안한지, 긴장하고 있는지, 꽉 조이는지)

– 감정적 경험을 관찰하기 (내 안에 어떤 감정이 있는지 자각)

– 감정을 자각하면 정신 활동을 관찰하기 (어떤 생각이 흘러가고 있는지 살피기)

– 관찰자인 나를 관찰하기

– 스스로 자기 자신을 느끼고 알아차리고 있음을 자각하고, 내 어느 부위에서 그것을 알아차리고 있는지 인지하기

8. 캐릭터 거꾸로 바꾸기

1) 갈등상태의 대상에 대해 떠올리고 그에 대한 성향이나 캐릭터 적기

2) 적은 캐릭터를 뒤집어서 적어보기

예) 우유부단한 → 여유 있는, 싸가지 없는 → 개성이 강한

9. 종결어미 바꾸기

1) 내가 싫어하는 유형을 10문장 이상 적어보기

  예) 나는 비교하는 사람이 싫다.

2) 종결어미를 '싫다'에서 '이다'로 바꾸기

  예) 나는 비교하는 사람이다.

3) 내 안에 있는 것 체크하기

행복은 배우는 일이다.
자신을 실험하는 용기를 가져야 한다.

– 샬돈느 –

5장

"
감정주파수만 맞춰도
인생이 달라진다
"

01

감정의 충동에서 벗어나다

감정을 정확하고 예리하게 짚어내는 능력이 상실되면 우리의 삶은 혼란에 빠진다. 그 능력이 잠시 심술을 부리거나 흥분한 상태일 때는 바로 행동하면 안 된다. 그 기분이나 느낌을 믿고서 내린 선택은 무참한 결과를 가져오기 때문이다.

감정은 우리에게 많은 말을 해준다. 앞에서 이야기했듯이 감정을 자극하는 채널은 여러 가지다. 이 채널 중 오해와 왜곡이 쌓인 의식 채널이 감정을 부추길 때 행동하면 백발백중 쓴맛을 보게 된다. 진실이 아닌 것을 믿고 내지른 행동은 처참한 결과를 가져온다. 결핍에 의한 무의식에서 오는 신호도 바로 행위로 옮기면 안 된다. 나를 비롯한 주변이 다친다. 의식과 무의식의 경계를 넘어선 생명력이 넘치는 자발성 채널에서 전달받은 감정만 바로 실행할 때 탈이 없다. 오히려 이것은 즉시 실행하는 것이 더 맞다.

그러면 의식과 무의식에서 오는 감정은 어떻게 해야 하나? 표현하지 않고 억압한 감정은 더 역기능적으로 표출되어 우리의 몸과 마음을 공격한다. 그러면 도대체 어떻게 하라는 말인가? 그리고 감정은 느끼고 표현하라면서 왜 한 입으로 두말하나? 이랬다저랬다 뭘 어쩌라고? 이렇게 느낄 수도 있다.

이것을 명료하게 정리하면 다음과 같다. 의식과 무의식에서 올라오는 감정의 표현은 안전한 장소에서만 해야 한다. 여기저기 표현하면 나도 다치고 주변도 다친다. 람보르기니를 몰면서 도로 상황을 안 보고 내 마음대로 질주하는 것과 똑같은 형국이다. 성능 좋은 감정이 대형 교통사고를 일으킨다. 그러므로 반드시 안전한 장소에서만 표현해야 한다.

안전한 장소란 무엇을 말하는 것인가? 크게 세 곳을 안전한 장소라 규정할 수 있다.

첫 번째는 가면을 벗고 내 밑 마음을 여과 없이 이야기해도 다 들어줄 수 있는 한 명이 있으면 된다. 내가 어떤 이야기와 행동을 해도 상처받지 않을 한 명이 있다면 그곳이 안전한 장소다. 감정이 내 몸에서 빠져나갈 때까지 원 없이 표현할 동안 그 부정적 에너지와 내 원시적인 거친 모습을 그대로 받아줄 한 명이 있으면 된다.

내가 집단 상담이나 강의를 할 때 이런 사람이 주변에 있냐고 물으면 손을 드는 사람들이 간혹 있다. 남편이나 친구가 이런 사람이라고 말한다. 이런 사람들은 전생에 나라를 몇 번이나 구한 사람들이다. 특히 배우자가 그런 경우는 나라를 한 백 번쯤 넘게 구한 경우다. 대부분은 이런 억압된 감정을 드러내면 기겁하거나 서로 싸운다. 그렇지 않고 들어준다고 해도 많이 들어줘야 세 번 정도 될까. 솔직한 감정을 세 번쯤 표현하면 대부분 "저번에 이야기했거든." 하면서 그만 말하라고 한다.

두 번째 안전한 공간은 혼자 있을 때다. 혼자 있을 때만큼 안전한 공간은 없다. 어떤 면에서 세상에서 가장 안전한 공간이다. 혼자 있을 때 내 안의 모든 것을 거리낌 없이 표현할 수 있다. 하지만 이것도 해본 사람만 한다. 그래서 훈련이 필요하다. 훈련은 별다른 것이 아니라, 실행해보는 것이다. 소리 지르고, 그림 그리고, 춤추고, 울고, 웃는 것 등 올라오는 대로 해보는 것이다. 이것이 정서수용방법의 대표적인 것들이다. 이 모든 것을 혼자 있을 때는 거리낌 없이 할 수 있다. '아무도 없는 것처럼 춤을 추라'는 것이 아니라 진짜 아무도 없으므로 마음껏 춤추고 표현하라는 것이다.

세 번째 방법은 나와 같은 전문가한테 와서 표현하는 것이다. 첫 번째와 두 번째 방법이 안 될 때 나 같은 사람이 필요하다. 안전한 놀이판이 만들어진 의도적 공간에서 표현하는 것이다. 동서양을 막론하고 예전부터 잔치나 축제가 있었다. 한국도 잔치 때 탈춤이나 마당 놀이극 등으로 나라님도 욕했다. 집단의 억눌린 욕망을 풀어내는 놀이판이었다. 인류 문명에는 이렇게 억압된 것을 풀어내는 장치들이 항상 존재했다. 그렇지 않으면 문명이 유지되기 힘들다는 것을 안 것이다. 우리 인간도 마찬가지다. 이렇게 표현하는 것이 중요하다.

표현할 때 우리 안에 억압되었던 저 깊숙한 것까지 모두 풀어헤쳐 표현하면 할수록 좋다. 한동안 안 쓰던 냄새나는 찌든 화장실 청소를 할 때 바닥부터 세면대 구석구석 한 번 닦아놓으면 그다음이 편한 것과 마찬가지다.

사이코드라마를 하다 보면 비명, 욕설, 통곡, 노래, 춤추기 등 내 안에서 어떤 것이 튀어나올지 모른다. 그때는 선악도 도덕적 잣대도 모두 필요 없다. 잉여현실을 마음껏 표현해야 한다. 어떻게 보면 '울기', '웃기', '욕하기', '소리 지르기', '춤추기', '비명을 지르기' 등등의 행위가 미친 짓처럼 보일 수도 있다. 이것을 광기라 표현해도 좋다. 예술가나 특정인만 광기가 있는 것이 아니라 우리 모두에게 이런 광기가 존재한다.

다만 그것을 풀어내고 펼쳐내지 못할 뿐이다. 그 어떤 현실도 자신도 보지 않고 억압하려는 습관 때문이다. 사회에 발맞춰 살아가야 한다는 고정관념이 안전한 공간에서조차 자신을 스스로 억압하고 있다. 이러한 현상을 '생명 없는 사회적 죽음과도 같은 인간의 로봇화'라고 최헌진은 정의했다. 자발성의 반대 개념인 문화 보존성의 대표적인 로봇증(robopathy)이 이런 방식으로 드러난다. 문명이 제시한 안전한 감옥에서 편안하고 고고하게 살아야 하는데 억압된 감정을 풀어낸다는 것은 말도 안 되는 행위인 것이다.

억압된 감정을 모두 풀어헤치고 한바탕 놀 때 우리는 본연의 자발성과 창조성을 만난다. 이 세상을 소풍 삼아 놀고 갈 수 있는 것이다. 그렇지 않으면 우리는 작아지고 소외된 채 규격화가 되어 살아간다. 삐죽삐죽 튀어나오는 역기능적 감정들에 쩔쩔매며 여기저기 구멍 난 곳을 꿰매기 바쁘다. 이렇게 넝마가 된 영혼을 입은 채 살아가는 것이다.

20세기 서양 연극에 지대한 영향을 끼친 앙또냉 아르토는 문명이 인류의 영혼을 구할 수 없다고 보았다. 문명은 삶과 이론의 괴리를 일으킨다. 도전과 모험은 소설이나 영화 속으로 사라지고, 시들어버린 정열과 사랑은 잘 만들어진 드라마를 통해 향수만을 자극받을 뿐이다. 철저히 분업화된 세상에서 인간이 할 수 있는 일이라고는 오직 의식주 해결을 위해 고군분투하는 것뿐이다. 이런 시각을 가지고 있던 아르토는 멕시코를 비롯해 발리의 문화 안에서 문명이 아닌 우리의 원시적 생명력을 끌어내려고 했다. 예술가 중 이러한 원시적 생명력 안에 존재하는 잉여현실이 우리를 살릴 것으로 생각한 사람들이 많다. 그들은 거침없이 거기에 뛰어들었다.

그 대표적인 예술가가 보들레르다. 보들레르의 악의 꽃이나 파리의 우울은 직관적이면서도 규격화된 문명이 인간을 얼마나 황폐화하는지 고발하고 있다. 우리의 삶의 생명력은 문명이 아닌 원시성과 억압받지 않은 자발성에서 나오고 있음을 그는 말하고 있다. 낮의 신인 아폴론의 세계만으로는 인간이 제대로 살 수 없다. 디오니소스의 밤의 축제, 박카스 축제가 함께 공존할 때 인간을 숨 쉬게 하고 살아 있게 한다. 우리 문명이 계속 유지되어 올 수 있었던 것은 아폴론의 낮만 있지 않고 디오니소스의 밤도 존재하기 때문이다.

보들레르는 파리의 우울에서 거지를 만난 장면을 산문시로 묘사했다. 보들레르가 식당에 들어가려고 하는데 한 늙은 거지가 불쌍한 눈과 표정을 하고 와서 구걸한다. 보통 우리는 돈을 주거나 거지를 무시하고 식당에 들어갈 것이다. 그런데 보들레르는 그러지 않았다. 전혀 다른 돌발 행동을 한다. 거기서 보들레르는 거지를 때린다. 그러자 화가 난 늙은 거지가 보들레르에게 더한 폭력을 행사한다. 보들레르는 거지에게 맞아서 피투성이 얼굴이 되어 주머니에 있는 돈을 다 꺼낸다. 그리고 거지에게 그 돈을 주며 말한다. "당신의 살아난 눈은 이제 내 돈을 받을 자격이 충분히 되오." 보들레르는 사람을 보고 행동하는 관점이 일반적이지 않다. 다른 시각에서 보고 행동한다. 보들레르가 한 행위는 충동이 아니다. 자발성에서 나오는 거침없는 원시적 생명력이다. 그래서, 거기에 울림이 있고 공명이 일어난다.

하지만 단순한 충동은 이것과 다르다. 충동은 우리의 삶을 망치고 큰 코다치게 한다. 이것은 결핍과 억압에 눌려 있던 감정을 동반할 때 일어난다. 그렇기에 이런 감정은 행위로 연결하지 말고 안전한 공간에서 풀어내야 한다. 그래야 타인한테 안전하게 잘 전달할 수 있다.

다른 사람들에게는 표현이 아닌 전달을 해야 한다. 이것을 혼동하는 경우가 많다. 나도 그랬다. 보들레르나 니체가 말한 자발성과 충동을 혼동한 것이다. 그래서 내 삶이 지옥이 되었다. 이런 사상을 안 만났다면 오히려 낙타 단계로 문명의 틀 안에서 안전하고 더 행복했을까? 답답하고 지루했을까?

내가 이 실험을 가장 격렬하게 한 대상은 남편이었다. 이 세상에서 가면 벗은 나의 맨 얼굴의 저 밑바닥까지 본 유일한 사람이 남편일 것이다. 사이코드라마에서 자발성의 정신을 가지고 훈련하고 놀이를 할 때도 나는 타인을 의식했다. 나를 꺼내놓는 데 한계가 있었다. 이것을 깨부순 것이 남편이었다. 남편도 나도 보들레르를 좋아한다. 그래서 우리는 충동과 자발성을 혼동했고 그 실험 결과는 서로를 난폭하게 상처 입히는 난장판으로 끝났다. 오히려 솔직하지 않은 것이 상대방을 무시하는 것으로 생각한 남편과 나는 끝까지 솔직했다. 쓸데없는 부분까지도 솔직했던 것이다. 관계의 거리가 필요하다는 말을 그때는 나도 남편도 가식이라 생각했다. 진짜 만남은 모든 것을 솔직하게 보여줄 수 있는 진정한 부딪힘이 일어나는 관계라고 보았다.

내 삶에서 십 년 넘게 실험하면서 나온 결과는 충동과 자발성은 비슷해보이나 전혀 다르다는 것이다. 그리고 충동을 자발성으로 오인할 때 삶에 지옥이 펼쳐진다. 지옥을 경험하고 싶은 사람은 충동적으로 살면 된다.

02

감정을 있는 그대로 수용하기

감정을 있는 그대로 수용하기는 쉽지 않다. 이것은 개인의 문제만은 아니기 때문이다. '있는 그대로 수용하기' 위해서는 타인의 시선이나 사회적 편견에서 자유로워야 한다. 한 개인이 결단하여 자신과 다른 사람들을 있는 그대로 수용한다고 해도 그것을 유지하도록 사회가 그냥 내버려두지 않기 때문이다. 웬만큼 단련되고 강하지 않으면 지속하는 것이 어렵다. 그러므로 우리가 감정을 있는 그대로 수용하기 위해서는 개인의 작업과 함께 사회적 성찰도 동시에 이루어져야 한다.

우리 사회는 자기 자신도 타인도 있는 그대로 존재하도록 허용하지 않는다. 끊임없이 조충평판하게 한다.

부모들은 자녀가 돌이 지나 걷기 시작하면 기적이 일어난 것처럼 신기해하며 주변에 알린다. 옹알이하면 우리 아이가 천재가 아닌가 싶어 기뻐한다. 이렇게 변화를 성장과 발달로 여기며 좋아했던 우리는 정작 나이가 드는 것은 싫어한다. 남녀차별보다 더 지독한 것이 나이 차별이다. 남녀차별은 인식이라도 하고 있지만, 나이 차별은 인식조차 안 되는 경우가 많다. 이 사회에서 '늙었다.'라는 것은 하나의 낙인이다.

친구들을 만났을 때 '동안이다.'라는 말을 들으면 기분이 좋지만 '너 나이 들어 보인다.'라고 하면 좋았던 기분도 상하기 마련이다. 집에 와서 몇 번이나 거울을 보며 속상해진다. 옹알이하고 걷기 시작했던 것을 축하하던 우리는 돋보기를 끼고 지팡이를 짚는 것은 축하하지 않는다. 얼굴 속에 주름이 하나씩 늘어날 때마다 한숨도 늘어난다. 이 시대는 동안의 시대다. 내 나이로 보이는 것은 이제 치욕인 시대에 살고 있다. 여기저기 젊어지는 제품에 대한 광고가 넘쳐난다. 이런 사회에서 내 얼굴에 늘어나는 주름과 검버섯, 새로 맞춘 틀니를 감사하는 마음으로 있는 그대로 수용하기는 쉽지 않다.

이런 낙인과 차별은 사회 곳곳에 존재한다. 사회적 낙인은 우리 개인들에게 지대한 영향을 미친다. 낙오자들을 보호하고 같이 살아보자는 것이 사회복지다. 그래서 사회복지 분야는 여성복지, 노인복지, 장애인 복지, 아동 청소년 복지로 나뉜다. 남성복지는 없다. 왜냐하면, 남성은 그래도 상대적으로 가장 차별받지 않은 존재이기 때문이다.

이 세계는 아직 백인 남성에 의해서 주도되고 있다. 내가 사회복지 실습을 하러 미국에 갔을 때였다. 임상 사회복지 분야의 교수가 했던 말이 인상적으로 남는다. 집단상담할 때 "Who are you?" 하고 물으면 여자들은 '나는 여자입니다'부터 대답한다. 흑인은 '나는 흑인입니다'를 먼저 말한다. 성 소수자들은 '나는 레즈비언입니다' 또는 '나는 게이입니다'를 첫 번째로 말한다. 백인 남자는 자신의 취향이나 특성을 말한다. 여기서 '낙인찍기'의 순서가 결정된다고 교수는 말했다. 가장 취약계층은 성 소수자였고, 그다음이 인종, 남녀차별 순이었다. 사회적 쿠션이 가장 두둑한 계층은 백인 남성이었다. 이렇게 우리 사회는 자기 자신을 있는 그대로 받아들이지 못하고 낙인찍도록 시스템이 작동하고 있다.

이것은 건강에 대해서도 마찬가지다. 사회단체 활동가이자 페미니스트인 조한진희는 『아파도 미안하지 않습니다』에서 이렇게 말했다. "우리에게 필요한 것은 고된 노동을 반복해도 절대 아프지 않은, 무한히 노동할 수 있는 몸이 아니다. 자연이 생명체에 부여한 생로병사를 낙인이나 차별 없이 겪을 수 있는 몸, 잘 아플 수 있는 사회가 필요하다."

그녀는 '철인 3종 경기'를 준비할 만큼 튼튼한 몸을 자랑했었다. 어느 날 암 진단을 받은 뒤 건강한 것만을 정상으로 취급하는 사회에서 '아픈

나'를 긍정하기 위해 고군분투하며 느낀 것이 '잘 아플 수 있는 사회'가 필요하다는 것이다. 사회가 정상이라고 정해지지 않은 다양성을 있는 그대로 인정할 때 우리의 고통이 줄어들 것이다. 질병도 마찬가지다. 사회는 아프고 병든 것을 껴안지 않는다. 모든 것을 개인 탓으로 넘겨버리고 그것은 사회적 편견과 시선이 되어 개인 스스로가 자신을 있는 그대로 수용하지 못하도록 한다. 이것은 다시 사회적 편견이 되어 견고해지는 악순환을 걷게 된다.

사회가 아픈 사람을 대하는 태도가 변하면 아픈 사람들도 자기 자신을 지금과는 다르게 받아들일 수 있다. 지금은 아픈 것이 죄가 되는 시기다. 코로나만 걸려도 옆에 있는 사람에게 미안하다. 한 개인의 잘못이 되어버리기 때문이다. "사회가 질병을 대하는 태도가 변하면, 아픈 사람들의 '불행'도 변화한다. 아파도 괜찮다고 사회가 말해줄 수 있다면 아픈 이의 고통이 줄어들게 되고, 결국 아픈 이의 몸이 변화하게 된다."고 조한진희는 말했다.

그나마 육체적 질병은 낫다. 똑같은 질병인데도 급이 있다. 정신병에 대한 낙인은 그 어떤 것보다 심하다. 의사나 그의 가족이 암에 걸리면 사람들은 안타까워하며 그러려니 한다. 하지만 정신과 의사나 심리상담사에게 그런 일이 발생하면 인격과 전문성의 부족으로 직결된다. 내 남편이 우울증에 공황장애가 있고 알코올 의존증이라는 것을 있는 그대로 받아들이고 드러내기는 쉽지 않았다.

이런 상황을 받아들이기까지 사이토 미치오가 쓴 『지금 이대로도 괜찮아』라는 책이 큰 도움이 되었다. 이 책은 홋카이도 남쪽 우라카와라는 동네에 있는 정신장애인 공동 주거 '베델의 집'에서 자립적으로 생활하는 사람들의 이야기를 담고 있다. '베델의 집'은 그 누구도 관리하지 않고 규칙을 요구하지 않는다. 관리나 규칙을 배제한 방식으로 생활한다. '그렇게 살자고 정한 것이 아니라 그렇게 하지 않으면 제대로 살아갈 수 없는 사람들이 스스로 찾아낸 생활 방식이다.'라고 사이토 미치오는 말했다.

신체장애인보다 정신장애인은 더 비정상적으로 취급된다. 감기나 위염처럼 간단히 고칠 수 없는 병이 정신병이다. '이런 병에 걸린 것은 네 의지의 문제다.', '지금 이대로의 너는 틀렸다.' 정신장애인들은 이런 메시지를 평생 질리도록 듣는다. '베델의 집' 생활 방식은 병이 있든 없든 지금 그대로도 괜찮다고 생각하는 데서 출발한다.

'베델의 집'은 여러 어려움을 겪으면서 사업을 시작하고 회사를 설립했다. 아무도 자르지 않으면서 이익을 낸다는 쉽지 않은 일에 도전한 것이다. 이것은 정상인의 사회에서는 결코 실현될 수 없는 일이다. 일할 수 없는 사람은 하지 않아도 된다는 불평등한 시스템을 일반사회는 허용하지 않기 때문이다. 일하고 싶어도 일할 수 없는 사람이 있다는 것을 사회는 순수하게 인정하지 않는다. 평등하게 바라보지 않고 낙인을 찍은 후 작은 수혜를 베풀 뿐이다.

'베델의 집'은 병의 증상이 나타나면 일할 수 없게 된다는 것을 서로 인정했다. 안심하고 일에서 빠져도 된다는 보장을 받았다. 그런 면에서 그들은 진정한 의미의 자유를 누리고 있었다. 이런 환경 속에서도 이익을 내며 사업을 성공시키자 이들의 공간은 유명해졌다. 이들은 환청과 망각을 가진 채 그것을 그대로 인정하며 강연하고 장사를 하며 살아가고 있다.

보알의 포럼 연극을 15년 넘게 공연하면서 가장 인상 깊었던 무대는 대전정신보건센터에서 의뢰한 공연이었다. 이 공연은 〈고장 난 바이올린〉이라는 제목으로 조현병 주인공의 이야기를 담은 프락시스 창작극이다. 프락시스는 내가 공동대표로 있는 극단이다.

관객은 정신병을 앓고 있는 환자나 그의 가족들이었다. 300명이 넘는 객석을 모두 채운 공연이었다. 처음 공연을 준비할 때 나도 배우들도 과연 제대로 진행될 수 있을지 걱정이었다. 포럼 연극은 참여연극이다. 준비한 연극을 보여주고 뒷부분은 관객과 상호소통하며 다양한 대안을 탐색한다. 공연 후반은 관객의 이야기로 즉흥극이 만들어지거나 관객이 무대 위에 올라와 새로운 극을 만들어가야 한다. 그러기에 300명이라는 관객도 부담이었는데, 더군다나 대상이 주는 편견이 우리를 더 염려하게 했다.

하지만 결과는 놀라웠다. 지금까지 만난 그 어떤 관객보다 진지했으며 집중했고 유쾌했다. 관객이 무대 위에 천천히 올라오거나 말을 더듬거나 침묵의 시간이 길어져도 모두 있는 그대로 수용했다. 무대 위에 올라온 관객과 객석의 관객 그리고 배우, 모두 하나로 연결되어 서로의 진동을 느꼈다. 그 공명이 배우와 관객 모두를 울고 웃게 했다. 지금 다시 생각해도 감동의 순간이었다.

이러한 일들이 일어나는 것은 감정을 있는 그대로 인정했기에 생기는 감동과 기적이다. 개인은 사회의 영향을 받을 수밖에 없다. 우리는 아주 어린 시절부터 자신을 있는 그대로 수용하는 방법을 배우지 못했다. 그러니 당연히 감정을 있는 그대로 받아들이는 것이 미숙할 수밖에 없다. 출발은 있는 그대로 나를 수용하기 어려운 나 자신을 그대로 받아들이는 것부터 하면 된다. 어려운 것이 너무 당연하기 때문이다.

자연스러운 느낌을 인정하기

자연스러운 느낌을 인정하지 못해서 걸리는 병이 정신병이다. 조현병은 현실을 있는 그대로 받아들일 수 없기에 환상과 망각으로 도망간다. 그런데 정작 조현병 환자들은 그 병으로 인해 곤혹스러워하면서도 가장 순수하게 그 상황을 받아들인다.

처음 정신병동 실습하러 갔을 때가 기억난다. 병원 관계자가 잠겨 있는 철문을 열 때 나도 모르게 침이 꼴깍 넘어갔다. 긴장으로 몸에 힘이 바짝 들어갔다. 환경이 주는 분위기부터 사람을 긴장시켰다. 사이코드라마를 하면서 그렇게 공부하고 배웠는데도 내 몸에 달라붙은 선입견은 쉽게 떨어지지 않았다. 겉으로는 아무렇지 않고 태연한 척했지만, 등 뒤에는 식은땀이 흐르고 속이 바짝바짝 탔다. 가까이 가기엔 너무 먼 당신처럼 그들과 나 사이에 경계선을 긋고 있었다. 나는 정상이고 그들은 비정상이었다. 그러나 그 뒤 그들과 계속 만나면서 그랬던 나 자신이 부끄러워졌다.

영화나 뉴스 등의 미디어에서 괴물처럼 인식되던 그들의 영혼은 순수했다. 우리가 오히려 타락한 영혼이었다. 순수하므로 현실을 견디기 어려워 망상과 환각 속에 숨은 사람들이었다. 사이코드라마를 할 때 그 누구보다도 열성적으로 주변을 의식하지 않고 주인공을 하겠다고 손들고 나왔다.

그녀는 머리를 항상 양 갈래로 따고 새치름하게 앉아 있었다. 그녀는 40대 후반이었지만 영혼은 이십 대 초반이었다. 항상 다소곳이 앉아 눈웃음을 치며 조용조용 말했다. 누군가 팔을 잡으면 "언니 나 만지지 마! 만지는 것 불쾌해." 이런 말들을 친절한 금자씨의 이영애 버전으로 말했다. 그것이 그녀와 기막히게 잘 어울렸다.

워밍업에서 빈 의자 뒷부분이 보이도록 놓았다. 등 뒤 돌려진 의자를 보고 연상되는 사람이나 사건이 생각난 주인공을 초대했다. 그녀가 무대에 올라왔다. 그녀는 허공을 바라보며 띄엄띄엄 이야기했다. 한 곳을 응시하는 눈과 함께 온몸에 조현병 환자 특유의 긴장된 태평함이 감돌았다. "엄마가…아이를… 낳으면… 안 된다고…, 우주에… 있는 김치공장에서. 김치들이 내 뱃속으로… 들어와 춤을 춰. 아파서 안 돼. 엄마한테 혼나."

관객은 가만히 귀 기울이고 있다. 이야기를 건너뛰어 알아듣기 힘들었다. 힘든 기억이 떠오른 건지, 싫은 일이라도 당한 것인지 손이 내내 흔들리듯 떨렸다. 약의 부작용일 것이다. 조현병 환자가 흔히 그러는 것처럼, 그녀는 말 중간에 숨을 쉬고, 막히면 뜸을 들이고 조금씩 질금질금 이야기를 이어나갔다. 발음이 군데군데 명료하지 않은 것 역시 약 탓인데, 극단적인 생략을 거듭한 이야기가 여느 때보다는 훨씬 난해했다. 처음 듣는 사람은 이제 거의 알아들을 수 없었다.

하지만 그녀와 작업을 많이 한 나는 무슨 말을 하려는지 대충 알아들을 수 있었다. 의자의 등 뒤를 보고 자신의 어머니가 떠오른 것이다. 그리고 자신이 낙태한 아이들의 목소리가 들렸다. 환청과 대치하면서 유지되고 있는 자기 생활의 위태로움을 말한 것이다. 어쨌든 조현병 환자에게 환청은 아주 생생하다. 도저히 공상의 산물로 생각되지 않는다. 항상 머릿속에 갑자기 목소리가 들리고, 느닷없이 "뭘 하는 거야!"라거나 "그러면 안 되잖아!"라고 꾸짖는다. 환청이 여러 사람의 목소리로 들려오는 경우가 많다.

불완전하게나마 그럭저럭 자신의 상태를 설명할 수 있게 되었다. 그때였다. "그~마~안" 관객석에서 정적을 깨는 외침 소리가 들렸다. 남자 환자가 갑자기 무대 밑에서 고함을 지르기 시작한 것이다. "빨리 해! 아, 열 받어! 그냥 내가 할래!" 그녀를 보고 고함을 지르지만, 그녀에게 화를 내는 것은 아니다. 그는 이렇게 사람들을 놀라게 하는 일이 있다. 사람들이 보이는 자리에 나가서는 느닷없이 노래를 부르거나 고함을 지른다. 그날도 고함을 지르는 것을 보면 무엇인가 짜증이 난 것이다.

그녀는 그를 쳐다보지 않은 채 가만히 앞만 보고 있다. 조용히 단정하게 앉아 미소만 짓고 있다. 그는 다시 뭔 소린지 모를 고함을 질러댔다. 그리고는 머리를 감싸 쥐고 웅크렸다. 그녀는 다시 드라마를 시작했다. "그가요… 환청이….." 중요한 장면으로 들어가려는 순간, 다시 외침 소리가 맥을 끊었다. "그거 아니라고! 그 마는 다르케…" 그거 아니라고까지는 알겠지만, 그다음은 무슨 말인지 모르겠다.

누구를 보는 것도 아니고 누구를 향한 것도 아니다. 그는 몸을 구부린 채 뭔가에 홀린 것처럼 계속 외쳐댄다. 그 외침 소리가 갑자기 낮은 톤으로 바뀌더니 급기야 울음소리로 변한다. '하지 마. 아 그렇게 하라고.'라고 하는 걸까? 하지 말라고 하는 걸까? 어쩐 일인지 아주 처량한 울음소리가 되어버렸다. 하지만 마지막엔 웃음을 터트리며 명령했다. 이 다채로운 변화에 관객은 무심코 웃음이 터졌다. 주인공에게 당황했냐고 묻자 '환청 같아요… 그래서 괜찮아요.'라고 답했다. 그녀는 늘 듣는 환청처럼 자연스러운 소리로 들었던 것이다. 그 말을 듣고 관객들은 동의하듯 고개를 끄떡이거나 웃었다.

　나는 이들과 몇 년 동안 사이코드라마를 하면서 많은 것을 배웠다. 그 시간에는 말이 안 되는 소리도 허용되었다. 환상과 망각 속의 연결 되지 않은 뜬금없는 이야기들 속에 맥락이 찾아지고 그 안에서 웃음과 울음이 어우러질 수 있었다. 스스로 자신의 느낌에 솔직했고 그것을 그대로 인정했다. 어떤 포장과 꾸밈도 없는 시간이었다. 그래서 정신병동에 있는 사람들과의 작업은 다른 어떤 사람들과의 작업보다 순수했다. 아무도 밟지 않는 첫눈처럼. 결코, 정신병을 미화하거나 우습게 보는 것이 아니다. 오히려 반대로 정신병이 얼마나 곤혹스러운 병이고, 이 병 앞에서 얼마나 무기력한가를 다 알아버린 사람들이 만들어내는 아주 정직한 분위기를 말하고 있었다.

　앞 장에서 설명한 '베델의 집' 사람들이 강의할 때 환청이 들리면 "지금 저 뒤에서 누가 말하고 있어서요. 아저씨는 가만히 있구요…, 저쪽 꼬마가 또 말을 해요…."이렇게 자신의 상태를 꾸밈없이 그대로 보이며 강연한다. 자신이 환청 탓에 힘들지만, 그것을 받아들이고 살아가고 있음을 자연스럽게 드러낸다. 그때 올라오는 당혹감, 곤혹스러움, 짜증 등을 그대로 인정한다. 그것은 광기를 배제하는 것이 아니라 끌어안고, 두려워하기보다는 오히려 인간 존재의 일부로 인정하는 모습이다. 거기에는 차별도 금기도 거부도 없다. 존재 자체의 수용만 있을 뿐이다.

아이러니하게 조현병 환자들처럼 자연스럽게 올라오는 감정을 솔직하게 느낄 때 병이 안 걸린다. 끊임없이 우리는 자기 자신에게 '조충평판'을 한다. 사회가 정신병 걸린 사람들에게 '정신 차리고 바꿔라고.' 하는 만큼 스스로 자신에게 한다. 그렇기에 자연스럽게 올라오는 감정을 인정하지 못한다. 언제까지 그렇게 살 것인가? 스스로 자기 자신을 '조충평판'하지 않고 자연스럽게 올라오는 감정을 인정하자. 그러기 위해서 스스로 정화하는 작업이 도움이 된다.

요즘 나에게 가장 많이 하는 '조충평판' 문장을 하나 적어보자. '다이어트를 해야지 너 왜 이렇게 뚱뚱해.', '너 왜 이러고 사니?', '엄마인데 아이한테 화를 내면 어떻게 해?', ' 이것밖에 못 해?' 등 우리의 생각은 끊임없이 쉬지 않고 떠들어댄다. 그중 가장 많이 강하게 인식되는 문장 하나를 적어보자. 그 뒤 그것을 수용언어로 바꾸는 것이다. '~이런 나를 깊게 이해하고 받아들입니다.'가 수용언어. '이것밖에 못 해? 라고 말하는 나를 깊게 이해하고 받아들입니다.', '불안한 나를 깊게 이해하고 받아들입니다.', '긴장으로 떨리는 나를 깊게 이해하고 받아들입니다.' 이런 식으로 나의 상태나 감정을 수용언어로 바꾸어 정화하는 작업은 자기 자책으로 빠져들지 않고 감정을 만나는 효과적인 방법이다.

이외에 쉽고 편하게 할 수 있는 또 다른 정화방법이 '호오포노포노'이다. 이것은 고대 하와이인들의 용서와 화해를 위한 문제 해결법이다. 오늘날 전 세계적으로 알려진 호오포노포노는 전통적인 기법에서 발전시킨 형태로, 하와이의 인간문화재로 인정받았던 치료사인 모르나 나라마크 시메오나에 의해서 개발되었다. 모르나가 개발한 현재의 방식은 혼자서 수행하는 방법으로, 문제를 일으키는 원인이 되는 기억을 정화해 그것으로부터 해방한다. 모르나가 창시한 이후에, 심리치료사인 이하레아카라 휴 렌 박사에게 전수 되었다.

휴 렌 박사는 심리치료사로 일하면서 호오포노포노의 효과를 입증했다. 호오포노포노는 하와이어어로 '호오'는 '목표'를 의미한다. '포노포노'는 '완벽함'이라는 뜻으로 완벽을 목표로 수정을 한다는 뜻이다. 즉 잘못을 바로잡고 모든 것을 'Zero'로 돌리는 정화 작업이다.

방법은 간단하다. '미안해요.', '사랑해요.', '용서해주세요.', '고맙습니다.' 네 마디를 마음이 정화될 때까지 하는 것이다. 이 주문이 당신의 삶을 변화시킨다. 나와 나를 만남 내담자들은 호오포노포노 덕을 톡톡히 봤다.

나는 이 두 가지 정화방법을 매일 순간순간 속으로 되뇐다. 두려움이 올라오면 즉시 그것을 알아차리고 '두려움이 올라오는 나를 깊게 이해하고 받아들입니다.'를 한 후 '미안합니다. 용서하세요. 감사합니다. 사랑합니다.'를 되뇐다. 이슈가 없어도 호오포노포노는 수시로 한다. 나의 감정을 거부하지 않고 자연스럽게 받아들이면서 정화할 수 있다.

내담자 중에 상대에 대한 분노가 많이 올라와 미안하지도 용서하고 싶지도 않기 때문에 거부감이 든다고 하는 예도 있다. 이때는 상대에게 미안하거나 용서를 구하는 것이 아니라 이런 상황을 만든 나 자신을 향해 말하면 된다. 의미를 따지지 않고 수용언어와 호오포노포노만 반복적으로 말해도 감정이 해결되는 경우도 많다.

그것은 감정을 가두고 거부하는 것이 아니라 자연스럽게 인정하기 때문이다. 그 과정에서 정화가 일어난다. 이 두 가지 정화 작업의 문장을 잠재의식에 넣어 자동으로 튀어나오게 해보자. 말도 안 된다고 단정 짓기 전에 자신한테 효과가 있는지 먼저 실험해보라.

04

감정은 내가 누구인지 알려주는 메신저이다

야누스 코르착은 이렇게 말했다. "감정의 세계에서는 아이들이 훨씬 부자입니다. 그들은 감정으로 사고하니까요." 감정이 우리에게 알려주는 메시지만 제대로 알아들어도 우리는 자기 자신에 대해 훨씬 많은 것을 이해할 수 있다. 감정을 명료하게 느낀 후 선택해야 삶에 후회가 없다.

우리는 자기 자신을 알고 있다고 생각하지만, 막상 뚜껑을 열어보면 잘 모른다. 그래서 소크라테스가 '너 자신을 알라.'라고 말한 것일까?

초등학생이나 중학생들과 집단 상담을 할 때 1회기에 가장 많이 하는 활동이 '반갑습니다!'라는 놀이다. 한 명의 술래가 나와서 반갑다고 이야기하고 자기의 이름을 말한 뒤 집단 구성원 중 가장 반가운 사람이 누구인지 이야기한다. 그러면 해당하는 사람들이 일어나서 자리를 바꾸고 술래가 빈자리에 들어가 앉는다. 의자가 전체 참여 인원보다 한 개 모자라므로 한 명이 남게 된다. 그 사람이 술래가 된다.

술래는 자신의 캐릭터를 설명하고 그다음을 진행할 수 있다. 이때 캐릭터는 자신이 좋아하는 것, 싫어하는 것, 잘하는 것, 못하는 것 중 아무거나 하나를 이야기하는 것이다. 자신의 선호를 이야기하는 것인데도 말하지 못하는 경우가 많다. 우물쭈물하거나 한참을 서서 고민한다. 그리고 답하는 것이 남학생들은 주로 게임, 여학생들은 좋아하는 아이돌 이름을 말한다.

영어, 수학, 국어 공부하느라 바쁜 아이들은 자신을 들여다볼 여유가 없다. 진짜 공부는 성인이 되었을 때 자신이 좋아하는 것을 하면서 살아가는 방법을 배우는 것인데 알맹이가 빠진 느낌이다. 그러니 아이들은 대부분 꿈이 없다고 답한다. 무엇을 하며 살아야 할지 모르겠다고 한다. 당연하다. 내가 무엇을 좋아하고 싫어하는지도 잘 모르는데 미래의 꿈을 어떻게 꿀 수 있겠는가?

일주일 전 중학교 2학년을 대상으로 워크숍을 진행했다. 학생들에게 알고 있는 감정 단어를 적어보게 했다. 열 개를 겨우 넘을 정도였다. 이 정도로 우리는 감정과 친하지 않다. 이번에는 버킷리스트를 물어봤다.

여행이나 좋아하는 것을 말할 줄 알았는데 일조 부자, 천억 부자, 오백억 부자 등이 나왔다. 말하는 것까지도 좋다. 큰돈을 버는 부자가 될 확신이 있고, 그것으로 무엇을 할지 청사진을 그릴 수 있다면. 하지만 자신들이 그런 부자가 될 리 없다는 듯이 서로 낄낄거리며 야유했다. 그 돈으로 무엇을 할 것이냐고 묻자 빌딩 사고 집 사고 아무것도 안 하고 놀면서 살 것이라고 한다.

아이들의 펄떡이는 심장에서 나온 소리가 아니라 일상에 지치고 피곤한 어른들의 소리가 되풀이되어 들려오는 듯했다.

차라리 아이들은 낫다. 자신들이 감정의 소리를 잘 모른다는 것을 적어도 인지하고 있으니까. 하지만 어른들은 자신들의 감정을 착각하는 경우가 많다. 직장인을 대상으로 하는 워크숍에서도 자기소개 시간이 있다.

행복 점수를 물어보면서 알고 있는 감정 단어를 적어보게 한다. 어른들도 열 개 안팎으로 적는다. 자신이 어떤 사람이고 무엇을 좋아하는지 이야기해달라고 하면 여행, 운동, 집안에서 뒹굴뒹굴하기 등으로 나온다. 이 세 가지에서 크게 벗어나지 않는 것 같았다. 간혹 사진 찍기, 맛집 탐방 등이 나오기도 하지만. 이것도 자세히 살펴보면 개인의 취향보다 SNS의 영향이 크다.

대부분 일상의 커다란 흐름 속에 허우적거리며 살아가기 바쁘기 때문이다. 내 감정과 마주하고 감정이 말해주는 내밀한 소리를 듣기에는 세상의 속도가 너무 빠르다. 넘쳐나는 정보의 홍수 속에서 어느 정도 발맞춰 가지 않으면 뒤로 처질 것만 같다. 거칠게 밀려오는 파도에 떠내려가지 않기 위해 안간힘 쓰며 살기도 바쁘다. 언제 나의 감정과 마주하며 나를 찾아갈 시간이 있겠는가?

나는 아동부터 노인까지 전 연령층을 만나서 강의를 하거나 상담을 한다. 그들을 만나면서 알게 된 사실이 하나 있다. 나를 비롯하여 대부분 사람은 자신의 감정이 무엇을 이야기하는지 잘 모른다는 것이다. 자신의 영혼이 무엇을 좋아하는지, 어떤 선택을 해야 하는지 감정의 소리에 귀 기울이는 사람은 아주 극소수다.

초등학생들은 평균 5개 이상의 학원에 다니느라 바쁘다. 중·고등학생들은 대학만 들어가면 모든 것이 끝나는 것처럼 여긴다. 대학생들은 대기업에 들어가면 인생이 잘 풀릴 것으로 생각한다. 우리나라의 대표적인 대기업에 다니는 사람들은 퇴직하는 것을 꿈꾼다. 직장을 나가 자기 일을 하고 싶지만 두렵거나 준비가 안 되었다는 이유로 푸념하며 일상을 되풀이한다. 퇴직한 사람들은 이제부터 제2의 인생을 어떻게 보내야 할지 알지 못해 막막해한다.

모두 감정에 귀 기울이지 않기 때문에 일어나는 현상이다. 자발성에서 오는 감정은 명료하게 우리가 누구고 무엇을 해야 행복하며 성공하는지 알려준다. 그것을 알려주는 파이프라인인 감각이 막혀 있을 뿐이다. 특히 나이가 든 사람들은 삶의 세월에 때가 묻어 파이프라인이 더 막혀 있다. 그러므로 자신의 감정이 어떤 소리를 하는지 더 듣지 못한다. 나이가 든 사람은 더 들으려고 해야 한다. 아직 파이프라인이 막히지 않은 아이들에게는 감각을 열고 감정을 읽을 방법을 알려주어야 한다.

나이 든 사람이 자신의 감정을 만나는 방법 중 한 가지가 눈을 들여다보는 것이다. 상담과 강의를 하면서 만나는 사람들의 눈을 본다. 그러면 안타깝게도 나이가 들수록 눈에 체념과 슬픔이 많이 보인다. 그러나 대부분 그것을 자각하지 못한다. 그나 그녀도 호기심 가득한 설레는 초롱초롱한 눈을 가졌던 시절이 있었을 것이다. 이런 내담자들이 오면 자신의 눈을 들여다보라고 말한다.

나는 세수를 하거나 손을 씻을 때마다 나의 눈을 본다. 눈이 나에게 어떤 말을 걸어오는지 듣기 위해서다. 눈은 우리에게 많은 말을 해준다. 눈이 나에게 말하는 것을 듣다 보면 내가 미처 알아차리지 못했던 나를 만날 수 있다. 이 책을 읽는 독자들도 한번 해볼 것을 권한다. 혼자 거울을 볼 수 있는 공간을 찾아본다. 화장실처럼 에코가 울리는 공간도 좋다. 눈을 들여다보면서 자신에게 스스로 소리 내어 말을 걸어보라. 그리고 나오는 대로 말을 해보라. 그러면 나도 모르는 나에 대한 단서를 얻을 수 있다. 핸드폰에 녹음한 후 다시 들어보는 것도 좋은 방법이다.

감정의 메시지를 해독할 수 있는 감정 세션들이 있다. 이 책에는 혼자서 쉽게 할 수 있는 두 가지 방법을 소개하겠다. 하나는 매일 잠자기 전에 할 수 있는 감정샤워다. 누워서 머리부터 발끝까지 스캔한다. 몸 중에 조금 다르게 느껴지는 감각의 부위를 찾는다. 화끈거리는 느낌일 수도 있고, 까끌거리는 느낌일 수도 있고, 뻐근한 느낌일 수도 있다. 다른 부위와는 느낌이 다른 신체 부위를 찾는 것이다. 잘 안 찾아져도 괜찮다. 쉽고 편한 만큼만 하면 된다. 실행하는 것이 중요하고 하다 보면 감각이 열려 알아차림이 쉬워진다. 느낌이 다른 부위를 '조충평판' 없이 만나는 것이다. 그 부위에 집중하다 보면 다르게 느껴지던 감각의 범위가 줄거나 사라진다. 아니면 다른 곳으로 옮겨간다. 그리고 때로는 그 부위가 말을 해준다. 무엇이 불편하고 힘든지 감정이 올라오고 의식으로 건져 올리는 작업을 하게 해준다. 잠재의식의 바다에서 물고기를 잡는 것과 같다. 이렇게 매일 또는 일주일에 한 번 감정샤워를 하는 것이다.

두 번째 방법은 오늘 불쾌하거나 힘들었던 이슈가 있었을 때다. 그 감정이나 사건을 떠올려본다. 이때 감정샤워와 마찬가지로 몸에서 감각이 다르게 느껴지는 부위를 찾는다. 나는 주로 가슴부터 목 부분에서 많이 느껴진다. 내담자들을 만나다 보면 사람마다 다르다. 오른쪽 어깨, 오른쪽 눈, 왼쪽 관자놀이, 허리, 목덜미, 왼쪽 발가락까지 천차만별이다. 이

슈마다 느껴지는 부위가 다르기도 하다. 나는 주로 가슴부터 목에서 느껴지지만 어떤 이슈는 허리나 어깨 등에서 느껴지기도 한다. 이 부위를 찾으면 감정샤워 때와 같이 의도적으로 집중한다. 이때 '내가 너를 알고 있어. 너의 본질을 나는 잘 알고 있어. 괜찮아.'라고 속으로 말하면 더 효과적이다. 수용언어나 호오포노포노를 하면서 의도적 집중을 해도 좋다.

이런 작업을 하면 감정이 말하는 소리를 명료하게 들을 수 있다. 『100억 부자 생각의 비밀』의 저자 김도사는 이렇게 말했다. "잠재의식은 우주에 강력한 힘을 발휘한다. 잠재의식에는 현재 의식의 6만 배나 되는 힘이 내재하여 있다. 그런데 불행히도 많은 사람이 현재 상황만 바라보며 스스로에 대해 부정적인 생각과 말을 한다. 그럼으로써 잠재의식이라는 파이프라인이 막히게 되는 것이다. 우주와 통하는 파이프라인인 잠재의식이 막힘으로써 내가 하는 생각(주문)이 우주에까지 가 닿지 않는 것이다."

저자 김도사가 말한 잠재의식과 내가 말한 자발성은 비슷한 개념이다. 잠재의식은 감각으로 몸에 신호를 보내고 이것은 감정과 생각으로 전달된다. 감정과 생각의 상호작용으로 행위를 하는 것이다. 이때 올바른 선택과 행위가 되려면 생각 이전에 감정을 알아차려야 한다. 생각은 옵션을 제공할 뿐이다. 결정은 감정의 소리를 듣고 가장 편안하고 즐거운 느낌으로 해야 한다. 자발성 세계와 우주가 전달하는 유쾌한 감정을 듣고 결정할 때 나답게 살게 된다.

관계의 채널 맞추면 서로의 마음이 보인다

강의나 집단 상담을 할 때 둘씩 짝을 지어 서로의 눈을 보라고 할 때가 있다. 사이코드라마 훈련 시 상대방의 눈을 30분 정도 바라보기를 한 적이 있다. 말을 일절 하지 않고 서로의 눈만 바라보는 것이라 처음에는 쑥스러워 웃음이 나왔다. 눈을 마주치는 것이 힘들었다. 시간이 지나면서 몰입하며 상대의 눈을 볼 수 있었다. 아무 이야기도 하지 않았고 상대에 대해 많은 정보도 알고 있는 상황이 아닌데 많은 감정이 올라오고 내려갔다. 나도 모르게 눈물이 나왔다. 신기한 경험이었다. 그것이 내 감정인지 상대의 눈을 보면서 공명을 한 것인지 모르지만 말이다. 어느 쪽이 먼저 눈물을 흘렸는지 모르겠지만 어느 순간은 같이 소리 없는 눈물을 흘리고 있었다.

　서로 공명한다는 것이 무엇인지 이 훈련을 통해서 머리가 아닌 몸으로 배웠다. 진정한 공감은 침묵이라는 것도 알게 되었다. 그 뒤 사람이 아닌 난초나 나무 또는 볼펜과 같은 사물을 만나기도 했다. 우리는 연결되어 있다. 우리의 에너지는 상대방에게 전달된다. 호수에 돌을 던지면, 파문이 일 듯 우리의 에너지는 서로에게 파문을 일으킨다. 그러므로 다른 사람의 관계에서는 주파수를 타인에게 맞춰야 한다.

　이러한 느낌을 내 강의와 집단 상담에 들어오는 사람들에게도 느끼도록 하고 싶었다. 전문적으로 이 길을 걷는 사람들이 아닌 경우는 이 시간을 견디기 힘들어했다. 집단의 반응과 느낌에 따라 집단 상담에서는 10분 이상 지속하기도 한다. 강의에서는 긴 시간이 아닌 1분만 한다. 1분 후 물어보면 이 시간도 길게 느껴진다고 답한다. 평상시에는 의식도 못 하고 그냥 스치듯 지나가는 찰나의 순간인데 의식하고 집중하는 1분은 꽤 길게 느껴진다.

　최근 내 주변에 소중한 사람의 눈을 1분 동안 바라본 적이 있는지 물으면 거의 없다고 한다. 우리는 상대방의 눈으로 세상을 볼 때 그와 채널을 맞출 수 있다. 내 채널 주파수만 고집하면 상대 채널에서 하는 소리를 들을 수 없다. 관계를 맺는 일은 주파수 채널을 상대의 채널로 바꾸는 것이다.

이것을 모레노는 〈만남〉이라는 시로 표현했다.

둘의 만남

눈과 눈, 얼굴과 얼굴,

그래서 네가 가까이 있을 때

나는 너의 두 눈을 뽑아내어 내 눈 속에 넣고

너는 나의 두 눈을 뽑아내어 네 눈 속에 넣을 것이다.

그러면

나는 너의 눈으로 너를 바라보고

너는 나의 눈으로 나를 바라보게 될 것이다.

그래서,

공통의 관심사조차 침묵으로 사라지고

우리의 만남은 그 어떤 속박도, 목표도 갖지 않는다.

장소도, 시간도 미결정인 채 남겨지고

미결정된 우리에겐

언어조차도 미결정으로 남겨진다.

－최헌진, 『사이코드라마 이론과 실제』

관계는 서로의 실익을 따지지만 만남은 언어조차 넘어선다. 인생에서
이런 만남을 한 번이라도 경험한다면 로또 맞는 것보다 더한 행운일 것

이다. 관계는 서로 주고받을 것이 있어야 형성된다. 만남은 이런 관계를 넘어선다.

친교와 친밀은 다르다. 친교 관계는 굳이 싸우거나 서로 듣기 싫은 소리를 할 필요가 없다. SNS는 친교 관계지 친밀한 만남은 아니다. 댓글에 서로 좋은 말을 달아준다. 댓글로 충돌하며 싸우기보다는 마음에 안 들면 그냥 탈퇴하거나 끊어버리면 된다. 관계를 맺는 것도 끝내는 일도 매우 쉽다. 만남 근처도 가지 못한 얄팍한 관계다.

친밀한 관계는 충돌이 불가피하다. 이때 모레노의 만남의 시처럼 서로의 눈으로 상대를 바라봐야 한다. 이것이 관계의 채널을 맞추는 것이고 만남의 출발점이다.

아빈저 연구소가 쓴 『상자 밖에 있는 사람들』은 관계의 채널을 맞출 때 내 태도의 중요성에 대해 잘 설명하고 있다. 관계의 채널에서 가장 중요한 핵심은 나의 애티튜드(attitude)다. 어떤 면에서 이것이 시작이자 끝이다.

사람을 인간이 아닌 대상으로 볼 때 우리는 관계 안에서 전쟁을 치르게 된다. 상대에게 책임을 전가하며 비난하는 상태는 서로 상자 안에 빠진 것이다. 둘 중 한 명이라도 빨리 상자 밖으로 나와야 전쟁을 멈출 수 있다. 상자 안에 빠지는 순서를 살펴보면 자기 배반에서 시작한다. 스스로 옳다고 결심한 것을 지키지 않고 배반하면 상자 안의 전쟁이 시작되는 것이다. 자기 배반은 자기 정당화를 불러온다. 스스로 지키지 않은 약속을 합리화하기 위해 상대는 더 나쁜 인간이 되어야만 한다.

성적이 떨어지는데도 공부는 안 하고 계속 게임만 하는 자녀 때문에 속이 탄다. 게임 하는 시간을 정해놓았지만 지키지 않는다. 잔소리가 전혀 효과가 없다. 걱정된 엄마는 자녀교육에 관한 강의를 신청하고 들었다. 집에 오는 길에 아이에게 효과 없는 잔소리를 하지 않기로 했다.

현관문을 열고 들어오자 집안은 엉망이고 아이는 또 게임을 하고 있다. 엄마는 결심했던 것이 무색하게 자신도 모르게 잔소리하기 시작했다. "너 언제부터 게임 하고 있는 거야? 엄마랑 약속했잖아." 이렇게 자기 배반을 하면 자기 정당화가 자동 발생한다. 그러면 아이는 정말 말 안 듣는 못된 아이가 되어야 한다. 집안도 안 치우고 게임만 하는 아이가 된다. 공부를 못할 뿐만 아니라 잘하는 것 아무것도 없는 무능한 아이로 몰아붙인다. 그래야 엄마가 잔소리 안 하기로 한 결심을 무너뜨린 것이 정당화된다. 아이가 엄마 말 안 듣고 잘하는 것이 하나도 없으므로 엄마는 어쩔 수 없이 결심을 깨고 잔소리하는 것이다.

그러면 아이는 게임을 하다 날벼락을 맞는 기분이 된다. 당연히 반항한다. 그러면 둘이 상자 안에 들어가 전쟁을 시작한다.

전쟁이 시작되면 빠져나오기가 쉽지 않다. 이럴 때 감정의 무대 장치를 바꾸면 빠져나오기가 상대적으로 쉽다. 내가 지금 잠깐 잠들어 깨어 있지 못했음을 자각해야 한다. 현재 벌어지는 상황을 연극 보는 관객의 마음으로 바라보아야 빨리 상자 밖으로 나올 수 있다. 상자 밖으로 나온 상태에서 무대 위에 다시 올라가 깨어 있는 정신으로 연기하는 것이다.

잠을 깨우는 단서는 상대방에 대한 비난이다. 내가 상대를 비난하고 있음을 자각하면 내가 상자 안에 빠져 있다는 증거다. 그러면 어떤 방법을 사용해서라도 빨리 상자 밖으로 빠져나와야 한다. 이럴 때 빨리 빠져 나오기 쉬운 자신만의 방법을 실험하여 내 것으로 만드는 것이 무엇보다 중요하다.

여기서는 인지수용 방법을 소개하겠다. 첫 번째는 '태도 점검하기'이다. 나를 힘들게 하거나 성가시게 한 상황을 사실적으로 적는다. 그리고 이때 내가 느낀 감정이 무엇인지 떠오르는 모든 감정을 적어본다. 내가 어떤 생각을 했기 때문에 이런 감정을 갖게 되었는지 쓴다. 내가 놓치고 있는 것은 없는지 살핀다. 내가 상대에게 기대하는 것은 무엇인지 적는다. 내가 기대하는 것을 이루기 위해 내가 해야 할 것과 그만두어야 할 것이 무엇인지 적어본다. 이 경험을 통해 내가 발견한 가치는 무엇인지 성찰해본다. 이것이 연습이 되면 적지 않고 머릿속으로 생각만 해도 된다. 이 작업을 통해 자기 정당화를 멈추고 내 몫은 내가 책임지게 된다.

두 번째는 '+, − 생각하기'이다. 상자 안에 빠질 수밖에 없는 상황이 굉장히 고통스럽고 절망스럽더라도 반드시 얻는 부분이 있다. 이 경험을 통해 얻는 것과 잃는 것을 구체적으로 적어보는 것이다.

　세 번째는 '상상 이미지 그리기'다. 갈등을 일으킨 상대방이 기분 좋은 상태를 억지로라도 생각하거나 완전히 엉뚱한 상상을 해서 부정적인 긴장 상태를 깨는 것이다. 그리고 감정을 흘려보낸다.

　『멋진 신세계』를 쓴 올더스 헉슬리는 이렇게 말했다. "45년의 연구와 공부 뒤에 얻은 다소 당혹스러운 결론으로, 내가 사람들에게 줄 수 있는 최상의 조언은 서로에게 조금 더 친절하라는 것이다."

　감정을 표현하는 것과 전달하는 것은 다르다. 나 자신에게는 솔직해야 하지만 타인에게는 정직해야 한다. 관계의 채널을 맞추는 일은 전달과 정직에 관한 이야기다. 전달과 정직은 상대에 대한 배려와 친절이 담겨 있다.

06

내가 평화로워지면 모든 것이 평화로워진다

내 인생에서 가장 행복한 시절은 일곱 살 때였다. 나의 어린 시절은 동화 속에 나오는 그리운 환상의 세계다. 내가 어떤 짓을 해도 나를 사랑해주고 예뻐해주던 할머니, 아버지, 어머니가 모두 있었던 그리운 시절이다. 나를 든든하게 보호해주던 두 오빠까지. 거칠 것 없고 무서울 것이 없었던 시기다. 가장 안락하고 안전한 공간을 떠올리면 이 시절이 자동으로 떠오른다. 가족에게 사랑받았던 힘과 에너지가 지금의 나를 형성했다.

그것이 마냥 좋기만 할 줄 알았다. 그런데 어느 순간 양날의 칼로 내 인생에 작동하는 것을 깨달았다. 결혼하고 나서도 남편에게 할머니, 아버지, 어머니와 오빠들의 든든함을 바랐다. 나도 모르게 우리 가족과 남편을 계속 비교했다. 세상에서 남편이 가장 편안한 존재여야 한다는 고정관념이 불만을 더 키워나갔다. 남편보다 친정엄마가 더 편했다. 돌아가신 할머니와 친정아버지는 나를 무조건 받아주었는데, 남편은 까탈스러운 잔소리쟁이로만 느껴졌다.

현재를 살면서 미래로 나아가야 하는데 행복했던 과거만을 쳐다보며 비교하고 불평불만만 한 것이다. 오히려 행복한 과거가 현재의 삶을 온전히 받아들이는 데 방해가 된 것이다. 내 불만의 에너지가 상대방에게 고스란히 전달되었다. 이것을 자각하고 정화 작업을 하게 된 때는 안타깝게도 결혼 생활을 꽤 오랫동안 지속하고 난 후였다.

나의 결혼 생활은 절대 평화롭지 않았다. 내 마음이 평화롭지 않았기 때문일 것이다. 마음의 평화는 자기 자신과 잘 연결되었을 때 가능하다. 동시에 다른 사람과의 연결도 잘 돼야 계속 유지할 수 있다. 웬만한 고수가 아니고서는 주변이 요동치면 같이 흔들리고 휘둘린다. 마음의 평화를 깨는 요소 중 큰 비중을 차지하는 것이 바로 관계다.

인간 세계의 관계에 대한 설명을 타로 카드가 상징적으로 잘 이야기해 주고 있다. 이런 부분 때문에 타로 카드를 심리상담이나 감정코칭 할 때 종종 사용한다. 내담자가 타로 그림을 보고 자신의 마음을 해석하는 도구로. 타로를 처음 배운 것은 비자발적인 청소년들이 타로에 관심을 보여 한국상담학회 심리상담사 정주은 선생님에게 배우며 접하게 되었다. 그 후 연희동 한민경 선생님에게 타로 수비학을 배우며 더 깊이 있게 연결할 수 있었다. 타로 카드에는 4원소가 나온다. 한민경 선생님에게 배운 4원소는 세상을 살아가는 이야기를 담고 있다. 그 안에 온갖 삶의 희노애락과 철학이 담겨 있다. 그래서 나는 메이저 카드보다 4원소 카드를 사랑한다. 4원소 중 컵 카드는 관계를 의미한다. 4원소 컵 카드는 2번부터 10번까지 구성되어 있다. 카드의 번호만큼 컵 개수가 등장한다. 스토리로 풀면 재미있고 그 의미가 꽤 깊다.

2번 컵 카드는 두 사람이 각각의 컵을 들고 동등하게 마주한다. 계약을 의미한다. 관계는 냉정하게 말해서 서로 이용가치가 있을 때 가능하다. 여기서 두 컵은 서로에게 줄 수 있는 것을 말한다. 비슷해야 관계가 성립된다. 남편과 나를 예로 들면 우리 둘이 서로 결혼한 것을 의미한다. 결혼하지 않은 커플은 연애하기로 약속한 것을 의미한다. 연애나 결혼은 상대의 무엇인가가 좋아서 시작한다. 그것이 성격이 되었든 돈이나 학벌이든 또는, 외모든 어떤 요소 때문에 좋아한다. 그것이 컵에 담

긴 것이다. 나는 남편의 순수함과 그림을 향한 열정에 반했다. 의식 수준
이 최소한 사자 단계에는 진입했다고 느껴졌다. 같은 방향을 보고 걸어가
는 도반이 될 것이라 믿었던 것이다. 남편은 내가 똑똑하고 지혜로워 보
였다고 한다. 우리 둘은 서로 그것을 컵에 담아 계약한 것이다. 이 글을
읽는 독자들도 연애하고 있거나 결혼을 했다면 내 컵에는 무엇이 담겨
있고, 상대의 컵에는 어떤 것이 담겨 있는지 살펴보자. 그러면 관계를 정
의하는 데 도움이 될 것이다. 비단 남녀관계뿐만 아니라 비즈니스나 친
한 친구 관계도 살펴보면 그 색깔과 농도를 알 수 있다.

3번 컵 카드는 세 여자가 컵을 들고
즐겁게 축배를 하며 춤을 추고 있다. 결
혼이나 연애 초기에는 즐겁고 마냥 행
복하다.

4번 컵 카드는 한 남자가 나무에 팔
짱을 낀 채 무료한 표정으로 앉아 있다.
컵 세 개는 땅에 놓여 있고 하나만 공중
에 떠 있다. 즐거웠던 시절은 가고 권태
기가 찾아왔다. 2번 컵에 담겼던 결혼 전의 매력이 살면서 오히려 원수
덩어리가 되어버린다. 거기서 무기력과 함께 지루함이 찾아온다.

5번 컵 카드는 검은 망토를 입은 남자
가 뒤돌아 선 채로 고개를 숙이고 있다.
컵 세 개는 땅에 쓰러져 있고 컵 두 개는
남자 뒤쪽에 세워져 있다. 선택의 갈림길
에 선 것이다. 즐거웠던 축제의 컵은 이
제 용도를 다해 버려졌고, 뒤에 두 개의
컵이 남았다. 다시 두 개의 컵으로 계약
을 맺을 것인지 헤어지고 새로운 사람과
계약을 할 것인지 고민하는 단계다. 대부
분 이 단계에서 헤어지느냐 마느냐가 결
정된다. 관계를 깊게 맺기 힘들어하는 사

람들은 컵 카드 2번과 3번을 오가며 원 나
이트 섹스나 짧은 만남만 되풀이한다. 이
혼을 여러 번 하는 사람들은 5번 카드에
서 6번으로 넘어가지 못하고 2번부터 5번
까지만 되돌이표 한다고 보면 된다. 나도
남편과 5번 컵 카드 단계에서 헤어질 뻔
했다. 이혼하지 않은 것은 6번 컵 카드 단
계로 넘어갔기 때문이다.

6번 컵 카드는 꽃도 있고 예쁘다. 빨간 모자를 쓴 조금 큰아이가 작은 소년에게 꽃이 든 컵을 건네주고 있다. 이것은 연민이다. 동정과 연민은 미묘하게 다르다. 동정은 행동으로 연민은 마음으로 나오기 때문에 연민이 우리를 더 아프게 한다. 연민은 상대의 그림자 속에서 나를 본다. 그러므로 상대의 그림자를 보면 우리는 쉽게 헤어지지 못한다. 이 단계를 넘어가면 헤어짐의 위기를 건넜다고 봐도 된다. 남편과 거의 이혼할 지경까지 갔었다. 그때 헤어지지 않았던 것은 서로에게 연민을 느꼈기 때문이다. 6번 카드가 의미하는 이 과정을 건넜기 때문에 결혼이 깨지지 않고 함께하고 있다.

7번 컵 카드는 7개의 컵 안에 다른 것들이 채워져 있다. 연민을 보고 헤어지지 않았다면 우리는 새로 계약을 맺어야 한다. 이때 나는 무엇을 주고 상대에게는 무엇을 받을 것인지 결정해야 계약이 지속할 수 있다. 결혼 초창기에는 남편의 순수함과 그림에 대한 열정을 봤다면 우울과 공황장애에 알코올 의존증까지 생겨버린 남편의 무엇을 보고 계약해야 하는가? 남편은 또 나의 무엇을 보고 계약해야 하는가? 이것이 성립 안 되면 이 단계에서 헤어짐의 위기가 또 한 번 온다. 또 이것을 얼렁뚱땅 해버리면 인생이 꼬이고 골치 아파진다. 나는 남편이 어떤 상황에서도 나의 일을 지지해주고 세상을 바라보는 큰 틀이 비슷함이 담긴 컵을 골랐다. 남편도 마찬가지다. 우리는 새로 계약을 한 것이다.

  8번 컵 카드는 8개의 컵을 예쁘고, 단정하게 세워놓고 빨간 망토를 입은 사람이 지팡이를 짚고 떠나간다. 8번 카드가 관계의 핵심이라고 생각한다. 빨간 망토는 욕망을 의미하기도 한다. 이것은 자신의 길을 떠남을 의미한다. 관계에서 가장 중요한 것은 자신의 몫만 책임지고 걸어가는 것이다. 배우자나 자녀의 몫까지 책임지려 할 때 모든 것이 꼬인다. 그들의 몫은 그들이 책임지도록 땅에 내려놓아야 한다. 이 카드는 현명한 관계의 전형을 상징적으로 너무 잘 보여주고 있다. 내가 이것을 터득하고 결혼 생활에 적용했을 때 남편과 나의 관계에 변화가 찾아

왔다. 서로를 인정하며 각자의 몫을 지게 되니 결혼 생활에 평화가 찾아
왔다.

9번 컵 카드는 9개의 컵을 반원으로 둥그렇게 등 뒤에 두고 팔짱을 끼고 앉아서 흐뭇한 미소를 짓고 있는 사람이 그려져 있다. 앉아 있는 사람과 컵의 거리가 둥글게 되어 있기 때문에 가까운 컵도 있고 먼 컵도 있다. 가장 가까운 가족이라 하더라도 관계가 만족스러우려면 거리가 필요하다. 서로 선선한 거리가 있을 때 관계가 숨 쉰다. 그리고 관계마다 거리를 조절할 줄 알아야 한다. 이것이 정직한 관계다. 이럴 때 서로가 자기 생각과 감정을 잘 전달할 수 있다.

마지막 10번째 카드는 10개의 컵이 무지개 위에 떠 있다. 남자가 여자의 허리에 팔을 두르고 무지개를 향해 두 남녀가 팔을 뻗고 있다. 옆에 아이들은 손

을 붙잡고 빙글빙글 돌며 춤을 추고 있다. 굉장히 행복한 가족처럼 보인다. 이것은 가족만을 의미하지 않는다. 서로 함께 연대할 때 인간은 행복하다는 의미가 있다. 공통의 관심사가 있는 사람들끼리 연대하며 관계를 확장할 때 우리는 행복해질 것이다.

타로 컵 카드 9장은 인생을 살아가면서 관계를 어떻게 바라보아야 하는지 직관적 통찰을 준다. 바딤 젤란드가 『리얼리티 트랜서핑』에서 말한 것과 하나로 관통되는 부분이 있다. "자기는 자기 자신으로, 다른 이들은 그들 자신으로 존재하게 하라." 이 말은 타로 컵 카드스토리의 핵심이다. 그리고 내가 이혼하지 않도록 도와준 글귀이기도 하다.

자기 자신으로 존재한다는 말은 있는 그대로의 자신의 모습을 수용하라는 것이다. 불완전한 자신을 기꺼이 받아들이고 껴안아야 한다. 다른 이들을 그들 자신으로 존재하라는 말은 그들에게 투사한 당신의 기대를 버리라는 뜻이다. 이럴 때 내적 자유를 찾을 수 있다. 삶에 온갖 문제가 풀어지고 내 안에 평화가 찾아온다.

07

감정주파수만 맞춰도 인생이 달라진다

에리히 프롬은 "삶에는 자기 자신이 부여하는 의미 이외에는 아무런 의미가 없다."라고 말했다. 내 삶에 가치 있는 의미를 부여하려면 감정의 주파수가 맞아야 한다. 감정의 주파수는 안과 밖으로 연결되어 있다. 하나는 나 자신과 연결되어 있고 다른 하나는 가족, 친구, 직장, 사회 등 외부 세계와 연결되어 있다. 이 두 가지 감정의 주파수만 제대로 맞으면 풍요로운 삶 속에서 나답게 살아갈 수 있다.

먼저 내면의 나와 감정 주파수가 연결되어야 한다. 이것이 끊기거나 오작동하면 우리 삶은 매우 피곤해지고 망가진다. 자신의 현재 상태를 정확하게 알아야 나와의 주파수를 맞출 수 있다. 주파수를 통과시키는 파이프라인이 약해졌으면 교체해야 한다. 그러나 모든 파이프라인을 동시에 바꿀 필요는 없다. 가장 약해진 파이프라인 하나만 교체해도 성능이 다 같이 좋아진다.

내가 현재 훈련받는 그룹에서는 매년 또는 분기별로 여섯 가지 요소의 파이프라인을 체크한다. 이 여섯 개가 모두 튼튼해야 우리의 삶이 풍요롭고 행복하다. 그것은 바로 건강, 돈, 관계, 지적(전문적), 감수성, 영성이다. 이 책을 읽는 독자들도 10점 만점에 각각 몇 점씩 줄 수 있는지 적어보자. 어느 영역이 가장 약한지 찾았으면 그 영역부터 신경 써서 높여야 전체 삶의 질이 달라질 것이다.

첫 번째 건강은 왜 중요한지 설명할 필요도 없다. 건강할 때 우리는 자신의 에너지를 효과적으로 발휘할 수 있다. 건강하지 않다고 차별하는 사회를 만들면 안 되겠지만 현재의 건강을 가꾸고 지키는 것은 매우 중요하다. 소 잃고 외양간 고치지 말고 건강할 때 관리를 잘하라는 어르신들의 말이 틀린 것 하나 없다.

두 번째 돈도 마찬가지다. 자본주의 사회에서 돈 없이 살 수 없다. 돈을 추구하면 속물이라고 보면서도 우리는 대부분 돈을 갈망한다. 겉과 속이 다르다. 돈을 사랑하고 돈과 친해져야 돈이 들어온다. 돈도 에너지다.

요즘은 시각이 많이 바뀌고 있지만, 예전에는 돈을 추구하는 것을 저속하게 여겼다. 연극계나 예술 활동하는 사람 중 대다수가 돈을 먼저 이야기하면 정신이 글렀다고 보는 경향이 있다. 돈보다는 정신과 가치가 중요하다는 것이다. 그러면서 '열정 페이'를 이야기한다. 나는 이 현상이 솔직하지 않다고 생각한다. 정당한 값을 요구하고, 그 가치만큼 교환하는 것이 깨끗하다고 생각한다. 스스로 선택한 청빈과 가난은 다르다. 『아무도 가르쳐주지 않는 부의 비밀』의 저자 오리슨S. 마든은 '가난은 습관이며, 마음의 병이다.'라고 말했다.

세 번째 관계도 우리의 행복을 좌지우지하는 열쇠다. 가족관계든 직장관계든 관계가 심리적으로 깔끔하게 정돈되어 있지 않으면 힘들다. 관계의 거리 조절부터 그 안에 밀도까지 내 감정의 소리를 들으며 정리해야 한다. 이것이 뒤죽박죽되어 있으면 우리의 삶은 지옥 그 자체다.

네 번째 지적인 부분도 무시할 수 없다. 이것은 학력의 높고 낮음을 의미하는 것이 아니다. 인간은 태어나서 무엇인가 깨닫고 알아갈 때 행복을 느끼는 존재다. 어떤 면에서 인간이 태어난 목적은 이 세상이 어떤 곳인지 목격하기 위해 태어난 것일 수 있다.

우주에 우리는 왜 존재하며 태어날까? 인간이 어떤 의미를 지니는 존재일까? 137억 년 우주 역사에 태양계나 지구의 나이는 약 50억 년쯤 된다. 여기에 인간의 초기 종인 호모에렉투스가 탄생한 것은 150만 년 전밖에 안 된다. 인류가 우주에 태어난 이유는 우주의 신비를 보고 그 의미를 깨달으라는 것 아닐까? 그것 외에 우주에서 인간의 효용이 무엇일까 생각해본다. 하여간 내가 말하고 싶은 것은 인간은 무엇인가 앎을 얻을 때 행복하다는 것이다.

다섯 번째가 감수성이다. 사람들은 흔히 이 부분을 간과하는데 매우 중요한 영역이라고 생각한다. 감수성이 살아 있으면 우주가 우리에게 주는 것들을 한껏 만끽할 수 있다. 공짜로 감상할 수 있는 것이 널렸다. 하늘, 나무, 꽃, 새소리, 강, 바다, 산 등. 이 모든 것들이 지루하지 않게 매 순간 변하기까지 한다. 하늘은 색과 형태가 끊임없이 달라진다. 나무와 꽃도 햇빛의 각도에 따라 다르게 다가온다. 살갗에 닿는 바람의 촉감도 마찬가지다. 감수성이 살아 있으면 이 모든 것을 무료로 누릴 수 있다. 반대로 감수성이 없으면 모든 것이 건조하고 지루하고 냉랭한 삶이 펼쳐질 것이다.

여섯 번째는 영성이다. 이것은 종교만을 의미하는 것이 아니다. 인생에 대한 철학이나 가치관도 여기에 포함된다. 자기 자신과 얼마나 연결되어 있는지를 보는 것이다. 자신 자신과의 투명도다. 삶을 얼마나 진정성 있게 대하고 있는지 자신의 태도를 살펴보는 영역이다.

이 여섯 가지 파이프라인이 모두 안정적일 때 우리는 성능 좋은 감정 주파수를 갖게 된다. 이때 우리는 자신에게 솔직해진다. 부정적인 감정이 와도 도망가거나 억압하지 않고 있는 그대로 수용하며 기꺼이 내 몸 밖으로 흘려보낸다.

이와 함께 밖으로 향하는 감정 주파수가 잘 작동하면 상황에 맞게 전달할 수 있다. 정직한 감정 주파수의 파동이 사람들과의 관계를 술술 풀리게 해준다.

전달 방법으로 대표적인 것은 '비폭력 대화'와 나— 전달법이다. 꼭 이 방법을 쓰지 않더라도 부정적인 에너지를 배출한 뒤 정직하게 전달하면 된다. 이 두 가지를 소개하는 것은 정직한 전달의 예시를 보여주려고 하는 것이다.

먼저 비폭력 전달법은 관찰, 느낌, 욕구, 부탁 이 네 가지 요소로 이루어져 있다.

첫째, 내가 전달하고자 하는 상황을 있는 그대로 관찰한다. 자각의 눈을 띄워서 비디오 스크린에 담듯이 그 상황을 담는 것이다. 전달할 때 내 생각이나 선입견이 들어가는 것이 아니라 관찰한 것만 말한다. '너 나 위협해.'가 아니라 '네가 말하는 도중 언성을 높이고 갑자기 손을 들어 올리니까' 이런 식으로 전달하는 것이다.

둘째, 그때의 느낌을 알아차리고 주체적으로 감정의 이름을 정했으면 그것을 잘 전달하는 것이다. '네가 말하는 도중 언성을 높이고 손을 들어 올리니까 내가 당황하고 무서워.'라는 방식으로 말한다.

셋째, 알아차린 느낌과 욕구가 어떻게 연결되는지 말한다. "네가 말하는 도중 언성을 높이고 손을 들어 올리니까 내가 당황하고 무서워. 나는 너와의 관계에서 안전하고 친밀하기를 원해."

넷째, 삶을 풍요롭게 하도록 구체적인 행동을 부탁한다. "네가 말하는 도중 언성을 높이고 손을 들어 올리니까 내가 당황하고 무서워. 나는 너와의 관계에서 안전하고 친밀하기를 원해. 다음부터는 언성 높이지 않고 말해줄 수 있어?" 또는 "내 말이 어떻게 들려?" 등으로 전달하는 것이다.

나-전달법은 3가지 요소로 이루어져 있다.

첫째, 수용할 수 없는 행동에 대한 비난이나 비평 없이 전달한다. 둘째, 그 행동이 자신에게 어떤 영향을 미치는지 구체적으로 말한다. 셋째, 상대방의 행동에 대해서 어떤 감정과 느낌이 드는지 말하는 것이다. 예를 들면 "내가 저녁 뉴스를 보고 있는데 네가 떠들면(행동), 나는 정말 짜증이 나(느낌). 왜냐하면, 뉴스를 들을 수가 없거든(구체적인 영향)." 이런 방식으로 전달하는 것이다.

비폭력 대화나 나─전달법은 상대방을 향한 배려와 친절을 담고 있다. 상대방을 비난하고 판단하는 것이 아니라 상황에 대한 자신의 감정과 욕구를 전달한다. 다만 이것을 사용할 때 감정의 주파수를 나에게 먼저 맞춰 반드시 부정적인 에너지를 다 빼고 해야 한다. 이것을 하지 않은 채 감정의 주파수를 밖으로만 보내면 오히려 역효과가 일어난다. 진정성이 빠져 있기 때문이다.

청소년 아이들과 상담하다 보면 이런 말을 할 때가 있다. "엄마가 어디서 이상한 대화법을 배워왔는데 더 짜증 나요. 차라리 그냥 예전처럼 화내는 것이 더 나요." 이것은 주파수를 한쪽만 작동시켰기 때문이다.

감정의 주파수는 양쪽 모두를 작동시켜야 한다. 그럴 때 감정과 생각 사이에 공간이 생긴다. 거기서 나만의 신화를 써 내려갈 수 있는 에너지를 공급받는다. 국내 대표적인 석학인 최진석 교수는 이렇게 말했다. "인간은 자기 자신의 신화를 쓰는 존재다. 고유의 신화를 써라. 자기 신화의 소재가 없을 때 도전이 멈추고 삶이 무료해진다. 자기 신화를 쓸 수 없을 때 남의 신화에 끌려간다. 나의 황당함으로 마음껏 신화를 써라."

감정의 주파수를 맞추고 나만의 신화를 써 내려갈 때 우리의 인생은 달라진다. 새롭게 펼쳐질 것이다. 이것이 가능한지 우리 삶에서 실험해 보자. 감정이 새벽별 속삭이듯 지금도 빛나고 있다. 당신의 감정에 먼저 말을 걸어보자.

<감정 주파수 맞추기 실천 로드맵 V>

1. 알아차림

1) 17초 안에 비우기

2) 2분 호흡법

3) 신체 자각

4) 자기조절 연습

5) 4단계 조율법

2. 주의분산방법

– 운동, 음악 듣기, 수다, 매운 음식 먹기, 잠자기, 술 마시기 등

3. 정서수용방법

1) 발산하기 (소리 지르기, 그림, 글, 춤 등)

2) 눈 들여다보고 올라오는 말소리 내어 말하기 (녹음하여 들어보기)

3) 호오포노포노로 정화하기

   – 미안합니다. 용서하세요. 감사합니다. 사랑합니다.

4) 수용언어

   – '이런' 나를 깊이 이해하고 받아들입니다.

예1) 우울한 나를 깊이 이해하고 받아들입니다.

예2) 남의 험담을 하는 나를 깊이 이해하고 받아들입니다.

3) 감정 세션 : '조충평판' 없이 몸의 부위를 있는 그대로 느끼기

 – 매일 자기 전에 몸을 스캔한 후 감각이 다른 부위 찾아서 의도적 집중하기

 – 부정적 이슈가 있을 때 몸의 감각이 다른 부위를 찾아서 의도적으로 집중하기

 – 의도적으로 집중한 뒤 수용언어와 호오포노포노를 속으로 중얼거리기

 – '나는 너를 알고 있어. 나는 너의 본질을 알고 있어. 괜찮아' 속으로 말하기

4. 인지수용방법

1) MUST를 나의 선택으로 바꾸기

2) 중요도 낮추기

3) 내 감정에 주체적인 이름 붙이기

4) 태도 점검하기

- 나를 힘들게 하거나 성가시게 한 상황을 사실적으로 적기

- 이때 내가 느낀 감정이 무엇인지 떠오르는 모든 감정을 적어보기

- 내가 어떤 생각을 했기 때문에 이런 감정이 갖게 되었는지 쓰기

- 내가 놓치고 있는 것은 없는지 살피기

- 내가 상대에게 기대하는 것은 무엇인지 적기

- 내가 이것을 위해 내가 해야 할 것 적기

- 내가 그만두어야 할 것이 무엇인지 적기

- 이 경험을 통해 내가 발견한 가치는 무엇인지 적기

5) +,−

- 이 상황에서 얻을 것 5개 이상 적어보기

- 이 상황에서 잃은 것 5개 이상 적어보기

6) '상상 이미지 그리기'

- 갈등을 일으킨 상대방이 기분 좋은 상태를 억지로라도 생각하기

- 상황과 상관없는 완전히 엉뚱한 상상하기

- 감정을 흘려보내기

5. 전달법

1) 비폭력 전달법

- 우리 삶에 영향을 미치는 구체적 행동을 관찰하기

– 위의 관찰에 대한 느낌을 표현하기

– 그러한 느낌을 일으키는 욕구, 가치관, 원하는 것을 찾아내기

– 우리 삶을 풍요롭게 하도록 구체적인 행동을 부탁하기

예) "네가 말하는 도중 언성을 높이고 손을 들어 올리니까 내가 당황하고 무서워. 나는 너와의 관계에서 안전하고 친밀하기를 원해. 다음부터는 언성 높이지 않고 말해줄 수 있어?" 또는 "내 말이 어떻게 들려?"

2) 나—전달법

– 수용할 수 없는 행동에 대한 비난이나 비평 없이 전달하기

– 그 행동이 자신에게 어떤 영향을 미치는지 구체적으로 말하기

– 상대방의 행동에 대해서 어떤 감정과 느낌이 드는지 말하기

예) 네가 차 안에서 장난을 칠 때면(행동). 나는 정신이 산만해지고 운전하는데 집중이 안 되고(구체적인 영향), 두려워져(느낌), 꼭 사고가 날 것만 같아(구체적인 영향).

인간은 건너가는 존재다.
자신에게 할당된 황당함을 발휘하여 건너가라.

– 최진석 –